Lance Webb
REBELL UND MÄRTYRER

Lance Webb

Rebell und Märtyrer

Leuchter-Verlag eG · D-64390 Erzhausen

Titel der Originalausgabe: ONESIMUS — REBEL AND SAINT
Übersetzung: KH. Neumann
Umschlaggestaltung: Dieter Illgen, Hannover

1. Auflage September 1993

Original Publisher: The Upper Room, Nashville

ISBN 3-87482-162-5

Gesamtherstellung: Schönbach-Druck GmbH, 64387 Erzhausen

INHALT

TEIL I

DER VERSÖHNER

1. KAPITEL

Zwei erschöpfte junge Reisende auf müden Pferden kletterten den steilen Gebirgspaß hinan, über den die Hauptstraße von Ephesus nach Smyrna führte. Die Nachmittagssonne senkte sich im Westen der Spitze des Berges Kizil zu und beleuchtete mit ihren goldenen Strahlen noch die Felswände des östlich stehenden Berges Mimas. Hier und da konnte man zwischen den Felsen noch das Grün von Buschgruppen und niedrigen Pinien und Zedern erkennen.

Der vorderste Reiter, der sein Pferd vorsichtig den steilen und steinigen Pfad hinauflenkte, war Onesimus. Ihm folgte der junge Glaucon, der noch einen Esel am Zügel führte, der mit gefärbten Seiden- und Wollstoffen von dem bekannten Kaufmann und Färber Philemon von Kolossea beladen war.

Plötzlich kamen aus einer schmalen Schlucht, die in den Mimas hineinzuführen schien, eine Anzahl Reiter hervorgaloppiert, die drohend ihre Speere schwenkten.

„Haltet an und steigt von den Pferden!“ schrie der Führer der Banditen die beiden Reisenden an, während seine Männer Onesimus und Glaucon umringten. „Was führt ihr auf dem Esel mit?“ fragte der Führer.

Onesimus und Glaucon stiegen ab. Zur größten Überraschung der sieben Räuber wurden sie von Onesimus freundlich angeredet: „Ich grüße euch, meine Brüder. Ihr kommt zwar überraschend, seid aber trotzdem willkommen. Unsere Reise war lang und mühsam. Aber bitte, nehmt doch eure Speere herunter. Wir lassen uns zwar nicht gern berauben, doch wir werden tun, was ihr sagt.“

„Welch eine neue Art von Trick ist das denn?“ fauchte der Banditenchef wütend. „Wir sind nicht eure Brüder! Wenn wir euch eure Besitztümer abgenommen haben, werdet ihr uns nicht mehr willkommen heißen. Wir sind nicht hier, weil man uns freundlich eingeladen hätte, du Narr! Wir sind gekommen, um euch zu berauben.“

„Das hast du sehr gut gesagt!“ antwortete Onesimus. „Ich weiß, wie das vor sich geht. Auch ich habe einmal geraubt, um Geld zum Leben zu haben. Ich war nämlich ein entflohener Sklave. Wenn ihr euch unsere Wertsachen nehmt, werden wir euch nicht hindern. Wir führen Geschenke für unsere Freunde in Smyrna, Sardes und Pergamon mit uns. Doch wir können euch nicht aufhalten, uns alles wegzunehmen, wenn ihr das beabsichtigt. Schaut euch also die Stoffe an.“

Während er noch sprach, öffnete Glaucon die Pakete auf dem Rücken des Esels, und die Banditen betrachteten die schönen Seiden- und Wollstoffe. Danach blickten sie sich gegenseitig verwundert und kopfschüttelnd an. Noch nie während ihres Räuberdaseins waren sie so freundlichen Opfern begegnet. „Das ist eine ganz neue Methode“, spottete der Anführer. „Doch wir sind nicht so dumm, wie ihr glaubt.“

Etwas verunsichert zog der Anführer Onesimus das Gewand vom Oberkörper, dabei erblickte er auf dessen Rücken häßliche Peitschennarben. „Bei Zeus!“ wunderte er sich. „Du sagst am Ende doch die Wahrheit. Woher hast du diese Narben?“

Onesimus atmete erleichtert auf und antwortete ruhig: „Ich habe sie seit zehn Jahren. Mein damaliger Herr Philemon war zornig auf mich, weil ich gewagt hatte, die Hand seiner Tochter Helen zu halten. Deshalb ließ er mich an einen Baum binden und gab mir vierzig Schläge mit der Peitsche. Ich hatte seiner Tochter Helen bis dahin immer Unterricht in den Lehren der griechischen Philosophen erteilt. An jenem Abend war ich unachtsam, und er überraschte mich.“

Für einige Augenblicke trat eine seltsame Stille ein, dann sagte einer der Banditen: „Boss, wir haben hier vielleicht etwas, das noch interessanter ist als diese kostbaren Stoffe. Mich haben die Worte dieses Burschen neugierig gemacht, und ich würde gern noch mehr hören."

Der Anführer blickte seine Männer der Reihe nach an. Alle nickten zustimmend. Lachend meinte er: „Na ja, das ist tatsächlich mal was anderes, wenn unsere Opfer uns Freunde und Brüder nennen."

Er wandte sich an seine Gefangenen und erklärte: „Wir werden euch eure Stoffe und alles Gold und Silber sowie Geld und Juwelen abnehmen. Außerdem wissen wir noch nicht, ob wir eure Geschichte glauben können. Doch es interessiert uns zu hören, wie ihr als ehemalige Sklaven zu freien Männern wurdet. Natürlich müßten wir auch eure Freilassungsbriefe sehen. Doch zunächst", fügte er mit spöttischem Lächeln hinzu, „wollen wir unsere Arbeit zu Ende bringen."

Bekümmert nahmen Onesimus und Glaucon ihre Geldgürtel ab und übergaben diese und die Beutel mit den Juwelen den Banditen. Außerdem holten sie ihre Freilassungsbriefe hervor und überreichten sie dem Anführer. Er studierte sie sorgfältig und sagte dann: „Sie scheinen echt zu sein. Doch noch mehr überzeugen mich die Worte dieser beiden." Er wandte sich seinen Kumpanen zu und fragte: „Ich glaube, wir können ihnen vertrauen. Was meint ihr?"

„Ich denke auch so", nickte Demetrius, sein Stellvertreter. Zustimmendes Gemurmel erhob sich ringsum.

„Gut", stimmte der Anführer zu. „Es geht auf den Abend zu, und wir müssen in das Lager zurückkehren. Kommt mit uns, ihr seid zum Abendessen eingeladen", forderte er die beiden Reisenden auf.

„Gern besuchen wir euer Lager und erzählen euch unsere Geschichte", sagte Onesimus.

„Ihr vermutet sicherlich schon, daß wir alle entlaufene Sklaven sind. Wir haben uns in diese Berge zurückgezogen, genießen unsere Freiheit und leben von Überfällen auf Reisende. Natürlich können wir nicht zu unseren Familien zurückkehren", fügte er bitter hinzu. „Und die Freiheit, die ihr habt, werden wir wohl nie erhalten. Der Befehlshaber der römischen Truppen in Smyrna würde uns nur zu gern fangen und an Kreuze nageln lassen. Doch jetzt müssen wir verschwinden, denn bald kommen die römischen Soldaten vorbei, die täglich diese Straße abreiten. Also sitzt auf, es geht los!"

Ehe die Banditen losritten, bekamen Onesimus und Glaucon Tücher um die Augen gebunden. „Wir scheinen euch zwar vertrauen zu können, wollen aber kein Risiko eingehen", meinte der Führer. „Wir möchten nicht, daß ihr anderen den Weg zu unserem Lager beschreiben könnt."

Während ihre Pferde und Esel von den Banditen am Zügel geführt wurden, saßen Onesimus und Glaucon ruhig in den Sätteln. Als sie endlich anhielten, wurden ihnen die Binden abgenommen, und der Führer rief: „Willkommen in unserem hübschen Heim!"

Die beiden Reisenden blickten sich erstaunt um. „Das ist tatsächlich ein schöner Platz", wunderte sich Onesimus. Sie befanden sich in einem Felsenkessel, dessen schmaler Eingang von sehr dicht stehenden Pinien verborgen wurde. Es gab an einer Seite zwei größere Höhlen, von denen eine für die Pferde und die andere als Wohnung für die Männer diente. Nicht weit von der Höhle entfernt entsprang aus dem Felsen ein kleiner Bach mit kristallklarem Wasser.

Vor der Höhle saßen vier Männer, die ein großes Feuer am Brennen hielten, über dem ein riesiger Kessel hing. Sie erhoben sich jetzt und blickten den Ankommenden erstaunt entgegen.

„Wir haben zwei sehr interessante Leute mitgebracht", erklärte der Anführer. „Es sind die nettesten Opfer, die wir bisher je beraubt haben."

Dann wandte er sich seinen Gästen zu und stellte sich selbst als Carias vor und berichtete kurz, wer die anderen waren. Alle waren entflohene Sklaven und hatten sich hier zusammengefunden. Vier von ihnen waren aus Smyrna, einer aus Pergamon, einer aus Thyatira, zwei von Sardes und drei von Ephesus.

„Wir alle haben mehrere Male heftige Schläge als Strafen erhalten", erzählte Carias, „und wir sind sehr verbittert wegen der Ungerechtigkeit und Grausamkeit unserer früheren Herren."

„Das verstehe ich sehr gut", bestätigte Onesimus. „Ihr habt selbst die Narben gesehen und wißt, daß auch ich von meinem früheren Herrn geschlagen worden bin, obwohl er allgemein freundlicher war als die meisten anderen."

„Wir glauben euch, Onesimus, daß auch ihr Opfer der Ungerechtigkeit geworden seid. Doch ich bin hungrig. Wie weit ist das Essen?" fragte er.

„Es ist fertig. Setzt euch und laßt es euch schmecken!" rief der Koch. Alle griffen zu einfachen tönernen Schüsseln und ließen sich diese vom Koch mit Gemüse und Fleisch füllen. Dann setzten sie sich in einen Halbkreis und aßen hungrig.

Die Gruppe der Räuber und Beraubten saß bis spät in die Nacht um das flackernde Feuer, während Onesimus und Glaucon ihre Geschichte erzählten. Glaucon berichtete von seiner Kindheit und frühen Jugend in Smyrna, wo er als Sohn einer armen Familie geboren wurde.

„Mein Vater arbeitete bei dem Besitzer eines der größten Weinberge im Tal des Flusses Hermus. Der Winzer hatte in seinem Stall viele Arbeitspferde und auch eine Anzahl Reitpferde. Ich lernte bei meinem Vater viel über die Pferdepflege und das Reiten. Doch eines Tages ging ein besonders feuriges Pferd durch und erschlug dabei meinen Vater, der es aufhalten wollte. Nach dem Tod meines Vaters fand der Winzer Gefallen an meiner Mutter, die sehr schön war. Er nahm sie gegen ihren Willen als Konkubine. Mich hat er dann in Ephesus auf dem Markt als Sklave verkauft, als ich erst fünfzehn Jahre alt war."

Clarus, der erst kürzlich in Smyrna entflohen war, sprang erregt auf und rief: „Das hört sich so an, als sei es mein grausamer früherer Herr Anacreon gewesen! Ist es so?“

Erstaunt antwortete Glaucon: „Ja, das ist der Mann! Ich weiß noch, wie sehr ich diesen Teufel gehaßt habe. Dann mußt du doch meine Mutter kennen?“ fügte er hinzu. „Ihr Name ist Erica.“

„Sicher kenne ich sie“, nickte Clarus. „Sie ist einer der freundlichsten, tapfersten und nettesten Menschen, denen ich je begegnet bin.“

„Wie geht es ihr? Ist sie gesund und glücklich?“ drängte Glaucon.

„Ja, sie ist gesund. Ob glücklich? Ich weiß nicht. Sicher mißfällt ihr das Sklavendasein. Doch sie hat ein so frohes Wesen, das man bei anderen Sklaven kaum findet. Sie hat einen großen Einfluß auf mich ausgeübt, als ich noch jünger war, und sie war immer sehr freundlich gegenüber uns Sklavenjungen. Wir wußten alle, daß sie sehr unter den schlimmen Demütigungen und dem Mißbrauch unseres Herrn Anacreon litt. Doch niemand konnte ihr helfen. Ich konnte die Art, wie wir alle von ihm behandelt wurden, nicht mehr ertragen, deshalb bin ich geflohen.“

Clarus schwieg einen Augenblick nachdenklich und fuhr dann fort: „Ich bin froh, nun hier in den Bergen meine Freiheit gefunden zu haben. Deshalb wirst du auch verstehen, daß es mir Freude breitet, die reichen Männer, die uns Sklaven so schlecht behandeln, zu berauben.“ Clarus ballte die Fäuste vor Zorn, während er das sagte.

„Wir verstehen sehr gut, was du empfindest, Clarus“, bestätigte Onesimus. „Vielleicht kannst du uns noch einiges über Anacreon erzählen. Wir beabsichtigen nämlich, wenn möglich, Glaucons Mutter zu finden. Mit der Hilfe unseres Geldes“, hier lächelte er und blickte Carias aufmerksam an, „wollten wir versuchen, sie freizukaufen und mitzunehmen.“

Schweigen kehrte in der Runde ein. Doch Onesimus empfand, daß ihnen viel Sympathie entgegengebracht wurde.

Endlich fuhr Glaucon fort zu erzählen, wie er von Philemon gekauft wurde, und beschrieb den großen Unterschied in der Behandlung dieses freundlichen Herrn.

„Aber war Philemon nicht derselbe Herr, dem Onesimus die vierzig Schläge zu verdanken hat?“ fragte Carias.

„Es ist derselbe Mann, aber trotzdem ist da ein großer Unterschied“, nahm nun Onesimus das Wort. „Ich will euch meine Geschichte erzählen, damit ihr alles besser versteht.“

Onesimus begann mit jenem schrecklichen Tag, als er, damals siebzehn Jahre alt und der Sohn des ehemaligen Schatzmeisters der römischen Provinz Asia Minor, zusammen mit seiner Mutter Alcestia und seinen beiden jüngeren Schwestern in Ephesus als Sklave verkauft wurde. Philemon von Kolossea hatte ihn und auch seine Mutter gekauft. Onesimus' früherer Name war Gaius. Er war in einer adligen Familie geboren, doch nun zum Sklaven geworden, weil sein Vater zusammen mit dem Statthalter der römischen Provinz durch falsche Anschuldigungen beim Kaiser in Ungnade gefallen war.

Sein Sklavenleben war nicht so hart gewesen, erzählte Philemon den Räubern, da er von Philemon und seiner Familie gut behandelt wurde. Er berichtete nun von der neuen Hoffnung, die in ihm aufwuchs, als Philemon unter den Einfluß der neuen Religion kam, die der wandernde jüdische Prediger Paulus verkündigte. Bald bekehrten sich sein Herr und dessen Familie zu dieser neuen Religion und wurden Christen.

„Ich lehnte diese neue Religion ab“, erlärte Onesimus. „Ich war in den Lehren der griechischen Philosophen, vor allem denen des Aristoteles, erzogen und konnte die Geschichte, die Paulus von diesem Jesus erzählte, der gekreuzigt worden war und dann von den Toten wieder auferstand, mit meinem Verstand nicht akzeptieren. Außerdem lehnte ich diesen neuen Glauben wegen der Heuchelei der Christen wie Philemon ab. Sie redeten von Liebe, nannten sich gegenseitig

Brüder und Schwestern in der Familie Gottes und behandelten sogar uns Sklaven viel freundlicher als vorher, aber wir mußten trotzdem weiter ihre Sklaven bleiben. Ich hatte mich in die Tochter meines Herrn, Helen, verliebt, aber sie blieb für mich unerreichbar." Onesimus' Stimme war immer leiser geworden, und nun schwieg er.

Die Männer, die aufmerksam und voller Interesse zugehört hatten, schwiegen nachdenklich. Endlich fuhr Onesimus fort: „Ihr könnt sicher verstehen, wie Ärger und Frustration in mir immer mehr zunahmen, bis der Punkt erreicht war, wo ich mich entschloß, unter allen Umständen zu fliehen, ganz gleich, was es mich kosten würde."

Kopfnicken und zustimmendes Gemurmel rundum.

„Sorgfältig plante ich meine Flucht und wartete viele Monate auf die günstige Gelegenheit", erzählte Onesimus weiter. „Und diese Gelegenheit kam, als ich mit Archippus, Philemons Sohn, zum jährlichen Markt nach Ephesus reisen sollte. Wir machten sehr gute Geschäfte, und am letzten Abend vor unserer Rückreise genehmigten wir uns ein Festmahl. Bei der Gelegenheit schüttete ich Archippus ein Schlafpulver in den Wein. Als er dann fest schlief, stahl ich das meiste Geld und die Juwelen, die wir für unsere Verkäufe erhalten hatten. Ich tat dies, obwohl Archippus mein Freund geworden war, mir vertraute und mir versprochen hatte, bei seinem Vater ein gutes Wort für mich einzulegen. Ich wollte nicht länger das Eigentum von jemand anderem sein."

Wieder beifälliges Kopfnicken rundum, das ihm zeigte, wie sehr die Räuber ihn verstanden.

„Ich hatte mich schon vorher erkundigt und erfahren, daß am nächsten Morgen bei Sonnenaufgang ein Schiff Ephesus verlassen und nach Rom segeln würde", setzte er seinen Bericht fort. „Ich hatte auf dem Schiff einen Platz gebucht und machte mich noch in der Dunkelheit auf den Weg, um rechtzeitig am Hafen zu sein. Die Reise verlief ohne Zwischenfälle. Bei meiner Ankunft in Rom ging ich zunächst in die *Subura,* wo ein Fremder am wenigstens auffällt und nicht gefragt wird. Dort lernte ich zwei phrygische Sklaven kennen, Marcia und Nicia, die ihren Lebensunterhalt mit Prostitution verdienten. Als ich mich weigerte, da ebenfalls mitzumachen, taten sie mir Schlafpulver in den Wein und stahlen mir all mein Geld und die Juwelen, die ich von Archippus gestohlen hatte. Als ich aufwachte und den Verlust bemerkte, war ich sehr zornig. Ich ging zu ihrer Wohnung und wurde dort von Nicia aufgehalten."

Die Gruppe lachte laut, als Onesimus erzählte, wie Nicia ihn die Treppe hinuntergeworfen hatte und Marcia, seine Schwester, ihm spöttisch Sokrates' Zitat vorhielt, das er vorher selbst ihr gegenüber erwähnt hatte: „Es ist besser, anderen Unrecht zu tun, als selbst Unrecht zu erleiden."

„So ist es, Onesimus", sagte Carius, „daran halten auch wir uns. Doch es interessiert mich zu erfahren, warum du mittlerweile anderer Meinung bist."

„In den schlimmen Tagen, die dieser bösen Erfahrung folgten, fand ich eine bessere Antwort auf das Unrecht. Und davon möchte ich euch erzählen", bestätigte Onesimus.

Die Banditen lauschten wieder gespannt, als Onesimus erzählte, wie er in seiner Verzweiflung den Apostel Paulus fand, den er von der Zeit bei Philemon in Kolossea her kannte. Paulus hätte ihn als entlaufenen Sklaven anzeigen können. Doch er akzeptierte ihn und machte ihn zu seinem Sekretär. Er berichtete, wie er durch die Freundlichkeit und Liebe der Christen endlich überzeugt wurde, seine Zweifel aufgab und sich zu Jesus Christus bekehrte. Ich erfuhr, daß die Macht der Liebe Gottes und das Wirken Seines Heiligen Geistes das Leben völlig verändern kann, erklärte er seinen Zuhörern.

„Mit dem Mut, den ich durch meinen neuen Glauben gewonnen hatte", fuhr er fort, „kehrte ich nach Kolossea zurück, um mich meinem früheren Herrn zu stellen. Ich wußte, daß ich dabei mein Leben riskierte. Paulus hatte mir einen Brief an Philemon mitgegeben, in dem er Philemon bat, mir zu vergeben und mich mehr wie einen Bruder statt einen

Sklaven aufzunehmen. Und zu meinem Erstaunen wurde ich von Philemon und Archippus mit Liebe und der unglaublichen Bereitschaft, mir alles zu vergeben, empfangen. Philemon gab mir die Freiheit, und ich durfte meinen eigenen Freilassungsbrief in der Gegenwart von Helen und meiner Mutter schreiben."

„Und was geschah mit Helen?" fragte Clarus eifrig. „Konntest du sie heiraten?"

„Ja! Philemon stimmte unserer Heirat zu, obwohl sie erst später stattfand. Zunächst reiste ich mit Philemons Segen nochmals nach Rom. Dort durfte ich dem Apostel Paulus wieder behilflich sein, der in der Zwischenzeit in den mamertinischen Kerker verlegt worden war."

Onesimus berichtete weiter von seinen Erlebnissen in Rom. Von der Hinrichtung des Apostels Paulus durch Nero, von der Bekehrung von Marcia und Nicia, von dem großen Brand Roms, für den Nero die Christen beschuldigte, vom Kommen des Apostels Petrus nach Rom und der ausbrechenden Christenverfolgung. Er berichtete, wie er gemeinsam mit dem Apostel Petrus gefangengenommen wurde und wie Nicia zu Rufus Faenus ging, dem neuen Führer der Prätorianer-Garde, den er von früher her kannte, und sich für Onesimus verwendete, so daß er dadurch seine Freiheit wieder bekam.

„Das war aber großartig von Nicia, daß er sein Leben für dich aufs Spiel setzte", rief Clarus.

„Ja, er riskierte sein Leben aus Liebe zu Jesus Christus, seinem neuen Herrn, und zu mir, den er einst beraubt hatte", nickte Onesimus.

Onesimus schloß seinen Bericht damit, daß er noch von seiner glücklichen Heimreise nach Kolossea, von seiner Heirat mit Helen sowie der Partnerschaft mit Philemon und Archippus erzählte. Und nun waren Glaucon und ich auf der Reise von Kolossea über Ephesus zu den Christengemeinden in Smyrna, Pergamon und Sardes, um auch ihnen von unseren Erfahrungen zu berichten. Und außerdem wollten wir in

Smyrna versuchen, Glaucons Mutter freizukaufen, wie ihr schon gehört habt, fügte er noch hinzu.

Für eine Weile herrschte Schweigen, dann sagte Carias: „Nun verstehen wir auch, warum ihr so freundlich zu uns wart und keine Angst hattet, obwohl wir euch berauben wollten. Wenn du Nicia und Marcia ihren Diebstahl vergeben konntest, würdest du uns auch vergeben, wenn wir euch alles wegnehmen, was wertvoll ist. Es würde euch zwar nicht gefallen, aber ihr würdet uns trotzdem noch akzeptieren. Ist das so?"

„Du hast es erkannt", bestätigte Onesimus. „Wir würden euch akzeptieren, weil ihr uns wirklich etwas bedeutet und weil wir eure üblen Erfahrungen als ehemalige Sklaven verstehen."

„Ihr besitzt eine erstaunliche innere Freiheit, die wir als frühere Sklaven, so wie ihr, nicht kennen, obwohl wir äußerlich auch frei sind", meinte Demetrius nachdenklich.

„Wir haben die einzige wahre Freiheit gefunden, und die kann uns niemand nehmen. Es ist die Freiheit der Söhne und Töchter Gottes, der Angehörigen der himmlischen Familie", erklärte Onesimus. „Und wir freuen uns, daß wir Gelegenheit haben, euch kennenzulernen. Denn wir möchten gern, daß ihr auch diese Freiheit findet, die wir in der Liebe Christi gefunden haben."

„Hmm . . ." sann Carias. „Dieser Mann Jesus Christus muß ein wunderbarer Mensch gewesen sein, weil Er auf so viele einen so großen Einfluß ausübt. Ich würde gern noch mehr von Ihm erfahren."

In den nächsten Minuten gab sich Onesimus die größte Mühe, einiges von dem Leben und den Lehren Jesu zu berichten. Er versuchte, so schwierige und doch gleichzeitig hoffnungsvolle Worte zu erklären wie: *„Wer der Größte unter euch sein will, der sei euer aller Diener."* Er erzählte von dem Gebet, das Jesus Seine Jünger lehrte: „Und vergib uns unsere Sünden, wie wir unseren Schuldnern vergeben." So einfach wie möglich erklärte er seinen Glauben an den allmächtigen Gott, der alle Dinge geschaffen hat und erhält, und vom Leben, Tod, der Auferstehung und dem Sieg Jesu, Gottes Sohn, der gelehrt hat, daß wir so lieben und vergeben sollten, wie Gott uns in Jesus Christus liebt und vergibt, und durch den wir alle zu Gliedern der himmlischen Familie und damit zu Brüdern und Schwestern werden sollen."

Die Männer hatten gespannt zugehört. Manchmal hatte der eine oder andere ungläubig den Kopf geschüttelt.

„Wir haben deine *gute Nachricht,* wie du sie nennst, gehört", sagte Carias für alle. „Es wird für uns alle Zeit brauchen, darüber nachzudenken, ob wir sie akzeptieren können. Aber das Zeugnis von euch beiden klingt sehr überzeugend. Doch für heute ist es schon spät geworden. Ich glaube, daß wir morgen gern noch mehr von euch hören würden." Er zeigte auf einen grasbewachsenen Fleck. „Ihr könnt heute nacht euer Lager dort aufschlagen. Ich wünsche euch eine angenehme Nachtruhe. Was mich betrifft, werde ich noch über einiges nachdenken müssen, ehe ich mich niederlege."

Onesimus lag noch eine ganze Weile wach und dachte über die erstaunlichen Führungen Gottes in seinem Leben nach. Zwischendurch mußte er auch immer wieder an Helen denken und an das Kind, das in ihr heranwuchs. Er dankte Gott für alle Segnungen in seinem Leben und dachte: *Es gibt nichts Gewaltigeres, nichts Kreativeres und nichts Freudigeres als die Erfahrung der Liebe Gottes durch Seinen Sohn Jesus Christus.*

Während er so in den Sternenhimmel hinaufblickte, erinnerte er sich an einen Abschnitt aus dem Brief des Apostels Paulus an die Kolosser, den er selbst in Rom nach Paulus' Diktat geschrieben hatte: *„Ich freue mich in den Leiden, die ich für euch ertrage. Für den Leib Christi, die Gemeinde . . . Ich diene der Gemeinde durch das Amt, das Gott mir übertragen hat, damit ich euch das Wort Gottes in seiner Fülle verkündige, jenes Geheimnis, das seit ewigen Zeiten und Generationen verborgen war. Jetzt wurde es Seinen Heiligen offenbart; Gott wollte ihnen zeigen, wie reich und herrlich dieses*

Geheimnis unter den Völkern ist; nämlich Christus in euch, Er ist die Hoffnung der Herrlichkeit!"

Onesimus wußte, daß dies das Geheimnis des neuen Lebens war. Christus, der die Liebe Gottes den Menschen nahegebracht hatte, war in ihm — und nicht irgendwo über den Sternen, fremd und gleichgültig den Menschen gegenüber. Und morgen würde er mit Glaucon nach Smyrna weiterziehen, um auch dort diese gute Botschaft zu verkündigen.

Onesimus dachte daran, was Tyrannus in Ephesus ihm über die Anzeichen der Verfolgung der Christengemeinde in Smyrna und Pergamon erzählt hatte. In Smyrna würden sie dem jungen Bischof Tavius begegnen, dessen Vater dort der römische Statthalter war. Der Vater war zornig auf seinen Sohn, weil dieser Christ geworden war. Das hatte schon dazu geführt, daß in Smyrna, ähnlich wie in Pergamon und anderen römischen Städten, ein Edikt erlassen wurde, daß jeder Bürger der Stadt auf einem Altar mit der Statue des römischen Kaisers Weihrauch zu opfern hatte, um dadurch seine Treue zu Rom zu beweisen. Dieser Erlaß richtete sich direkt gegen die Christen, denn diese waren aufgrund ihres Glaubens nicht in der Lage, durch eine solche Handlung einem Menschen oder anderen Götzen göttliche Verehrung entgegenzubringen.

Auch der junge Bischof Antipas in Pergamon und seine Gemeinde dort standen unter einer ähnlichen Drohung durch einen solchen Erlaß. Onesimus fragte sich, ob auch er treu zu dem Zeugnis von Jesus Christus stehen würde, wenn dies einmal von ihm gefordert würde, so wie er es bei Petrus und Paulus und den anderen Christen in Rom gesehen hatte.

Endlich überwältigte ihn die Müdigkeit, und sein letzter Gedanke, ehe er einschlief, war: *Doch Jesus Christus ist in mir, deshalb sind mir alle Dinge möglich durch Ihn, der mir die Kraft dazu gibt.*

Der Morgen dämmerte schon, als Onesimus und Glaucon durch die Geräusche erwachten, die Simus und seine Helfer bei der Zubereitung des Frühstücks verursachten. Die Luft war frisch und kühl und erfüllt mit dem Duft der Föhren und Balsamstauden, die hier überall wuchsen. Die beiden erhoben sich, wuschen sich in dem kalten Wasser des Baches und packten ihre Sachen zusammen.

Während sie anschließend bei einem reichlichen Frühstück mit Eiern, Käse, Früchten und Brot saßen, begannen mehrere der Männer Fragen zu stellen. Eine davon war jene, mit der auch Onesimus lange nicht fertig geworden war: *Wie kann ein Mensch, der tot und begraben ist, wieder lebendig werden?*

„Es gibt keinen sichtbaren oder greifbaren Beweis dafür“, versuchte Onesimus zu erklären. „Doch an dem veränderten Leben der vielen Menschen, die Christen geworden sind, ist zu erkennen, daß der lebendige Christus durch den Heiligen Geist in ihnen lebt.“

Einige der Männer erwähnten ihr größtes Problem mit dieser neuen Lehre, die dieser Jesus Christus gebracht hatte. Clarus drückte es so aus: „Wie kann ich je meinem Herrn, diesem Teufel, all die bösen Dinge vergeben, die er mir angetan hat und Glaucons Mutter und all den anderen Sklaven?“

„In der gleichen Weise, wie Jesus denen vergab, die Ihn gekreuzigt hatten“, antwortete Glaucon. Jesus betete am Kreuz: *Vater, vergib ihnen, denn sie wissen nicht, was sie tun.* „Wenn ich Anacreon hassen würde, wenn wir zu ihm gehen, um zu versuchen, meine Mutter freizukaufen, würde ich von vornherein alle Kanäle blockieren, durch die der Geist Gottes wirken könnte. Vielleicht haben wir auch keinen Erfolg, obwohl wir bereit sind, einen hohen Preis für die Freiheit meiner Mutter zu bezahlen. Ganz gleich, ob unser Vorhaben gelingt oder nicht, ich habe ihm vergeben. Ich hasse zwar alles Böse, das er getan hat, doch ich weiß, daß Gott ihn liebt und auch ihn zu einem neuen Menschen in Jesus Christus machen möchte. Philemon hat dies auch erlebt. Vielleicht erlebt Anacreon es nicht, wenn er nicht bereit ist, Buße zu tun und sich zu Jesus Christus zu bekehren. Und es ist schon eine erstaunliche Sache, zu glauben, daß Jesus Christus in die Welt kam, um uns Sünder zu erretten. Doch wenn mir vergeben wurde und ich durch die Gnade Gottes zu einem neuen Menschen geworden bin, dann kann jeder, der Christus annimmt, dies ebenfalls erleben."

Nach dem Frühstück sagte Carias tief bewegt: „Eure Begegnung mit uns und alles, was ihr uns gesagt habt, ist eine der größten Stunden meines Lebens geworden. Ich bin sicher, meine Männer denken genauso. Ihr habt uns etwas gebracht, das viel wertvoller ist als schöne Stoffe, Geld und Juwelen, denn ihr habt uns den Weg zur wahren Freiheit gezeigt. Da ich aus Thyatira komme, das weit von Smyrna entfernt liegt, kennt man mich dort sicher nicht. Deshalb werde ich es bei Gelegenheit riskieren, euren Freund, diesen christlichen Bischof in Smyrna, aufzusuchen, denn ich möchte noch mehr von diesem Jesus Christus wissen. Und vielleicht bin ich eines Tages sogar bereit, mich taufen zu lassen und ein Christ zu werden."

Mit breitem Lächeln wandte sich Carias nun seinen Männern zu: „Ich glaube, wir haben ziemlich großes Pech, weil wir die beiden nicht berauben können, obwohl sie die reichsten Männer sind, die wir jemals getroffen haben."

Die Männer lachten und nickten zustimmend zum Zeichen, daß sie verstanden hatten, was er meinte.

Nun blickte er wieder Onesimus und Glaucon an und verkündigte laut: „Hiermit sei allen bekanntgegeben, daß ich, Carias, Anführer der Banditen vom Berg Mimas, unsere beiden Gefangenen freilasse, und zwar mit all ihren Stoffen, ihrem Geld und ihren Juwelen. Ich erkläre auch, daß ihr, Onesimus und Glaucon, durch Jesus Christus unsere Freunde und Brüder geworden seid!" Er schwieg einen Augenblick und fuhr dann etwas leiser fort: „Und sollten wir je wieder Sklaven werden, dann nur für euren Herrn Jesus Christus; denn obwohl ihr Ihn als Herrn angenommen habt, seid ihr die freiesten Menschen, die uns je begegnet sind. Gott sei mit euch!"

Die anderen elf Männer brachen in laute Rufe der Zustimmung aus. Sie drängten sich um ihre beiden neuen Freunde, um sich zu verabschieden. Schnell war der Esel wieder mit all ihren Besitztümern beladen. Dann stiegen sie auf ihre Pferde und folgten Carias, der sie, diesmal ohne Augenbinde, wieder zur Straße nach Smyrna brachte.

2. KAPITEL

Die beiden Reisenden waren noch nicht weit geritten, als sich vor ihnen die Sicht ins Tal öffnete und sie einen großartigen Blick auf Smyrna hatten. Vor ihnen links erhob sich der knapp tausend Meter hohe Berg der zwei Brüder, der etwa ein Drittel niedriger war als die Berge, die sie gerade hinter sich gelassen hatten.

Im leichten Trab ging es nun bergab, und bald erreichten sie das Stadttor und ritten in die Stadt ein zur rundum mit Arkaden geschmückten Agora. Glaucon betrachtete voller Abscheu das an einer Seite stehende Podium, auf dem die Sklaven verkauft wurden und auf dem man auch ihn verkauft hatte. Auch jetzt stand ein kräftiger Jugendlicher dort und wurde zum Verkauf angeboten.

„Dieser Marktplatz ist nur halb so groß wie der in Ephesus", meinte Onesimus. „Aber es herrscht eine gute Ordnung hier. Doch wir sollten zusehen, daß wir jetzt zu Bischof Tavius kommen, denn man erwartet uns gegen Mittag dort."

Glaucon, dem die Stadt von Kindheit an bekannt war und der ungefähr wußte, wo das Haus der Tavius-Familie stand, nickte zustimmend und wandte sein Pferd wieder der Hauptstraße zu, die als der *Goldene Weg* bekannt war. Während sie weiter nordwärts ritten, wies Glaucon auf die vielen Tempel hin, mit denen die Stadt sich rühmte — Tempel für Kybele, für Zeus, für Apollo, für Aphrodite, für Nemesis und andere. Es gab sogar einen Nachbau des berühmten Tempels des Äskulap in Pergamon. Alle waren aus weißem Marmor gebaut, mit wunderschönen jonischen Säulen und vielen Standbildern verziert.

„Ehe wir die Stadt wieder verlassen, mußt du dir die riesige Arena ansehen, in der jedes Jahr die berühmten Spiele abgehalten werden, und auch das *Odeum,* die Musikhalle, die eine der größten in ganz Jonien ist", sagte Glaucon.

„Schau, dort ist die öffentliche Bibliothek", rief Glaucon und zeigte auf einen prachtvollen Bau an der rechten Seite. Nach der Beschreibung von Tyrannus kann das Haus von Antonius Tavius jetzt nicht mehr weit sein. Es gehört schon seit mehreren Generationen der Familie. Als Antonius' Vater römischer Statthalter wurde, ist er in den Statthalterpalast gezogen und hat seinem Sohn den Familienbesitz überlassen. Zu der Zeit war Antonius allerdings noch kein Christ. Heute versammelt sich in dem stattlichen Gebäude die christliche Gemeinde von Smyrna."

„Ich kann mir denken", bemerkte Onesimus, „daß sich der Vater darüber am meisten ärgert. „Nicht nur, daß sein Sohn Christ geworden ist, sondern nun ist das Haus seiner Familie auch noch die Versammlungsstätte der Christen."

Als sie das Haus erreichten, hielten sie vor dem Tor ihre Pferde an. Das stattliche Anwesen mit drei Etagen und etlichen Nebengebäuden sprach von Reichtum und Adel. Der Torhüter, einer von Antonius freigelassenen Christen, erwartete sie schon. Er begrüßte sie herzlich, als er das Tor öffnete, nahm ihnen die Pferde ab, die er in die Ställe führte, und forderte sie auf, das Haus zu betreten, wo sie erwartet wurden.

Sie hatten das Haus noch nicht erreicht, als Bischof Antonius Tavius mit seiner Familie ihnen voller Freude entgegenkam und sie warm begrüßte. „Du mußt Onesimus sein", rief er, „von dem ich schon so viel gehört habe!" Dabei umarmte er seinen Gast. „Meine Familie und die ganze Gemeinde können es kaum erwarten, dir zuzuhören."

Er wandte sich an den Jüngeren und fuhr fort: „Und du bist sicher Glaucon. Tyrannus hat uns von dem Unglück deiner Familie hier in Smyrna geschrieben. Ich hoffe, wir können behilflich sein, deine Mutter zu finden." Bischof Tavius sprach mit warmer, sonorer Stimme. Er hatte schwarzes Haar und strahlende Augen. Obwohl er nicht so groß war wie Onesimus, ging doch die Autorität und Würde des geborenen Führers von seiner Persönlichkeit aus.

Onesimus dankte für die warme Begrüßung: „Wir sind sehr froh, bei euch zu sein, und danken für eure Gastfreundschaft. Unser Bruder Tyrannus in Ephesus hat uns manches von eurer Situation hier erzählt und sendet euch seine Grüße. Wir beide freuen uns schon auf die Zeit der Gemeinschaft mit euch."

Antonius stellte nun seine Familie vor: „Dies ist meine Frau Octavia, und hier sind unsere drei Kinder, sie sind sieben, neun und zwölf Jahre alt. Unserem ältesten Sohn hier gaben wir den Namen Simon, ehe wir etwas von Simon Petrus gehört hatten. Als er getauft wurde, erhielt er noch den Namen Petrus, in Erinnerung an den großen Apostel unseres Herrn. Und heute rufen wir ihn alle nur noch Petrus."

Der Bischof strich dem Jungen liebevoll über das Haar. „Doch nun kommt", fuhr er fort. „Ihr seid sicher von der Reise ermüdet. Wir werden euch eure Räume zeigen, damit ihr ein wenig ausruhen könnt, und in einer halben Stunde erwarten wir euch im Atrium zum Mittagessen."

Als die Gäste sich dann mit der Familie am Mittagstisch versammelten, fragte der Bischof, wie die Reise gewesen sei.

Onesimus und Glaucon erzählten die erstaunliche Geschichte von ihrer Begegnung mit den Räubern. Vor allem die drei Kinder lauschten fasziniert der Geschichte und stellten immer wieder Fragen. Doch endlich meinte der Vater: „Jetzt ist es mit der Fragerei vorläufig genug, unsere Gäste kommen ja kaum zum Essen. Doch auch ich muß sagen, dies ist eine der erstaunlichsten Geschichten von der verwandelnden Kraft Christi und seiner vergebenden Liebe, die ich je gehört habe. Vielleicht hören wir niemals mehr von diesen Männern, doch Gottes Liebe kann sich auch über sie erbarmen. Preis sei dem Vater unseres Herrn Jesu Christi, der den Heiligen Geist so mächtig durch euch wirken läßt."

„Bischof Tavius", antwortete Onesimus, „wir sind dankbar für die Gelegenheit, in der Gemeinde in Smyrna von dem berichten zu können, was unser Herr überall tut. Doch wir wissen auch, daß dein Vater sich von dir abgewandt hat und nichts mehr von dir wissen will, weil du Christ geworden bist, und daß er durch ein Edikt dich und die Gemeinde in Schwierigkeiten bringen will. Dieser Bruch in eurer Familie tut uns leid, und wir hoffen, daß wir in diesem Punkt vielleicht eine Hilfe sein können. Glaucon und ich haben schon viel für diese Sache gebetet. Wir meinen, daß diese Sache dir und deiner Familie schon viel Kummer bereitet hat."

„Ja, die Haltung meines Vaters hat uns tief verletzt", bestätigte Antonius. „Er hat alle Verbindung zu uns abgebrochen. Unser Sohn Petrus ist der einzige von uns, mit dem mein Vater noch redet. Er besucht seinen Großvater jede Woche einige Stunden und erzählt ihm dabei stets einiges von den Lehren Jesu, von denen mein Vater nichts wissen will."

„Das ist ja großartig, Petrus, daß du noch Verbindung zu deinem Großvater hast. Vielleicht kannst du mich bei deinem nächsten Besuch mitnehmen. Sage ihm, ich sei vor nicht allzu langer Zeit in Rom gewesen. Das wird ihn interessieren. Und gemeinsam gelingt es uns vielleicht, sein Herz zu erreichen mit dem Evangelium von Jesus Christus."

„Vielen Dank, Onesimus, für deine Anteilnahme an dem Verhältnis zu meinem Vater und für eure Gebete", sagte der Bischof tief bewegt.

Während des weiteren Gesprächs erwähnte der Bischof auch seine Bereitschaft, Glaucon bei der Suche nach seiner Mutter zu helfen.

„Kennst du diesen Weinhändler Anacreon?" fragte Glaucon gespannt.

„Ja, ich kenne ihn seit meiner Kindheit. Er ist viel älter als ich. Doch wir haben ein gemeinsames Interesse an Pferden, und durch seine Beziehung zu meinem Vater habe ich oft Rennen beigewohnt, bei denen seine Pferde Preise gewonnen haben. Ich kenne Anacreon gut. Doch ich muß euch sagen, er ist ein harter Mann, rücksichtslos und habgierig. Er hat viele einflußreiche Freunde im Senat der Stadt und unter den führenden Männern." Antonius schwieg einen Augenblick und fügte dann hinzu: „Ihr hättet viel bessere Aussichten, wenn mein Vater für den christlichen Glauben offen wäre, denn er hat großen Einfluß auf Anacreon, weil die beiden gute Freunde sind."

„Ich sehe schon", überlegte Onesimus, „daß der Heilige Geist uns aufmerksam macht, wir sollen deinen Vater so bald wie möglich aufsuchen. Wenn er nur erst zuhört, werde ich versuchen, ihm klarzumachen, daß die Christen nicht verantwortlich sind für den Brand, der Rom in Schutt und Asche gelegt hat. Die Christen sind nicht die Feinde Roms. Wir wollen heute abend besonders beten, daß durch die Gnade Gottes und das Wirken des Heiligen Geistes Petrus und ich das Herz deines Vaters erreichen."

Alle Anwesenden sagten: „Amen!"

Petrus erklärte mit der Zuversicht eines Kindes: „Ich weiß, daß Großvater euch alle liebt. Und, Onesimus, du bist so ein feiner Mann, daß er dir sicher zuhören wird."

„Vielen Dank, Petrus! Dein Glaube ist vielleicht realistischer als unsere Vorsicht. Doch über allem Erzählen ist es spät geworden, und wir sollten schlafen gehen. Ist es möglich, morgen schon deinen Großvater zu besuchen?"

„Ja", antwortete Petrus. „Es ist fast eine Woche her, seit ich zuletzt bei ihm war. Er wird schon auf mich warten. Und ich bringe dich als meinen Freund mit und als einen Mann, der mehr über Jesus weiß als alle anderen, die ich bisher kennengelernt habe."

Bischof Tavius forderte die kleine Gruppe noch zum gemeinsamen Gebet auf und bat Onesimus, das gemeinsame Gebet mit der Fürbitte für den nächsten Tag zu beschließen, wenn er und Petrus Großvater Pyrrhus Tavius besuchen würden.

In jener Nacht schlief Onesimus ruhiger und vertrauensvoller als in den Nächten vorher.

Nach dem Frühstück am nächsten Morgen machten sich Onesimus und Petrus zu Fuß auf den Weg zum nicht weit entfernten Palast des römischen Statthalters. Der Wachsoldat kannte offensichtlich den jungen Enkel des Statthalters, denn er öffnete lächelnd das Palasttor für ihn und seinen Begleiter. Petrus überquerte ohne Zögern den Hof und schritt die marmornen Palaststufen hinauf. Auch hier stand ein Soldat auf Wache.

„Ich freue mich, dich zu sehen, Simon! Dein Großvater beendet gerade sein Frühstück. Wer ist dein Begleiter?"

„Das ist Onesimus von Kolossea. Ein guter Freund unserer Familie", gab Petrus klug zur Antwort. „Ich möchte, daß Großvater ihn kennenlernt, denn er hat interessante Dinge zu erzählen, da er kürzlich erst in Rom gewesen ist."

Onesimus lächelte leise über die kluge Art, mit der Petrus ihn vorstellte. Der Soldat betrat die Räume des Statthalters und meldete die Besucher. Dann kam er zurück und forderte sie auf, einzutreten.

Petrus und Onesimus durchquerten das elegante Atrium des Palastes und gingen in den Garten, wo Pyrrhus Tavius noch am Frühstückstisch saß. Als er seinen geliebten Enkel sah, erhob er sich, legte ihm die Hände auf die Schulter und sagte warm: „Guten Morgen, Simon!"

Onesimus bemerkte, daß der Großvater, genau wie die Soldaten vorher, den Jungen nicht Petrus nannte, sondern bei seinem alten Namen Simon.

„Du kommst aber sehr zeitig heute", fuhr der Großvater fort. „Wen hast du denn da mitgebracht?"

„Dies ist Onesimus, Großvater. Ein wunderbarer neuer Freund aus Kolossea. Er ist mit seinen Teilhabern im Geschäft des Herstellens und Färbens von Seiden- und Wollstoffen und hat uns wunderschöne Stoffe als Geschenke mitgebracht."

Pyrrhus Tavius, der die Methoden seines Enkels kannte, fragte sich, was dieser beabsichtigte, weil er diesen fremden Mann mitbrachte. Doch er wußte, daß Petrus nichts ohne

Grund tat. Deshalb wandte er sich Onesimus zu und reichte ihm die Hand. „Willkommen in meinem Haus, Onesimus. Jemand, von dem Simon so begeistert ist, muß ein interessanter Mensch sein. Ich freue mich, dich kennenzulernen. Bitte, nimm Platz." Mit einer Handbewegung rief er einen Sklaven herbei und forderte ihn auf, Getränke für die Gäste zu bringen.

„Großvater, ich habe Onesimus mitgebracht, weil er kürzlich in Rom war und interessante Dinge von dort zu berichten weiß, die dich sicher interessieren werden", sagte Petrus.

„Herr, es ist eine Ehre für mich, dich kennenzulernen", ergriff Onesimus das Wort. „Simon hat mir erzählt, daß er gern mit dir zusammen ist." Onesimus gebrauchte sorgfältig den Namen *Simon,* um den Großvater nicht gleich zu verärgern. „Er erzählte mir von deinem großen Interesse für alles, was in Rom geschieht, und daß du darüber gern von Reisenden hörst, die direkt von dort kommen, und nicht erst aus zweiter Hand, damit du als Statthalter des Kaisers Nero stets die richtigen Entscheidungen treffen kannst."

„So ist es tatsächlich", bestätigte Tavius. „Doch sage mir, aus welchem Grund warst du in Rom? Und welche Neuigkeiten bringst du mit, so daß Simon meinte, sie könnten mich interessieren?"

Onesimus betete im stillen um Beistand. Onesimus war klar, daß die nächsten Minuten entscheidend sein konnten für die Beziehung zu diesem Mann, der so viel Macht in der Hand hatte, um die Christengemeinde entweder verfolgen zu lassen oder es zu verhindern. Und außerdem dachte er daran, daß er auch versuchen wollte, diesen Mann mit seiner Familie zu versöhnen.

Der beste Weg ist Offenheit, entschied Onesimus, und begann: „Verehrter Großvater meines Freundes Simon und Vater von Antonius, in dessen Haus ich Gast sein darf. Da du dem Urteil von Simon so sehr vertraut hast, um mich zu empfangen, hoffe ich, du wirst mich auch anhören, denn ich habe eine sehr bemerkenswerte Geschichte zu erzählen, in der auch ich eine, wenn auch bescheidene, Rolle spiele."

Onesimus erzählte dem Statthalter, daß er als freier Mann geboren wurde und wie es durch das Unheil, das seine Familie traf, dazu kam, daß er und seine Angehörigen als Sklaven verkauft wurden. Er war überrascht, als Tavius ihn unterbrach: „Ich erinnere mich noch an jene Ereignisse, denn ich kannte deinen Vater und deine Mutter gut und war bekümmert, als ich hörte, welch tragisches Schicksal sie getroffen hatte. Doch erzähle weiter."

„Du kannst dir sicher vorstellen, welche Beschämung und Demütigung meine Familie und ich empfanden. Deshalb habe ich nach einigen Jahren gegen mein Schicksal rebelliert, und zwar nicht nur gegen mein Sklavendasein, sondern weil ich auch meinte, mein Herr, der ein Angehöriger dieser neuen Religion der Christen geworden war, sei mit seinem Christentum ein großer Heuchler."

Als er den Namen *Christen* erwähnte, bemerkte Onesimus, wie sich das Gesicht von Tavius verhärtete. Doch der alte Mann schwieg und hörte weiter zu. Onesimus erzählte von seiner Flucht nach Rom und wie er dort in seiner Verzweiflung den Apostel Paulus aufsuchte, der in seinem Haus als Gefangener von Prätorianern bewacht wurde. Er beschrieb, wie er durch seine philosophische Erziehung alles, was Paulus als *Evangelium* bezeichnete, restlos ablehnte, weil er mit seinem logischen Verstand nicht an das Leben, den Tod und die Auferstehung Jesu glauben konnte.

Der Statthalter nickte dabei verständnisvoll. Sein Interesse nahm noch zu, als Onesimus begann, von seinen Erlebnissen mit Paulus und der Christengemeinde in Rom zu berichten, unter denen so bekannte Namen waren wie Burrhus, der Führer von Neros Prätorianer-Garde, und die Dame Pompania."

„Ich habe Senator Pompanius und auch den Legat Burrhus sehr gut gekannt", warf Tavius ein. „Oft habe ich mich gefragt, warum der Kaiser einen so treuen und tüchtigen

Mann hinrichten ließ. Fahre fort, denn mich interessiert das alles sehr, da ich bisher davon nur von Leuten gehört habe, die selbst nicht dabei waren."

Ermutigt berichtete Onesimus von seinen Erfahrungen in Rom, von seinen Zweifeln und Fragen, und wie er von Paulus zum Sekretär gemacht wurde und dessen Briefe an die Christengemeinden diktiert bekam. Er erzählte auch, daß ihn die Freude, die Liebe und die innere Freiheit der Christen beeindruckte, die er bei allen Zweifeln an ihren Lehren an ihnen sah, wie zum Beispiel an Menschen wie die Dame Pompania, an Burrhus und an dem Apostel Paulus und anderen.

„Ich mußte mir selbst zugeben", fuhr Onesimus fort, „daß alles, was ich im Leben dieser Menschen sah, nicht das Ergebnis törichten Aberglaubens sein konnte, sondern daß mehr dahinter sein mußte, und ich fragte mich, ob dies doch etwas mit diesem Jesus Christus zu tun haben könnte."

Das Gesicht des Statthalters nahm einen fragenden Ausdruck an, als er Onesimus mit einer Handbewegung aufforderte, fortzufahren.

„Verehrter Herr", erklärte Onesimus, „ich war selbst überrascht, als ich entdeckte, daß ich nach und nach in den Worten dieses Jesus Christus tiefere Wahrheiten entdeckte, als ich sonst irgendwo in der Welt gehört hatte. Ich faßte Glauben zu Jesus Christus, bekehrte mich zum Christentum und entdeckte, daß hier die Wahrheit des höchsten und einzigen Gottes, des Schöpfers des Universums, zu finden war. Ich erlebte nun, daß auch mein Leben verwandelt wurde, wie ich es schon bei den anderen Christen gesehen hatte. Das Ergebnis dieses neuen Glaubens und Lebens war, daß ich bereit war, zu meinem Herrn nach Kolossea zurückzukehren, auch wenn ich dabei mein Leben aufs Spiel setzte. Der Apostel Paulus gab mir einen Brief an meinen Herrn mit."

Hier schüttelte der Statthalter verärgert den Kopf. „Ich sehe schon", knurrte er, „daß ein weiterer brillanter und philosophisch erzogener Geist sich von den Torheiten der seltsamen Kraft eines jüdischen Rabbis und von dem, was du die

Liebe Christi nennst, einfangen ließ, genau wie mein törichter Sohn Antonius. Diese Geschichten scheinen einen seltsamen Einfluß auf dich und ihn auszuüben, obwohl es doch nur unerklärbare und unglaubliche Torheiten sind. Doch sie haben einen schmerzlichen Bruch zwischen mir und meinem Sohn zustande gebracht."

Resigniert schüttelte der Statthalter den Kopf. „Doch erzähle weiter", forderte er. „Ich möchte hören, was du über die Christen zu sagen hast, die von Nero und seinen Helfern beschuldigt werden, für den Brand Roms und für andere Scheußlichkeiten verantwortlich zu sein. Als wir das in Smyrna hörten, war die Empörung gegen die Christen groß, denn wir in Smyrna sind stolz auf unsere Treue Rom gegenüber. Ich habe kürzlich ein Edikt erlassen, daß alle Einwohner unserer Stadt ihre Treue Rom gegenüber dergestalt zum Ausdruck bringen müssen, daß sie auf einem Altar vor dem Standbild des Kaisers Nero Weihrauch opfern. Doch ich hörte, die Christen sind töricht genug, lieber zu sterben, als dieses geringe Zeichen des Gehorsams dem Kaiser gegenüber vorzunehmen, und das beunruhigt mich.

Bitte, Onesimus, erzähle mir, denn du warst dabei, haben die Christen in Rom wirklich das Feuer gelegt? Verweigern sie dem Kaiser den Gehorsam, und sind sie eine Gefahr für die Stabilität des Reiches? Viele unserer Führer bringen diese Anklagen gegen sie vor. Denn für mich ist dies nicht nur eine politische Frage, sondern auch eine sehr persönliche, wie du sicher verstehst."

Der alte Mann fuhr dabei Petrus liebevoll mit der Hand über den Kopf und forschte weiter: „Sage mir, warum die Christen so hartnäckig sind. Warum machen sie aus dieser einfachen Geste des Gehorsams dem Kaiser gegenüber eine so große Sache?"

„Ich will die Frage beantworten, so gut ich kann", bestätigte Onesimus, während er im stillen wieder betete. „Zuerst möchte ich sagen, das, was du Hartnäckigkeit nennst, ist in Wirklichkeit Mut, der aus unserem Glauben an Jesus kommt, der unser aller Herr und der Herrscher des Universums ist. Wir glauben, daß der Geist des allmächtigen Gottes, der alle Dinge geschaffen hat, derselbe Geist ist, der in und durch Jesus wirkte."

„Mich empört diese Dummheit!" rief der Statthalter zornig. „Die ganze Idee von dem Mann Jesus, der Gott wurde, Schöpfer und Herrscher des Universums, ist abstoßend! Wie kann ein fanatischer jüdischer Rabbi, der gekreuzigt wurde, gestorben und begraben ist, König und Herrscher der gesamten Schöpfung sein? Mein Enkel erzählt mir, daß dieser Rabbi auf irgendeine geheimnisvolle Weise von den Toten auferstanden ist. Doch das ist total unsinnig! Wie kann jemand, der einen gesunden Verstand hat, das glauben?"

Für einige Augenblicke herrschte Schweigen, dann knurrte der Statthalter: „Doch genug von diesen Torheiten. Weder Simon noch du könnt dieses *Geheimnis des Christus* erklären. Ich möchte wissen, warum diese Nachfolger Jesu nicht bereit sind, ein wenig Weihrauch auf dem Altar des Kaisers Nero zu opfern. Wir haben genug Götter in unserem großen römischen Reich, und jeder hat die Freiheit, zu beten, zu welchem er will. Also betet doch meinetwegen zu diesem Christus. Doch als Vertreter des Kaisers kann ich nicht gestatten, daß Menschen dem Kaiser gegenüber untreu sind, auch dann nicht, wenn es sich um meine eigene Familie handelt. Kannst du das verstehen?"

„Ja, verehrter Herr, das verstehe ich sehr gut, und ich verstehe auch eure Gefühle, denn ich weiß, daß ihr eure Familie liebt", bestätigte Onesimus. „Ich verstehe auch, daß ihr dadurch, daß sich der Kaiser Nero gegen die Christen wendet, in eine schwierige Lage geraten seid. Deshalb hat die Weigerung deines Sohnes und der Christen, die sich in eurem Haus versammeln, Weihrauch auf dem Altar des Kaisers zu opfern, dich tief getroffen."

Der Statthalter nickte, und Onesimus erkannte, daß er eine Bresche in den Panzer dieses Mannes geschlagen hatte. Er fuhr fort: „Ich respektiere die Treue der Bürger von

Smyrna gegenüber Rom, weil auch sie dadurch den Wohlstand, der aus dem römischen Frieden erwächst, genießen. Deshalb verstehe ich auch den Grund für dein Edikt. Doch es muß noch einen anderen Weg geben, damit auch die Christen ihre Treue gegenüber Rom und dem Kaiser bezeugen können."

„Vielleicht hast du recht. Doch ich habe nur dein Wort, daß diese Christen dem Kaiser und dem Reich gegenüber nicht untreu sind, sonst nichts. Wo aber ist der Beweis dafür?"

„Verehrter Statthalter", sagte Onesimus, „ich glaube, es gibt einen recht einfachen Weg, in dem die Christen ihre Treue Rom gegenüber demonstrieren könnten, ohne daß du dadurch dein Edikt zurücknehmen mußt und an Respekt verlierst. Du könntest . . ." er zögerte und suchte nach den richtigen Worten.

„Komm, komm, sage es!" drängte Tavius. „Ich bin sehr interessiert!"

„Ich möchte meine Antwort mit den Worten beginnen, die der Apostel Paulus an die Christen in Rom schrieb", begann Onesimus zögernd. Er schrieb: *„Jeder leiste den Trägern der staatlichen Gewalt den schuldigen Gehorsam. Denn es gibt keine staatliche Gewalt, die nicht von Gott stammt; jede ist von Gott eingesetzt. Wer sich daher der staatlichen Gewalt widersetzt, stellt sich gegen die Ordnung Gottes, und wer sich Ihm entgegenstellt, wird dem Gericht verfallen.*

Das erklärt sehr deutlich die Haltung aller wahren Christen der Regierung gegenüber, auch der römischen. Ich weiß, daß in vielen christlichen Gemeinden für die Regierung und für Kaiser Nero gebetet wird. Sogar in der Zeit, in der in Rom Petrus und Paulus auf Neros Befehl getötet wurden, und viele andere Christen mit ihnen, haben die römischen Christen nicht aufgehört, für Nero und seine Beamten zu beten, Gott möge ihnen vergeben und sie segnen. Ich weiß, daß es so ist, denn ich war dabei!"

„Die Verfolgten haben für ihre Verfolger gebetet?" rief Tavius ungläubig. „Bei allen Göttern! Wie waren sie dazu in der Lage?"

Wir Christen können es, weil wir dem Beispiel von Jesus Christus folgen. Als Er am Kreuz hing, betete Er für jene, die Ihn gekreuzigt hatten: *„Vater, vergib ihnen, denn sie wissen nicht, was sie tun!"* Wir beten für Nero, weil auch wir glauben, daß er nicht weiß, was er tut, indem er die Christen beschuldigt, für den Brand Roms verantwortlich zu sein. Wir glauben, daß Christus auch Nero liebt und ihm vergeben würde, wenn er zu Ihm käme."

„Solche Liebe und Vergebungsbereitschaft verstehe ich nicht", meinte Tavius kopfschüttelnd. „Es ist so unlogisch, so gegen alles, was unter Menschen gilt. Wir sollen unsere Feinde hassen und versuchen, sie zu vernichten, hat man uns gelehrt. Wie können dann die Christen Nero lieben und für ihn beten?"

„Wir lieben seine grausamen Taten nicht, noch seine Habgier oder seine selbstsüchtigen Vergnügungen. Doch wir lieben den Menschen. Und wir anerkennen alle guten Dinge, die durch die römische Herrschaft gekommen sind. Verehrter Statthalter, du kannst fest darauf vertrauen, daß alle wahren Christen auch treue Bürger Roms sind."

„Was du sagst, erscheint mir unglaublich, ja fast lächerlich."

„So dachte ich auch, ehe ich Paulus, Petrus und all den anderen Christen begegnete", bestätigte Onesimus. „Doch es ist wahr, und das hat mich so beeindruckt. Die Christen haben nichts mit dem Brand Roms zu tun. Ich weiß es, denn ich war zu der Zeit unter den christlichen Führern der Stadt Rom. Auch die Häuser der meisten Christen sind mit verbrannt, und manche von ihnen sind bei dem Brand ebenfalls umgekommen. Die anderen, die dem Feuer entkamen, versammelten sich außerhalb der Stadt in den *Katakomben,* den römischen Begräbnisstätten. Ganz gleich, welchen Grund Kaiser Nero auch immer hatte, die Christen für den Brand verantwortlich zu machen, sie sind die letzten, die so etwas getan hätten."

Tavius beobachtete Petrus, der zu Onesimus' Worten bestätigend mit dem Kopf nickte. Dann sagte er bewegt: „Ich weiß auch nicht warum, Onesimus, aber ich glaube dir. So töricht und unvernünftig es auch scheint, ich kann sehen, warum ihr Christen nicht in der Lage seid, vor dem Standbild des Kaisers irgendwelche Opfer zu bringen, weil ihr nur an den einen Gott glaubt und alles andere für euch Götzendienst wäre. Doch das macht das Problem für mich nicht leichter, denn ich habe nun einmal dieses Edikt erlassen, von dem ja auch meine Familie betroffen ist. Weißt du einen Ausweg?"

Onesimus stockte fast der Atem. Nun bot sich ihm die Möglichkeit, für die er gebetet hatte. Sorgfältig seine Worte wählend, antwortete er: „Ich glaube, verehrter Statthalter, ich könnte einen Vorschlag machen, der jeden Bürger von Smyrna verpflichtet, seine Treue zum Kaiser und zu Rom öffentlich zu bestätigen und der trotzdem das Problem löst. Zuerst könntest du eine Erklärung veröffentlichen, in der du mitteilst, daß du der jahrhundertealten und wohlüberlegten römischen Politik folgen willst, die in allen religiösen Angelegenheiten den Bürgern des Reiches freie Wahl läßt. Dann fügst du hinzu, daß du zwar dein Edikt nicht veränderst, aber all denen, die ein solches Weihrauchopfer auf dem Altar des Kaisers nicht bringen können, weil das gegen ihre religiöse Überzeugung verstößt, einen Menschen als Gott anzuerkennen, eine andere Möglichkeit gibst, ihre Treue zum Kaiser öffentlich zu bekunden."

Tavius atmete auf. „Der Gedanke ist nicht schlecht", stimmte er erleichtert zu. „Aber wie soll diese andere Möglichkeit aussehen?"

Onesimus, der an eine Begebenheit dachte, bei der Jesus den Juden einmal eine sehr weise Antwort gegeben hatte, zog eine römische Münze aus der Tasche und hielt sie Tavius hin: „Wessen Bild ist das?" fragte er.

„Das des Kaisers Nero natürlich“, antwortete dieser verwundert, weil er nicht sah, was Onesimus damit bezweckte.

„Dann schlage ich vor, du änderst dein Edikt nicht, aber du erweiterst es folgendermaßen: Es soll auf zweierlei Weise möglich sein, seine Treue zu Rom zu bekunden. Wer im *Templum de Roma* auf dem Altar vor dem Standbild des Kaisers Weihrauch opfern will, der soll es tun. Sein Name wird dort von deinen Beamten registriert, und er hat dadurch seine Treue zu Rom und dem Kaiser bekundet. Als zweite Möglichkeit läßt du in der Versammlungshalle vor dem dortigen Standbild des Kaisers eine Urne aufstellen. Dort können alle Bürger ihre Treue zu Rom und dem Kaiser bekunden, indem sie in diese Urne eine Münze mit dem Bild des Kaisers legen. Auch dort läßt du Beamte stehen, die alle Namen derer registrieren, die auf diese Weise ihre Treue zu Rom öffentlich erklären. Ich bin sicher, jeder Christ wird bereit sein, das zu bezeugen, indem er eine Münze in die Urne legt.“

Tavius lächelte jetzt erleichtert. Er erhob sich, ging auf Onesimus zu, der ebenfalls aufstand, und reichte ihm die Hand. „Du hast mir einen Ausweg gezeigt, der gangbar ist, Onesimus, und dafür bin ich dir sehr dankbar. Ich meine zwar immer noch, daß euer Glaube eine unvernünftige Torheit ist. Doch Simon, oder Petrus, wie ihr ihn nennt, hat mir von einigen Lehren eures Christus erzählt, die mich durchaus interessieren, und deine Worte von dieser unglaublichen vergebenden Liebe machen mich auch nachdenklich. Wie anders sähe unsere grausame Welt aus, wenn dies wahr sein könnte! Ich muß über diese Dinge noch nachdenken. Vielleicht haben wir noch Gelegenheit, einmal darüber zu reden. Doch jetzt muß ich mich erst einmal darum kümmern, daß mein Edikt so erweitert wird, wie du es vorgeschlagen hast.“

Tavius wandte sich nun Petrus zu und sagte: „Außerdem würde ich gern meinen Sohn Antonius, meine Schwiegertochter und die anderen beiden Enkel wiedersehen.“

Mit einem Freudenschrei umarmte Petrus ihn. „Großvater“, rief er, „komme doch gleich zum Mittagessen mit uns!“

„Langsam, langsam, Petrus“, lachte der Statthalter. „Dein Vater hat mich noch nicht eingeladen.“

„Das wird er ganz sicher tun!“ rief Petrus. „Und Mutter und Maria und Toni — wir alle freuen uns sehr!“

Zu Onesimus sagte der alte Mann warm: „Deine Worte von der vergebenden Liebe haben mir den Weg zurück zu meiner Familie geöffnet. Dafür bin ich dir sehr dankbar. Wenn ich für dich etwas tun kann, solange du Gast in unserer Stadt bist, dann sage es.“

„Auch ich freue mich sehr, Statthalter, daß ich eine kleine Hilfe sein konnte“, antwortete Onesimus. „Wenn wir die Gelegenheit haben sollten, im Hause deines Sohne miteinander zu sprechen, will ich dir gern ein Problem vorlegen, das meinen Freund Glaucon betrifft. Und vielleicht möchtest du auch noch mehr hören von all dem, was ich in Rom erlebte. Doch jetzt will ich deine Zeit nicht länger in Anspruch nehmen.“

„Ich freue mich auf unsere nächste Unterhaltung“, nickte Tavius. Er führte seine Gäste noch zur Tür und befahl der Wache draußen: „Wann immer dieser neue Freund aus Kolossea mich sehen möchte, soll er eingelassen werden. Wenn ich nicht gerade mit etwas zu Wichtigem beschäftigt bin, werde ich ihm jederzeit Audienz gewähren!“

Als die beiden die Stufen des Palastes hinuntergingen, sagte Onesimus voll Dankbarkeit: „Die Liebe Gottes hat durch unseren Herrn Jesus Christus wieder ein großes Wunder vollbracht, Petrus.“

Als das erweiterte Edikt des Statthalters bekanntgemacht wurde, herrschte unter den Christen große Freude. Und auch die Juden der Stadt, die von der alten Verordnung ebenfalls in ihrem Gewissen betroffen gewesen wären, waren erleichtert.

Doch im Haus von Bischof Tavius herrschte besondere Freude, weil ihr Vater und Großvater kommen wollte, der die Beziehung zu ihnen ja seit nahezu zwei Jahren völlig abgebrochen hatte. Der Bischof hatte sich sofort hingesetzt und, seine Worte sehr sorgfältig wählend, eine Einladung an seinen Vater geschrieben, die Petrus schnellstens überbrachte. Sie lautete:

Lieber Vater!

Ich bin Dir dankbar für alle Fürsorge und Liebe, die ich in meinem Leben durch Dich erfahren habe, und möchte nochmals die Worte meines Freundes Onesimus bestätigen, daß wir treue Bürger Roms sind. Gern wird jeder von uns eine Münze mit dem Bild des Kaisers als Symbol für unsere Treue in allen irdischen Dingen in die Urne legen.

Ich bitte Dich um Vergebung für allen Kummer, den wir Dir durch unseren christlichen Glauben bereitet haben. Du wirst aber sicher verstehen, daß wir auch in Zukunft daran festhalten und hoffen, daß Du dies nun akzeptieren kannst, obwohl Du diesen Glauben immer noch für töricht hältst.

Mit großer Freude lade ich Dich für morgen abend gegen 18 Uhr zum Abendessen in unser Haus ein. Ich verspreche, ich werde nicht versuchen, Dich von unserem Glauben zu überzeugen, obwohl wir zu Beginn des Essens unseren neuen Freund Onesimus bitten werden, ein kurzes Dankgebet zu sprechen.

Wir alle lieben Dich sehr und freuen uns auf Dein Kommen.

Dein dankbarer Sohn Antonius!

3. KAPITEL

Das Festessen im Tavius-Haus wurde für alle zu einer Zeit der Freude. Gefesselt lauschten alle Anwesenden dem, was Onesimus von Rom, von den Aposteln, von der römischen Christengemeinde und dem großen Brand zu erzählen hatte. Viele Fragen wurden gestellt, und ein gutes Gespräch schloß sich an.

Als sie beim Nachtisch saßen, fiel dem älteren Tavius die Bemerkung ein, die Onesimus bei seinem Besuch im Palast gemacht hatte. Da Glaucon ihm vorgestellt worden war, wandte er sich direkt an ihn und fragte: „Ich hörte, du hast ein Problem. Wie könnte ich behilflich sein?"

Glaucon erzählte, wie seine Mutter und er in die Sklaverei geraten waren, und daß er hoffte, seine Mutter nun freikaufen zu können.

Nachdenklich blickte der Statthalter vor sich hin. „Ja, ich kenne Anacreon sehr gut", begann er. „Ich habe keinen Zweifel, daß er zu diesem Unrecht dir und deiner Mutter gegenüber fähig ist. Er ist ein mächtiger Mann in unserer Stadt und hat viele einflußreiche Freunde, die zu ihm stehen. Doch von dieser unrechten Handlung seinerseits habe ich bisher nichts gewußt. Niemand hat bei mir dieserhalb Anzeige erstattet. Doch da ich Anacreon persönlich sehr gut kenne, will ich ihm gern einen Brief schreiben und ihn bitten, deine Mutter gegen einen vernünftigen Preis freizugeben. Wenn du morgen im Palast vorbeikommst, kannst du den Brief mitnehmen."

Alle freuten sich mit Glaucon, der nun antwortete: „O Herr, das ist mehr, als ich gehofft habe! Dieser Brief wird mir sicher den Weg zu diesem harten Mann ebnen, der meiner Mutter und mir soviel Leid zugefügt hat."

„Ich bin froh, helfen zu können", lächelte der Statthalter. Er blickte Petrus an und überlegte, was er empfinden würde, wenn Petrus je in eine solche Falle geriete? Dann fragte er: „Sag, Glaucon, Onesimus behauptet, Christen könnten an ihnen begangenes Unrecht vergeben. Bist du in der Lage, Anacreon zu vergeben? Welche Art von Rache planst du ihm gegenüber?"

„Ich plane keine Rache, Herr", antwortete Glaucon. „Unser Herr sagt uns, daß wir nicht Böses mit Bösem vergelten, sondern vergeben sollen. Ich habe ihm schon vergeben, obwohl mich immer noch schmerzt, was er unserer Familie angetan hat."

„Es scheint, Antonius, diese seltsame Gewohnheit, den Feinden zu vergeben, ist bei allen Christen zu finden. Es ist zwar töricht, aber ich finde es doch irgendwie faszinierend."

„Vater, ich habe dir versprochen, dich nicht wieder von unserem Christentum überzeugen zu wollen", antwortete der Bischof lächelnd. „Doch ich freue mich, daß dich der Geist der Liebe Christi beeindruckt. Doch nimm noch etwas von diesem köstlichen Nachtisch."

Nachdem Großvater Tavius sich verabschiedet hatte, versammelten sich alle noch zur gemeinsamen Abendandacht und priesen in ihren Gebeten den Sieg Jesu Christi und die große Macht der göttlichen Liebe.

Während sich die anderen anschließend zur Ruhe begaben, blieben Onesimus und Antonius noch lange im Atrium sitzen. „Wir haben so viel Gemeinsames", sagte Onesimus. „Ich bin dankbar für den festen Glauben und die Liebe, die ich bei dir und deiner Familie gefunden habe. Woher hast du dein großartiges Verständnis für unser Evangelium und unsere christlichen Lehren?"

„Mein lieber Freund", begann Antonius, „ich bin dankbar, dir erzählen zu können, wie ich zu Christus gefunden habe. Wie du, habe ich im Gymnasium zu Pergamon studiert. Ich war fasziniert von den Lehren des alten grimmigen Philosophen Heraklit. Deshalb ging ich noch einige Zeit nach Ephesus, um dort seine Schriften noch weiter zu studieren.

In Ephesus lernte ich Tyrannus und Joanna kennen. Außerdem war es gerade zu der Zeit, als Paulus nach Ephesus kam. Wir gingen gemeinsam, um ihn zu hören. Den Rest kannst du dir denken. Wir bekehrten uns, ich bekam als Katechumen Unterricht von Paulus, und noch ehe ich nach Smyrna zurückkehrte, wurde ich von ihm getauft. Ich denke, dies muß kurze Zeit nach der Tragödie deiner Familie gewesen sein, wodurch du zu Philemons Sklaven wurdest."

„Das zeigt mir wieder einmal, welche Möglichkeiten Gott hat, uns mit Seiner Liebe zu finden", rief Onesimus. „So sind wir also beide durch das Zeugnis des Apostels Paulus zu dem neuen Leben in Christus gekommen."

„So ist es", bestätigte Antonius. „Seither habe ich einige seiner Briefe gelesen, sie haben mir im Glauben und in der Erkenntnis weitergeholfen. Doch ich bin froh, daß du gekommen bist. Wir hoffen, daß wir durch dich, der du so lange mit den Aposteln warst, noch viel lernen können."

Am nächsten Morgen nach dem Frühstück ritten Glaucon, Onesimus, Antonius und der junge Petrus zu Anacreon. Es war ein schöner Oktobermorgen, und die Luft war seidenweich.

Vor dem Palast des Statthalters stiegen sie von ihren Pferden und warteten, während Petrus zu seinem Großvater ging, um den versprochenen Brief an Anacreon abzuholen.

Als er zurückkehrte, übergab er den Brief dem Bischof und sagte: „Vater, Großvater sagt, du sollst Anacreon diesen Brief mit seinen besten Grüßen überreichen. Er sagte, wenn dieser Brief bei Glaucons altem Herrn nichts bewirken sollte, wüßte er noch eine andere Möglichkeit. Doch er glaubt, daß es keine Probleme geben wird und möchte, daß wir ihn über den Ausgang informieren. Er möchte Glaucons Mutter gern selbst kennenlernen."

Die vier bestiegen die Pferde wieder und ritten weiter nordwärts. Als sie den Hermus-Fluß überquert hatten, fielen ihnen die schönen Weinberge auf, an denen Trauben in Überfülle hingen und auf die Ernte warteten.

Petrus stellte Glaucon immer neue Fragen, wie es dazu gekommen war, daß er Sklave wurde. Endlich meinte er: „Deine Mutter muß eine großartige Person sein. Es war für euch beide sicher ein schreckliches Erlebnis."

„Ja, Mutter war eine tüchtige und schöne Frau, und ich bin sicher, daß sich daran noch nichts geändert hat."

„Was hast du getan, als Anacreon kam, um sie zu sich zu nehmen? Hast du gewußt, was er von ihr wollte?" fragte Petrus weiter.

„Ja, denn ich war dabei und hörte alles. Er sagte ihr, was er von ihr als seine Sklavin und Konkubine erwartete, daß er schon lange ihre Schönheit bewundert und sehr nach ihr verlangt habe. Als sie ihm sagte, sie liebe nur meinen Vater und werde sich nicht dem Weinhändler hingeben, obwohl ihr Gatte nun tot sei, lachte Anacreon nur. Du kannst dir sicher denken, wie es in mir kochte.

Er bemerkte, daß ich dabeistand, und sagte, ich brauchte mir um meine Mutter keine Gedanken zu machen, er würde gut für sie sorgen. Ich sollte vernünftig sein und mich in mein Schicksal fügen, dann würde ich sicher ein guter Sklave werden.

In meiner Wut ging ich mit den Fäusten auf ihn los. Ich war damals fünfzehn und war ihm nicht gewachsen. Er versetzte mir einen harten Schlag und bog lachend meine Arme auf meinen Rücken. Ich habe wie ein Tiger gekämpft und ihn mit allen möglichen Schimpfworten belegt. Doch er lachte nur, sperrte mich in einen Sklavenkarren und fuhr mich zum Markt, wo er mich dem Sklavenhändler zum Verkauf übergab."

Empört meinte Petrus: „Ich würde alles tun, um dem Mann diese Gemeinheiten heimzuzahlen." Doch dann blickte er seinen Vater und Onesimus an und fragte beschämt: „Hast du Anacreon vergeben?"

„Ja, Petrus", lächelte Glaucon. „Zuerst war ich mit Bitterkeit und Haß erfüllt. Doch ich mußte immer wieder an die letzten Worte denken, die meine Mutter mir zurief, ehe Anacreon mich wegführte. Sie sagte: *Sohn, denke daran, nur die Schwachen behalten den Haß in ihrem Herzen. Die Starken stellen sich allem, was ihnen begegnet, und machen das Beste daraus.*

Ich wußte, sie selbst würde so handeln. Als wir neulich die entflohenen Sklaven auf dem Berg Mimas trafen, war darunter auch einer, der aus Anacreons Haushalt davongelaufen ist. Er erzählte mir, daß meine Mutter der Halt aller Sklaven in Anacreons Haushalt ist und dort von allen bewundert und verehrt wird."

Als die vier Reiter Anacreons großes Anwesen erreichten, wurden sie am Tor von einem jungen Sklaven empfangen.

„Ist dein Herr Anacreon im Hause?" fragte Antonius.

Der Sklave nickte bestätigend.

„Geh bitte und rufe ihn", bat der Bischof. „Sage ihm, Antonius Tavius sei mit drei Begleitern hier, um ihm eine Botschaft des römischen Statthalters zu überbringen."

Die Reiter stiegen ab und übergaben die Pferde einem anderen Sklaven, der sie zu den Ställen brachte. Ein dritter Sklave bat sie ins Haus, wo sie auf seinen Herrn warten sollten. Er befahl einem jungen Sklavenmädchen, die Gäste ins Atrium zu führen und frischen Traubensaft zu servieren. Als die Gäste allein im Atrium saßen, beteten sie kurz um Weisheit und um die rechten Worte zu Anacreon.

Antonius und Onesimus hatten sich einen Plan zurechtgelegt. Ehe das Sklavenmädchen sie verließ, bat Antonius sie, zu Erica, Glaucons Mutter, zu gehen und sie zu bitten, in die *Culina* zu kommen, die nach dem Frühstück leer war. Das Mädchen rannte eilig davon, um Erica Bescheid zu sagen.

Antonius sagte zu Glaucon: „Du bleibst besser hier und gehst in die *Culina,* wo du schon deine Mutter treffen kannst, während Onesimus und ich mit Anacreon reden. Anschließend werden du und deine Mutter sicher dazukommen. Wir wollen dem Herrn vertrauen, daß er Anacreons Herz bewegt. Glaucon erhob sich voller Freude und ging in die *Culina.*

Zu Petrus gewandt, sagte sein Vater freundlich: „Sohn, ich weiß, wie sehr dich das alles interessiert. Aber ich denke, es ist besser, du bleibst vorläufig auch hier."

Petrus nickte und antwortete: „Gut, Vater, ich werde hier für euch beten."

Antonius und Onesimus verließen das Atrium und gingen in den Garten, wo sie sich auf einer Bank an einem schönen Teich niederließen. Sie hatten verabredet, daß Antonius die Unterhaltung beginnen und dem Weinhändler das Schreiben des Statthalters überreichen würde. Onesimus wollte sich zu einem passenden Augenblick in die Unterhaltung einschalten.

Nach einigen Minuten kam Anacreon auf sie zu. Er war ein großer, kräftiger Mann, mit braungebranntem Gesicht, lockigem schwarzen Haar und schwarzen Augen. Sein kräftiges Kinn zeigte Willensstärke.

„Wenn dies nicht mein junger Freund Antonius ist", rief Anacreon freudig und zog den Bischof in die Arme. „Was bringt dich am Vormittag schon zu mir. Ich hörte, ihr habt euch wieder versöhnt, dein Vater und du. Das hat mich sehr gefreut."

„Ich freue mich, dich zu sehen, Celsus", beantwortete Antonius die Begrüßung, indem er Anacreon auch beim Vornamen ansprach. „Du und Vater seid ja befreundet und teilt das gemeinsame Interesse an Pferden. Du hast richtig gehört. Wir haben uns versöhnt, und darüber bin ich sehr froh." Antonius lächelte breit. „Du wirst dich freuen, zu hören, daß wir uns auf der Basis versöhnt haben, daß wir nicht über meinen neuen Glauben diskutieren. Und ich möchte dir versichern, daß ich heute nicht gekommen bin, um dich zu bekehren."

„Das beruhigt mich", lachte Anacreon. „Als wir uns das letzte Mal trafen, ging unsere Diskussion bis spät in die

Nacht, und zum Schluß waren wir noch genauso weit auseinander wie am Anfang. Dein Jesus als Gott-Mensch, mit Seinen unpraktischen Lehren, ist nichts für mich."

Antonius verließ das Thema und stellte Onesimus vor. Die beiden schüttelten die Hände, und Onesimus sagte: „Ich bin beeindruckt von deinen prächtigen Weinbergen und diesem schönen Garten. Auch der Traubensaft, den die Sklavin uns brachte, ist köstlich."

„Da mußt du erst einmal meinen Wein kosten", meinte Anacreon stolz. „Ich werde sofort welchen bringen lassen und euch auch einen Schlauch von meinem besten mitgeben. Doch was bringt euch zu mir?"

„Wir sind mit meinem Sohn Petrus und einem früheren Sklaven von dir gekommen", antwortete Antonius. „Du hast ihn vor etwa zehn Jahren einem Sklavenhändler verkauft. Dieser verkaufte ihn auf dem Marktplatz in Ephesus an einen Stoffhändler und Färber aus Kolossea. Der Name des früheren Sklaven ist Glaucon. Nun ist er ein Freigelassener und begleitet Onesimus auf seiner Reise."

Antonius überreichte dem Weinhändler die kurze Briefrolle seines Vaters. „Hier ist eine kurze Botschaft meines Vaters, Celsus, die dir den Zweck unseres Besuchs klarmachen wird. Doch ich kann die Sache kurz erklären, ehe du den Brief liest. Erica, Glaucons Mutter, ist deine Sklavin. Als ihr Gatte, ein armer Freimann, der bei dir beschäftigt war und für deine Pferde sorgte, durch ein Pferd getötet wurde, hast du Erica gezwungen, deine Sklavin und Konkubine zu werden, und Glaucon, der damals fünfzehn Jahre alt war, hast du an einen Sklavenhändler verkauft."

Als Anacreon den Namen Erica hörte, wurde sein Gesicht von Erregung und Ärger überzogen. Man sah ihm an, daß er bald explodieren würde.

„Nun, mein Freund", fuhr Antonius fort, „ich weiß, wie ernst diese Anschuldigungen sind. Doch ehe du etwas sagst, was du später bereuen könntest, lies erst den Brief meines Vaters."

„Das ist . . . eine Überraschung“, brachte er endlich hervor. Man sah ihm an, wie sehr er um Selbstbeherrschung kämpfte. „Doch du hast recht, ich werde erst antworten, wenn ich gelesen habe, was dein Vater zu sagen hat.“ Er öffnete den Brief, setzte sich und las aufmerksam:

Lieber Freund Celsus!

Dieser Brief und die ganze Angelegenheit werden Dich sicher überraschen. So ging es mir auch. Ob Glaucons Bericht, wie Erica Deine Sklavin wurde und wie er selbst auf dem Sklavenmarkt verkauft wurde, in allen Einzelheiten stimmt, mag dahingestellt sein; die Sache selbst aber, denke ich, ist klar. Erica ist für Dich zweifellos sehr wertvoll, vielleicht sogar in einer Weise, von der ich nichts weiß. Doch sie ist auch Glaucons Mutter, den ich als intelligenten und feinen jungen Mann kennengelernt habe und dem sein früherer Herr die Freiheit geschenkt hat.

Ich komme nun nicht mit einer Forderung als Statthalter, sondern mit einer Bitte als Dein Freund zu Dir: Ich bitte Dich, das Angebot, das Glaucon und sein Reisegefährte Onesimus Dir machen werden, um Erica freizukaufen, ernstlich in Betracht zu ziehen, damit sie von nun an frei über ihr Leben entscheiden und bestimmen kann, wo sie wohnen will. Glaucon und sein Gefährte Onesimus sind bereit, einen vernünftigen Preis für ihre Freiheit zu bezahlen. Ich bitte Dich, so großzügig wie möglich zu sein, damit die Frau ihre Freiheit wiederbekommt, die sie besaß, ehe ihr Gatte starb. Was sie mit dieser Freiheit dann tut, ist ihre eigene Entscheidung.

Mein Freund Celsus, Du hast mich so oft unterstützt, und dafür bin ich dankbar. Nun möchte ich Dir helfen, eine Entscheidung zu treffen, die für Dich und auch für die Frau und ihren Sohn die beste ist. Sei gegrüßt von Pyrrhus Tavius.

Kaiser Neros Statthalter in Smyrna und Dein Freund!

Die beiden Besucher bemerkten, wie dieser Mann, der Erica und Glaucon so viel Unrecht zugefügt hatte, mit sich kämpfte. Denn ihm war bewußt, daß man ihn für diese Handlung zur Rechenschaft ziehen konnte. Wurde die Angelegenheit vor Gericht gebracht, mußte der römische Statthalter nicht mehr als sein Freund, sondern als sein Richter handeln. Nach längerem Schweigen begann Anacreon:

„Antonius und Onesimus, das ist ein schwerer Augenblick für mich. Ich muß zugeben, daß ich nach römischem Gesetz ein Verbrechen an Erica und Glaucon beging und deshalb Strafe verdient habe. Damals habe ich mein Tun vor mir selbst entschuldigt, weil ich Erica so sehr begehrte. Ich wußte, daß sie nie freiwillig meine Konkubine werden würde. Meine Frau war zu jener Zeit zwar schwer krank, aber trotzdem noch am Leben. Ich war der Meinung, daß meine Macht und mein Einfluß ausreichten, so daß mich dieserhalb niemand anklagen würde. Und bis heute war dies ja auch der Fall.

Zwei Dinge möchte ich sagen, die du deinem Vater berichten kannst: Erstens bin ich im Laufe der Zeit dazu gekommen, diese erstaunliche Frau nicht nur sexuell zu begehren, sondern ich liebe sie mittlerweile wirklich von ganzem Herzen. Sie hat in der schwierigen Lage, in die ich sie brachte, stets mit großer Würde und Freundlichkeit gehandelt. Ich habe sie schon oft um Verzeihung gebeten, aber bis heute habe ich nichts getan, um die Sache in Ordnung zu bringen. Weil ich sie liebe, werde ich ihr die Wahl lassen, ob sie bei mir bleiben oder mit ihrem Sohn gehen will, dessen Verlust sie immer noch betrauert.

Zweitens möchte ich sagen, daß ich sie weder an euch noch an jemand anders verkaufen werde. Hier und jetzt erkläre ich sie zu einer freien Frau. Wenn sie bei mir bleiben will, werde ich sie heiraten und zu meiner rechtmäßigen Ehefrau nehmen. Wünscht sie, mit Glaucon zu gehen, so werde ich ihr großzügige und reiche Geschenke mitgeben als Zeichen meiner Dankbarkeit für die Jahre treuen Dienstes, die sie mir geleistet hat, obwohl ich sie und ihren Sohn so schlecht behandelte. Wiedergutmachen kann ich meine Schuld nicht."

Antonius erhob sich, und die beiden Männer umarmten sich. Onesimus traten Tränen in die Augen. „Nur die Gnade Gottes kann solch ein Wunder bewirken!" rief er.

„Celsus", sagte Antonius froh, „seit meiner Kindheit kenne ich dich als einen entschlossenen und auch harten Mann, doch selten habe ich ein großzügigeres und christusähnlicheres Handeln erlebt. Es wird dich freuen, zu wissen, daß Glaucon seine Mutter getroffen hat, während wir uns hier unterhielten. Wir wollen zu den beiden gehen und auch Petrus mitnehmen.

Die drei verließen den Garten und gingen in das Atrium, wo Petrus allein wartete. Anacreon begrüßte den Jungen freundlich und sagte: „Petrus, dein Vater und Onesimus haben mir heute einen großen Dienst erwiesen."

Als nächstes ließ Anacreon Erica und ihren Sohn rufen. Die beiden betraten das Atrium Arm in Arm.

Onesimus vergaß nie die folgende Szene. Zunächst wiederholte Anacreon vieles von dem, was er schon den beiden Männern gesagt hatte. Dann trat Celsus nahe vor Mutter und Sohn, legte die Hände auf ihre Schultern und sagte ernst: „Es gibt keine Möglichkeit, den Kummer, den ich euch zufügte, gutzumachen. Doch nachdem ich hörte, was ihr von Jesus von Nazareth sagt, von dem Antonius mir schon manchmal erzählt hat, der lehrte: *Vergebt, und es wird euch vergeben werden;* bitte ich euch demütig, mir zu vergeben. Ich verdiene diese Vergebung nicht, doch ich wünsche sie mir von ganzem Herzen, und ich will alles tun, was ich kann, um ein wenig von meiner Schuld auszugleichen."

Celsus nahm nun Ericas beide Hände, blickte ihr tief in die Augen und sagte Worte, die sie von ihm nie erwartet hätte: „In Gegenwart deines Sohnes Glaucon und unserer Freunde gebe ich dir hiermit die Freiheit. Du hast schon immer eine große innere Freiheit besessen. Doch ich habe die

Tragödie deiner Familie ausgenutzt, weil ich dich besitzen wollte. Das tut mir von Herzen leid. Doch nun bist du frei von allen äußeren Bindungen."

Der große Mann räusperte sich und fuhr fort: „Ich habe dich in den zurückliegenden Jahren von ganzem Herzen lieben gelernt. In der Gegenwart dieser lieben Menschen hier bitte ich dich mit all meiner Liebe, meine Frau zu werden. Da du frei bist, kannst du wählen, mein Haus zu verlassen und mit Glaucon zu gehen oder wohin immer du möchtest, oder als meine Ehegattin bei mir zu bleiben. Wie lautet deine Antwort?"

Ohne Zögern antwortete Erica: „Celsus, früher warst du nur mein harter und brutaler Herr, und ich habe dich gehaßt. Doch dann habe ich Jesus Christus, den Sohn des einzig wahren Gottes, als meinen Herrn und Erlöser kennengelernt und habe begonnen, dir zu vergeben und für dich zu beten. Während der letzten Jahre hast du dich sehr geändert und bist großzügig und freundlich geworden, deshalb habe ich dich auch lieben gelernt. Und nun sehe ich, daß du dein Herz auch der Botschaft der Liebe Gottes in Christus Jesus geöffnet hast. Davon bin ich zwar überrascht, aber auch sehr dankbar."

Ein Lächeln huschte nun über ihr schönes Gesicht, als Erica sich jetzt auf die Zehen stellt und ihren früheren Herrn auf die Stirn küßte. Dann sagte sie förmlich: „Wißt nun, ihr Anwesenden alle, ich nehme das Angebot von Celsus Anacreon an, ihn zu heiraten und solange ich lebe seine treue und liebevolle Ehegattin zu sein!"

Anacreon öffnete mit einem Freudenruf seine Arme, und Erica warf sich hinein. Mit einem Schwung hob der starke Mann sie empor. Alle Anwesenden, einschließlich Glaucon, klatschten Beifall.

Als Celsus Erica wieder aus seinen Armen ließ, wandte sie sich an Glaucon. „Mein Sohn, was sagst du dazu?"

„O Mutter, ich bin glücklicher als je zuvor. Eine solche Lösung hätte ich nie zu erhoffen gewagt. Ich sehe darin das Handeln unseres großen Gottes."

Glaucon reichte Anacreon die Hand und wurde von diesem in eine feste und lange Umarmung gezogen. „Glaucon, mein neuer Sohn!“ rief er. „Du bist zu jeder Zeit in unserem Haus willkommen. Ich werde mein Bestes tun, damit du auf deinen neuen Vater stolz sein kannst.“

Glaucon lud alle zum Mittagessen ein und rief nach einem Sklaven, der frischen Traubensaft brachte.

An der überreich gedeckten Mittagstafel saß Erica zwischen Celsus und Glaucon. Während des Essens wurden Pläne für die Hochzeit gemacht. „Ich bin zwar noch nicht als Christ getauft“, meinte Anacreon, „doch wir möchten unbedingt eine christliche Hochzeit haben. Was ich von Christus schon gehört und vor allem auch an euch gesehen habe, hat mich zu dem Entschluß gebracht, auch ein Christ zu werden, obwohl ich viele Dinge noch nicht verstehe und an manchem noch Zweifel habe.“

Alle Anwesenden sagten freudig *Amen* zu diesen Worten. Antonius fügte hinzu: „Mit großer Freude werde ich dich in die Klasse unserer Katechumenen aufnehmen. Es wird mir, als deinem Bischof, ein großes Vorrecht sein, dich in unseren christlichen Lehren zu unterweisen. In etwa einem Monat könntest du mit den anderen getauft werden, nachdem du vorher noch vor der Gemeinde ein öffentliches Bekenntnis zu deinem Glauben an Jesus Christus abgelegt hast. Doch es gibt keinen Grund, warum die Hochzeit zwischen dir und Erica nicht vorher schon auf christliche Weise stattfinden sollte.“

„Ich wäre sehr froh, wenn die Hochzeit stattfinden könnte, ehe Onesimus und Glaucon uns wieder verlassen“, warf Erica ein.

„Das ist auch meine Meinung“, stimmte Celsus zu. „Onesimus, du hast Glaucus zu uns gebracht, und durch deine Hilfe sind Antonius und sein Vater Pyrrhus wieder versöhnt worden. Wir würden dich bitten, gemeinsam mit Antonius die Trauung durchzuführen.“

„Gern“, nickte Onesimus. „Es ist mir eine Ehre.“

Ehe sie auseinandergingen, wurde die Hochzeit für den kommenden Sonntag nachmittag festgesetzt. Sie sollte in Anacreons Garten stattfinden.

Als Onesimus mit seinen Freunden zum Tavius-Haus zurückritt, waren sie alle voller Freude. „Ich staune immer wieder darüber, wie Gottes Geist und Seine Liebe die Herzen bewegen und Menschen verändern können“, meinte Onesimus.

„Und mir ist es, als habe sich ein bisher schlechter Traum in einen guten und glücklichen verwandelt“, fügte Glaucon hinzu.

Als sie wieder im Tavius-Haus angekommen waren, bat Antonius darum, eine Unterhaltung mit Onesimus haben zu können. Dieser willigte ein, und die beiden begaben sich in den Garten.

Antonius begann: „Wir werden am Sonntag einen besonders gesegneten und frohen Gottesdienst haben. Unsere Gläubigen werden sich über den guten Ausgang der Angelegenheit mit dem Edikt meines Vaters freuen. Ist doch nun die unmittelbare Bedrohung einer Verfolgung von unserer Gemeinde genommen. Ich bin unserem Herrn so dankbar, daß er dich und Glaucon nach Smyrna gesandt hat.“

Nachdenklich strich er sich über das Kinn und begann dann, die Probleme der Gemeinde in Smyrna zu beschreiben.

„Wir würden in vielen Dingen eigene Antworten finden können, Onesimus, hätten wir die Möglichkeit gehabt, so eng und so lange mit den Aposteln zusammenzusein wie du. Deshalb möchte ich dich bitten, wenn du morgen predigst, auf manche Dinge einzugehen, die uns alle interessieren. Außerdem möchte ich, ehe ihr nach Pergamon weiterzieht, daß wir uns nochmals treffen, und zwar mit unseren Ältesten und Diakonen. Da kannst du dann noch mehr in Einzelheiten gehen und Fragen beantworten, wie wir als Christen in einer heidnischen Stadt zu leben haben. Viele von uns leben noch mit Heiden in einer Familie zusammen. Da wird oft Fleisch auf den Tisch gebracht, das den heidnischen Götzen geopfert und geweiht wurde. Wie leben wir in dieser Welt, ohne ihr gleich zu werden? Diese und andere Fragen bewegen uns."

„Ich verstehe die Probleme sehr gut", bestätigte Onesimus. „Ich bin dabeigewesen, wenn diese und ähnliche Fragen von Paulus, Petrus, Linus, Lukas und Johannes Markus stundenlang diskutiert wurden. Ich habe mehrere Kopien von den Evangelien von Lukas und von Markus angefertigt und auch von einigen Briefen von Paulus und Petrus. Ich beabsichtige, dir diese Kopien hierzulassen, damit ihr immer wieder darin lesen und daraus lernen könnt."

Antonius war dankbar. „Ich sehe, du hast vorsorglich vorausgedacht, und die Abschriften dieser Evangelien und Briefe sind das beste Geschenk, das du uns machen kannst. Dazu werden in den nächsten Tagen noch deine Unterweisungen kommen. Wie sollen wir je alles wieder gutmachen, was du für uns tust?"

„Darüber mache dir keine Sorgen", antwortete Onesimus. „Ich habe Paulus und Petrus gegenüber ähnlich empfunden und werde nie zurückzahlen können, was sie für mich getan haben. Noch viel weniger können wir Gott Seine Gnade in Jesus Christus vergelten."

Es wurden gesegnete und schöne Stunden im Gottesdienst, bei der Hochzeitsfeier und bei den Unterweisungen der Ältesten und Diakone der Gemeinde, und alle bedauerten, daß Onesimus und Glaucon so bald weiterziehen wollten.

4. KAPITEL

Früh an einem Oktobermorgen bestiegen Onesimus und Glaucon ihre Pferde. Der Esel war noch immer schwer beladen. Obwohl sie manches in Smyrna gelassen hatten, wurden sie doch von Bischof Tavius und Anacreon überreich beschenkt. Ihre Herzen waren froh nach den wunderbaren Erfahrungen, die sie in den vergangenen zwei Wochen gemacht hatten.

„Der Herr hat uns mehr gesegnet, als wir erwarten konnten", sagte Onesimus, während sie durch die voller Trauben hängenden Weinberge Anacreons ritten.

Bald hinter Smyrna ging es bergan, der Paßhöhe des Berges Syplos zu. Die Straße wurde ab und zu so steil, daß die Reiter abstiegen, um es den Pferden leichter zu machen. Gegen Mittag rasteten sie an einem schönen Platz schon nahe der Baumgrenze, wo ein dünner Strahl klaren und frischen Wassers zwischen Felsen hervorsprudelte, und stärkten sich an dem Proviant, den sie mitbekommen hatten.

„Ich weiß nicht viel darüber, welche Verhältnisse wir in Pergamon antreffen werden", meinte Onesimus nachdenklich. „Man sagt, daß der dortige Statthalter ein ähnliches Edikt wie in Smyrna erlassen hat und die Bürger damit auffordert, ihre Treue zum Kaiser und zu Rom zu bezeugen."

„Dein Kommen wird für die Gemeinde eine große Ermutigung sein", bestätigte Glaucon. „Du hast in Rom selbst schon Verfolgungen miterlebt und weißt am besten, welchen Zuspruch sie brauchen. Weißt du Näheres über Bischof Antipas?"

„Tyrannus und Joanna sagen, er sei ein weiser und mutiger Mann und ein freudiger Christ. Er ist der Sohn eines bekannten Arztes und hat selbst mit Ventulus und anderen bekannten Ärzten von Pergamon Medizin studiert. Er ist der Nachkomme einer langen Reihe von Ärzten in der Familie und wollte selbst ebenfalls Arzt werden. Sein Vater, Theodotus Antipas, nannte ihn Theophrastus, nach dem Mann, der nach Aristoteles der Leiter der Philosophen-Schule war.

Der Philosoph Theophrastus folgte dem Beispiel von Aristoteles und Hippokratus, dem berühmten griechischen Arzt von Kos, der so viel tat, den Aberglauben aus der Medizin zu vertreiben. Der Vater des Bischofs ist ein treuer Anhänger des Gottes Äskulap, versucht aber, die Wissenschaft und das Übernatürliche im Gleichgewicht zu halten. Er hat sich sehr bemüht, bei den Kranken die Furcht und den Schrecken vor der Krankheit zu vertreiben. Er arbeitet eng mit den Ärzten im Tempel des Äskulap zusammen, die sich sehr um die kranken Menschen bemühen, die aus aller Welt zu ihnen kommen. Der Vater Antipas ist ein aufrichtiger und ernster Arzt, der an ein Zusammenwirken der medizinischen Wissenschaft mit den religiösen Handlungen im Tempel des Äskulap glaubt."

„Ich habe von erstaunlichen Heilungen gehört, die im Tempel des Äskulap geschehen sollen", bemerkte Glaucon. „Es wird interessant sein, sich mit dem Bischof und seinem Vater darüber zu unterhalten."

Bald machten sich die beiden wieder auf den Weg, überquerten die Paßhöhe und ritten an dem schönen See Kyz entlang. Man hatte ihnen geraten, ihr Nachtlager am See Kara aufzuschlagen, den sie in der Ferne sahen und den sie erreichen wollten, ehe es zu dämmern begann. Nachdem sie nach beschwerlichem Abstieg von der Paßhöhe den See endlich erreicht hatten, suchten sie einen geeigneten Lagerplatz in der Nähe anderer Reisender und zündeten ein Feuer an. Während des Abendessens nahmen sie ihre Unterhaltung wieder auf.

„Wie kam es, daß der junge Antipas bei einer solchen medizinischen und philosophischen Erziehung ein Christ wurde?“ fragte Glaucon.

Onesimus erzählte, was er von Tyrannus erfahren hatte, der den Vater Antipas schon lange kannte. Einen besseren und freundlicheren Arzt hatten Tyrannus und Joanna nie kennengelernt. Antipas hatte ihnen geholfen, als ihr junger Sohn von einem schweren Fieber befallen wurde und trotz aller ärztlichen Bemühungen starb. Sie hatten zwar keinen Trost in den Lehren des Gottes Äskulap gefunden, an den sie eifrig glaubten, aber sie fanden in dem Arzt Antipas einen Freund. Seither reisten sie jährlich einmal nach Pergamon, um sich von ihm gründlich untersuchen zu lassen.

Bei einer solchen Reise erlebten sie mit, daß Antipas' zehnjährige Tochter, die er überaus liebte, sehr schwer krank war. Trotz aller Bemühungen der Priester und Ärzte des Äskulap starb sie. Das war zuviel für ihren Bruder, den jungen Theophrastus. Er rebellierte gegen die Religion des Äskulap und wollte auch den Trost des Oberpriesters nicht annehmen, der ihm sagte, seine Schwester habe nun die elyseischen Gefilde betreten, die voller Blumen und Musik seien. „Ich möchte nichts mehr von all der Magie und dem Aberglauben hören“, sagte er und beabsichtigte, Pergamon zu verlassen. Sein Vater bat ihn, das nicht zu tun, doch Theophrastus blieb entschlossen.

Um ihm zu helfen, luden Tyrannus und Joanna ihn ein, als ihr Gast nach Ephesus zu kommen. Wenn es ihm da nicht gefiel, fand er im Hafen immer genug Schiffe, mit denen er weiterreisen konnte. Die beiden teilten seit dem Verlust ihres Sohnes die Auflehnung gegen die leeren Worte der Priester und Philosophen mit dem jungen Theophrastus.

Theophrastus ging mit dem Ehepaar nach Ephesus, und kurz darauf kam der Apostel Paulus in die Stadt. Die drei gingen aus Neugier zum Marktplatz, um zu hören, was dieser Mann von Jesus Christus, den er als Gottes Sohn und Erlöser der Welt proklamierte, zu sagen hatte. Der Heilige

Geist überzeugte sie von der Wahrheit des Evangeliums und der Liebe Gottes, und sie bekehrten sich und wurden Christen.

Theophrastus blieb noch einige Wochen in Ephesus, um von den Lehren des Apostels so viel wie möglich zu lernen. Dann kehrte er nach Pergamon zurück, um das Evangelium seinem Vater und seinen Freunden zu verkündigen. Mittlerweile ist, wie du ja weißt, in Pergamon durch sein Wirken eine Christengemeinde entstanden.

„Das ist eine faszinierende Geschichte!" rief Glaucon begeistert. Nachdenklicher fügte er hinzu: „Ich fürchte, in der kommenden Zeit wird der Glaube der Christen in Pergamon auf die Probe gestellt. Wie gut werden sie wohl die Prüfung bestehen?"

„Nur durch die Gnade Gottes und die Gegenwart des lebendigen Christus durch den Heiligen Geist ist uns das möglich", überlegte Onesimus. „Dieses klare Zeugnis in der Verfolgung ist der beste Beweis der Realität Gottes durch den gegenwärtigen Christus in unserem Leben. Das habe ich bei den Christen in Rom oft gesehen, die noch im Sterben freudig ihren Glauben bezeugten."

„Es muß für den Vater ein ziemlicher Schlag gewesen sein, als sein Sohn als Christ von Ephesus zurückkehrte und nun beschloß, auch in Pergamon eine Christengemeinde zu gründen und sich nicht mehr in erster Linie um seinen Arztberuf zu kümmern", sagte Glaucon.

„So ist es", nickte Onesimus. „Die Enttäuschung seines Vaters war groß. Tyrannus sagte mir, Theophrastus sei ein äußerst begabter Prediger. Er bezeugte Christus den anderen jungen Ärzten gegenüber, die mit ihm studierten, und auch vielen anderen Menschen in der Stadt, und innerhalb weniger Monate entstand eine Gemeinde. Interessant ist, daß der Vater zunächst bereitwillig sein Haus für die Versammlungen der Christen öffnete. Als die Besucherzahl wuchs, war der Arzt so großzügig, ihnen ein Haus zu beschaffen, in dem sie sich versammeln konnten. Der junge Theophrastus Antipas wurde von der Gemeinde bald zu ihrem Pastor und Bischof gewählt."

Es war schon spät geworden. Die beiden beteten zusammen und befahlen sich und ihre Angehörigen in die schützenden Hände Gottes. Dann legten sie sich zur Ruhe. Onesimus konnte lange nicht schlafen, weil er an seine junge Frau Helen dachte. Er sehnte sich nach ihr. Doch es würde noch einige Zeit vergehen, ehe er wieder bei ihr war. Auf der Rückreise wollten sie noch länger in Ephesus bleiben, weil dort der Apostel Johannes und Jesu Mutter Maria erwartet wurden. Tyrannus und die Gemeinde hatten sie eingeladen, nach Ephesus zu kommen, nachdem sie von den Verfolgungen der Christen in Palästina gehört hatten.

„Herr, zuerst wollen wir uns um Dein Reich kümmern", betete Onesimus im stillen. „Dein Wille geschehe in meinem Leben und in dem meiner lieben Helen. Führe und bewahre sie, so wie auch uns, und bewahre uns vor allem Übel." Mit diesen Gedanken schlief er ein.

Am Nachmittag des nächsten Tages ritten Onesimus und Glaucon in Pergamon ein. Am Morgen waren sie hinabgestiegen ins Tal des Flusses Caicus und waren dem Fluß aufwärts gefolgt zu dem etwa 300 Meter hohen Plateau, auf dem Pergamon vor vielen hundert Jahren erbaut worden war. Mit einer Einwohnerschaft von 160 000 Bürgern war es neben Ephesus und Smyrna eine der drei großen Städte der römischen Provinz Kleinasien. Als die Reiter zur Stadt hinaufritten, passierten sie die Schönheitsquellen, einen Teich, von dem gesagt wurde, die darin Badenden würden einiges ihrer früheren Jugend und Schönheit zurückerhalten.

Als sie sich der Stadt von Westen näherten, sahen sie die bemerkenswerte Ansammlung vieler schöner Gebäude, die das *Asklepion* bildeten. Diese Gebäude waren für die Ärzte des Gottes Äskulap und für die Gottesdienste bestimmt. Außerdem stand hier der große Tempel des Äskulap und eine Reihe Gebäude für die Kranken.

Die beiden Reiter folgten der Beschreibung, die sie von Tyrannus erhalten hatte, verließen die Hauptstraße und ritten zum Eingang des *Asklepion.* Über dem gewölbten Torbogen standen die Worte: „Im Namen der Götter, dem Tod ist es verboten, hier einzutreten!“

Als sie über das riesige Areal ritten, sahen sie Gebäude, die von geheilten Patienten aus Dankbarkeit für die Ärzte-Priester errichtet wurden. Onesimus und Glaucon lasen mehrere der Inschriften. Eine beeindruckte sie besonders: „Stummen wurde hier die Zunge gelöst, die Augen eines schönen Mädchens wurden geöffnet, Menschen, die Blut spuckten, Rippenfellentzündung hatten oder Magenschmerzen, wurden hier geheilt.“

„Kein Wunder, daß Pergamon so berühmt ist, wenn so viele Menschen hier Heilung und Wohlbefinden erfuhren!“ rief Glaucon.

Die Besucher beobachteten die vielen Kranken, die vor Häusern auf ihre Behandlung warteten, und ritten dann weiter nordwärts, um das Haus von Antipas zu finden. Dort angekommen, nahm man ihnen die Pferde ab und hieß sie als Freunde von Antipas, dem Arzt, und seines Sohnes Theophrastus willkommen.

„Ihr habt eine lange Reise hinter euch und müßt müde sein“, meinte der Torhüter. „Wir werden für Pferde und Esel sorgen. Euer Gepäck wird in eure Räume gebracht.“ Er wandte sich an einen Jungen: „Timaeus, führe die Gäste zur Bibliothek. Dort werden sie von Bischof Antipas erwartet.“

Lächelnd streckte der alte Mann ihnen die Hand entgegen. „Mein Name ist Petronius. Auch ich bin ein Christ. Ich habe von deinen Erlebnissen mit zwei der großen Apostel in Rom gehört und bin gespannt darauf, von dir Näheres zu erfahren.“ Etwas leiser fügte er hinzu: „Ihr hättet zu keiner besseren Zeit kommen können, denn nächste Woche ist die Gerichtsverhandlung gegen Bischof Antipas.“

Onesimus und Glaucon waren überrascht, denn davon hatten sie noch nichts gehört.

„Seid uns deshalb besonders willkommen", fuhr Petronius fort, „denn wir brauchen in dieser Zeit alle Hilfe und Ermutigung, die wir bekommen können."

Onesimus dankte ihm. Dann folgten sie Timaeus in das Haus und zur Bibliothek. Als der Junge anklopfte, öffnete der Bischof selbst die Tür. „Onesimus und Glaucon!" rief er, „ich erkenne euch, Tyrannus hat euch gut beschrieben. Seid willkommen!" Sie umarmten sich herzlich, und der junge Bischof führte sie in die bequem eingerichtete Bibliothek und ließ Erfrischungen bringen.

Die beiden Reisenden gaben einen kurzen Bericht der Ereignisse in Smyrna, waren aber mehr gespannt darauf, zu erfahren, was in Pergamon geschah.

Doch Bischof Antipas war ganz begeistert von dem, was er hörte. Er klatschte in die Hände und rief: „Christus hat also durch Seine Liebe und den Heiligen Geist wieder erstaunliche Wunder getan! Auch wir haben in dieser Stadt schon manches Wunder gesehen, das der Herr getan hat. Ich freue mich, daß ihr gekommen seid, um mich und die Gemeinde hier in einer Zeit zu ermutigen, wo wir vor schweren Prüfungen stehen und vielleicht sogar das höchste Opfer zu bringen haben."

Als er von der Gerichtsverhandlung sprach, blieb seine Stimme ganz ruhig, doch seinem Gesichtsausdruck konnte man die Sorge ansehen. „Ich will kurz berichten, was hier geschieht", sagte er:

„Unsere Gemeinde ist sehr schnell gewachsen, und unsere Glieder sind voller Liebe und Freude. Deshalb sind die Priester verschiedener Tempel und Angehörige der Verwaltung des römischen Statthalters, L. Antestius Vetus, neidisch auf uns. Die Priester fühlen sich vor allem deshalb bedroht, weil eine große Anzahl junger Ärzte, die von Ventulus und meinem Vater ausgebildet werden, sich dem Christentum zuwenden.

Als einige der jungen Priester des Äskulap zum Ärger ihrer Vorgesetzten begannen, unsere Gottesdienste zu besuchen, wandte sich der Oberpriester an den römischen Statthalter Vetus. Gemeinsam beriefen sie eine Versammlung aller Oberpriester der Tempel und Gottheiten ein, die es in Pergamon gibt. Der Oberpriester Äskulaps hielt eine üble Rede, in der er alle möglichen Beschuldigungen gegen die Christen vorbrachte. Sie seien Verräter und untreu gegenüber dem Kaiser und der römischen Regierung, sie seien Atheisten, denn sie glaubten nicht an die Götter und würden das Familienleben schädigen, weil sie davon abrieten zu heiraten. Er beschuldigte uns, wir zerstörten Familien, weil wir uns weigerten, an den heiligen Festen in den Tempeln der Götter teilzunehmen. Das Übelste aber war, daß er uns des Kannibalismus beschuldigt. Er behauptete, wir würden bei unseren Abendmahlsfeiern das Blut kleiner Kinder trinken. Und keiner von all den Anwesenden in der Versammlung widersprach ihm."

Auf Glaucons Gesicht war Schrecken zu lesen. Onesimus beruhigte ihn, indem er traurig sagte: „Ähnliche Beschuldigungen haben wir nach dem Brand Roms gehört, als Nero seine Verfolgung begann. Und wir Christen bekommen keine Möglichkeit, diese Beschuldigungen zurückzuweisen. Es ist wahr, Christen sind anders als die anderen Menschen, indem wir die Liebe über den Haß stellen und uns weigern, den Götzen oder dem Kaiser göttliche Opfer zu bringen. Das letztere ist der gefährlichste Vorwurf, da wir dann der Untreue gegenüber dem Kaiser beschuldigt werden und der Statthalter das Recht hat, uns zu bestrafen oder gar zu töten."

„Onesimus, ich bin so dankbar für euer Kommen. Von heute an bis nächste Woche zur Gerichtsverhandlung werden wir jeden Tag unsere Gläubigen versammeln, Gottesdienst halten, beten und deinen Unterweisungen zuhören. Durch deine Erfahrungen in Rom kannst du uns helfen zu verstehen, wie es zu diesen falschen Anschuldigungen kommt. Und deine Predigten und Unterweisungen werden uns helfen, für unseren Herrn zu leiden, wenn es sein muß."

„Ich danke Gott, daß wir durch unser Kommen helfen können", sagte Onesimus bewegt.

„Die Gefahr für uns begann", berichtete Bischof Antipas, „als vor etwa vier Monaten bei uns ein ähnliches Edikt erlassen wurde wie in Smyrna, für das man dort dann mit deiner Hilfe einen Ausweg fand. Seither sind die Beschuldigungen gegen uns immer schlimmer geworden. Unsere Leute spüren überall in der Stadt die Ablehnung. Einige von ihnen stehen noch nicht so fest im Glauben wie die anderen und haben daher Schwierigkeiten. Dein Zeugnis wird unser Vertrauen in den lebendigen Christus, den König und Herrn des Universums, stärken."

„Manches von dem haben wir schon von Tyrannus gehört. Aber er wußte nichts von der dir bevorstehenden Gerichtsverhandlung", wunderte sich Onesimus.

„Die ist auch gerade erst festgesetzt worden. Vor zwei Tagen hörten wir von dem Kompromiß, der in Smyrna gefunden wurde, und von dem du mir berichtet hast. Einige führende Leute in der Stadtverordnetenversammlung haben das Problem erkannt, das in dem ursprünglichen Edikt liegt. Wenn es buchstäblich durchgeführt wird, geraten eine ganze Anzahl der besten Bürger unserer Stadt, darunter auch viele der besten jungen Ärzte, in die Gefahr, bestraft zu werden oder gar ihr Leben zu verlieren. Der Kompromiß in unserer Nachbarstadt zeigte nun einen Ausweg. Reden wurden in der Versammlung gehalten, in denen ich beschuldigt wurde, diesen *seltsamen Aberglauben* nach Pergamon gebracht zu haben. Und da ich der Bischof und Leiter dieser Christen sei, sollte ich dafür auch vor Gericht gestellt werden.

Statthalter Vetus brachte diesen geänderten Beschluß vor die Versammlung. Er hätte allein entscheiden können, wollte aber Rückendeckung haben, weil er eine eventuelle Anklage in Rom fürchtete. In der Versammlung stimmten mit einer Ausnahme alle für die Änderung. Nur mein Vater, der dort die Ärzte vertritt, stimmte dagegen und wurde deshalb beschuldigt, mich beschützen zu wollen."

„Du mußt für einen solchen Vater sehr dankbar sein", meinte Glaucus.

„Das bin ich auch", nickte Theophrastus. „Mein Vater hat mit seiner ablehnenden Rede vor der Versammlung viel Mut bewiesen. Auch er ist interessiert an vielen der Lehren Jesu, und auch an Seinen Heilungen, die stets die ganze Person einschlossen, nicht nur den Leib. Doch er kann die Wahrheit der Kreuzigung und Auferstehung nicht glauben. Jedenfalls haben alle, außer ihm, für das geänderte Edikt gestimmt."

„Was, genau, fordert denn dieses neue Edikt?" fragte Onesimus.

Der Bischof schwieg einige Augenblicke und erklärte dann langsam: „Am nächsten Mittwoch vormittag um zehn Uhr muß ich mich im Amphitheater dem Statthalter und der Verordnetenversammlung stellen und allen Bürgern, die zu der Verhandlung kommen wollen. Ich soll dort meine Treue zum Kaiser erklären und eine Portion Weihrauch auf dem Altarfeuer vor dem Standbild des Kaisers opfern."

„Und welche Strafe erwartet dich, wenn du dich weigerst?" forschte Onesimus, der das Schlimmste erwartete.

„Ich werde zum Tode verurteilt und auf eine Weise, die der Statthalter bestimmt, hingerichtet. Bei dem gegenwärtigen Haß in der Stadt gegen die Christen wird man mich höchstwahrscheinlich lebendig verbrennen", sagte Theophrastus ruhig.

Die drei Männer schwiegen lange. Dann sagte Onesimus Worte, die er einst von dem Apostel Petrus gehört hatte: „Lieber Theophrastus, durch deinen Glauben an die Auferstehung Christi bist du erfüllt mit der lebendigen Hoffnung, daß du mit Christus ewig leben wirst."

Die drei erhoben sich, faßten sich bei den Händen und beteten, wie nur Menschen beten können, die sich der Gegenwart des lebendigen Christus bewußt sind.

Beim Abendessen stellte der Bischof die Gäste seinem Vater, Theodotus Antipas, vor. Es war zu sehen, daß der ältere

Mann unter dem, was seinem Sohn drohte, sehr litt. Trotzdem begrüßte er die Reisenden freundlich.

„Ich habe gehört, wieviel ihr Tyrannus und Joanna während all der Jahre bedeutet habt", sagte Onesimus zu ihm. „Ich habe auch großen Respekt für die mutige Verteidigung deines Sohnes vor der Versammlung. Und ich weiß, daß dies jetzt schwere Tage für dich sind."

„Vielen Dank, Onesimus, für das Lob, obwohl ich nicht weiß, ob ich es verdiene. Was kann ein intelligenter Bürger anders tun, auch wenn der so falsch Beschuldigte nicht sein Sohn wäre? Ich weiß, daß alle Anklagen gegen die Christen unwahr sind, und mußte mich sehr zurückhalten, um den Anklägern nicht ins Wort zu fallen. Ich weiß, meine Rede war nicht weise, doch ich würde gleiches für jeden anderen auch getan haben."

Während des Essens fragte der Arzt nach Onesimus' und Glaucons Erfahrungen in Smyrna. Er war sehr befriedigt, als er von Onesimus' Besuch beim Statthalter von Smyrna hörte. Als Glaucon von seiner Mutter und Anacreon berichtete, lachte er sogar manchmal leise. Dann sagte er: „Ich glaube, ich weiß, was eure Erlebnisse meinem Sohn bedeuten."

„Ja, Vater, du triffst es richtig. Diese Erfahrungen sind für mich neue Beweise des Sieges der Liebe über den Haß", sagte der Bischof.

Die Unterhaltung wurde noch eine Weile fortgesetzt, ehe Onesimus und Glaucon zu ihren Räumen geführt wurden und sich zur Ruhe begaben. „Ich freue mich schon darauf, mit dir morgen eine lange Unterhaltung zu haben, Onesimus", sagte der Bischof noch. „Ich brauche deinen Rat und deine Hilfe."

5. KAPITEL

Während der Unterhaltung am nächsten Vormittag staunte Onesimus sehr über die innere Kraft seines neuen Freundes, Bischof Antipas. Er schlug vor, den Bericht vom Tod und der Auferstehung Jesu aus den Kopien der Evangelien des Markus und Lukas zu lesen, die er mitgebracht hatte.

„Was du gestern abend sagtest, stimmt", sagte der Bischof. „Nur die göttliche Liebe, die wir am Kreuz Christi sehen, und die lebendige Hoffnung auf den auferstandenen Christus kann mir die Kraft geben, mein Schicksal getrost zu ertragen. Bitte lies vor, wie Jesus Seinem Tod begegnete, damit ich bereit bin, Sein Kreuz mit Ihm zu teilen."

Theophrastus saß schweigend, während Onesimus las. Endlich sagte er: „Ja, Onesimus, der Herr bereitet mich für den Augenblick vor, wenn die Sonne für mich ihren Schein verliert. Durch Gottes Gnade werde ich bereit sein können für das Gefühl, völlig verlassen und allein zu sein, wie der Herr es empfunden hat."

Völlig ruhig und lächelnd fuhr der junge Bischof fort: „Der Unterschied dabei ist, daß ich Christi Sieg vor Augen habe, der mir Mut gibt, und die Gegenwart des lebendigen Christus mich stärken wird. Wenn ich vor dem Statthalter und den Bürgern von Pergamon stehe und sie das Feuer anzünden, dann möchte ich nur beten, daß ich das Licht Gottes scheinen sehe im Angesicht Jesu Christi."

„So wird es sein, mein lieber Freund", ermutigte ihn Onesimus bewegt. „So wie bei Stephanus, der Jesus zur rechten Hand Gottes sitzen sah, als die Steine seinen Leib zerschmetterten; und wie bei meinen Freunden in Rom, als sie in der Arena vor die wilden Tiere getrieben wurden und freudig ausriefen: *Christus, Du bist bei mir!* Sie starben mit der Freude auf ihren Gesichtern, daß sie ihren Herrn und Meister erkannten."

Lange beteten die beiden noch zusammen. Onesimus fühlte sich auf eine seltsame Weise ermutigt. Er dankte Gott dafür, daß der, den er hatte ermutigen und trösten wollen, ihm zur neuen Stärkung und zum Trost geworden war. Nach dem Gebet gingen sie in den Garten und setzten sich an den Mittagstisch, wo Glaucon und Antipas schon auf sie warteten.

Während der nächsten Tage predigte und lehrte Onesimus täglich in den Versammlungen der Christengemeinde und verbrachte mit seinen Freunden auch lange Stunden im Gebet. Ganz frühzeitig am Dienstag morgen versammelten sich die Glieder der Gemeinde nochmals zu einem besonderen Gottesdienst. Still waren sie zusammengekommen mit dem Gefühl der unmittelbaren Gefahr und der Leiden, die ihrem geliebten Bischof bevorstanden. Onesimus predigte vor dem Abendmahl. Er las wieder Abschnitte aus dem Bericht der Verurteilung und des Todes Jesu. Dann sagte er:

„Für euch, meine lieben Brüder und Schwestern in Christus, wird es morgen vormittag um zehn Uhr so sein, als würde die Sonne aufhören zu scheinen und Dunkelheit die Welt bedecken. Markus sagt uns, daß Jesus sich wirklich von Gott und den Menschen verlassen fühlte, als Er am Kreuz rief: *Mein Gott, warum hast Du Mich verlassen?* Er war nicht nur der Sohn Gottes, sondern auch der Sohn des Menschen. Und das dort war eine menschliche Erfahrung, die Jesus machte, wie sie es für alle von uns sein wird.

Was werden wir tun, wenn wir nur noch Dunkelheit sehen, wenn wir uns so allein und verlassen fühlen, wenn wir den Schmerz dieser Verlassenheit in der Seele spüren, wie Jesus ihn spürte? In dieser dunkelsten Stunde werden wir die

Kraft empfangen, mit Jesus zu beten, was Er betete: *Vater, in Deine Hände befehle Ich Meinen Geist!* Euer geliebter Bischof hat sich schon so in die Hände Gottes gelegt, und morgen, was auch immer mit ihm geschieht, wird er es wieder tun.

Wir wollen Gott, dem Vater unseres Herrn Jesus Christus, danken, daß Er jemand so voll Seiner Liebe und voll Seiner Kraft auserwählt hat, morgen in dieser dunklen Stunde ein Zeuge für Jesus zu sein. Wir wollen für unseren Bischof und für uns selbst um Kraft bitten, die Prüfung zu bestehen."

Während jeder der Gläubigen aus der Hand ihres Bischofs das Brot und den Kelch zum Abendmahl empfing, sah Onesimus auf ihren Gesichtern den Ausdruck der großen Liebe für ihren jungen Hirten und untereinander. Sie tauchten ein in die Liebe Christi, der ihnen für alles Kraft geben würde — sogar für den Tod!

Der Bischof gab ihnen seinen Segen, und dann kam einer nach dem anderen, um sich mit einer Umarmung von ihm zu verabschieden. Onesimus verspürte die Kraft der *Koinonia,* der Gemeinschaft in Jesus Christus, und er wußte, was immer morgen geschehen würde, sie und ihr Bischof würden in Christus und mit Christus Sieger sein!

Und Mittwoch morgen kam — hell und klar. Die Morgensonne schien durch das Fenster in Onesimus' Zimmer und weckte ihn. Sein erster Gedanke war die Gerichtsverhandlung. Sofort verließ er das Bett, kniete nieder und betete inbrünstig für seinen Freund und Bruder Theophrastus.

Zum Frühstück wurde er von dem Bischof und dessen Vater warm begrüßt. Als er gebeten wurde zu beten, war ihm, als seien all seine Worte viel zu gering.

„Vielen Dank, Onesimus", sagte Theophrastus. „Dein Gebet war genau das, was ich jetzt brauchte."

Nach dem Frühstück gingen Onesimus, Glaucon, Theophrastus und sein Vater zu den Ställen, wo der alte Petronius mit der Pferdekutsche auf sie wartete. Mit Petronius als Kutscher fuhren die vier in der Kutsche durch die Stadt. Hinunter zur Straße nach Smyrna, über den Fluß zur Akropolis und in einen der Ställe in der Nähe des Amphitheaters.

Am Eingang des Theaters umarmte der Vater seinen Sohn und sagte: „Mag der große Gott der Liebe und Gerechtigkeit, den du unser aller Vater nennst, dich segnen und stärken, mein Sohn!"

Onesimus fühlte, wie ihm Tränen in die Augen traten, als er und Theophrastus sich umarmten. Der Centurio, der am Eingang auf sie wartete, trat zu ihnen. Ehe der Soldat etwas sagen konnte, erklärte der Bischof ruhig: „Ich bin bereit!" Er wandte sich seinem Vater, Onesimus und Glaucon zu und sagte schlicht: „Die Gnade unseres Herrn Jesu Christi sei mit euch!"

Der römische Centurio führte seinen Gefangenen durch das Theater zur Plattform, auf der die Beamten des Statthalters Platz genommen hatten. Als Mitglied der Stadtverordneten konnte Vater Antipas mit seinen beiden Begleitern einen Platz in der Nähe der Plattform einnehmen. *Was auch immer geschieht, wir sind nahe genug, um es genau zu sehen,* dachte Onesimus mit Schaudern. Die drei vermieden jede Unterhaltung, nur Antipas begrüßte seine Freunde mit kurzem Kopfnicken.

Das Amphitheater füllte sich sehr schnell mit Bürgern der Stadt, die durch die verschiedenen Eingänge hereinströmten. Um zehn Uhr verkündete Trompetenschall die Ankunft des Statthalters L. Antestius Vetus. In einer roten Toga, mit Mitra und Szepter, zum Zeichen, daß er den römischen Kaiser vertrat, betrat er die Plattform und setzte sich in den Richterstuhl. Alle Anwesenden hatten sich erhoben und setzten sich erst wieder, nachdem er Platz genommen hatte.

Onesimus war sich bewußt, daß jeder Christ der Stadt anwesend war. Sie würden alle im stillen für ihren Bischof beten. Man konnte förmlich die Spannung spüren, die in der Luft lag. Laut unterhielten sich viele über ihre Feindschaft gegen die Gläubigen. Einige schrien: „Verbrennt alle Christen!"

Auf ein Zeichen des Statthalters führte der Centurio Bischof Antipas auf die Plattform. Ruhig stand der junge Mann vor dem Statthalter. Wieder schmetterten die Trompeten ein Signal, und im Theater trat Ruhe ein.

Die volle Stimme des Statthalters war überall deutlich zu hören, als er jetzt die Versammelten begrüßte. „Verehrte Stadtverordnete und Bürger von Pergamon, wir sind hier, um Gericht zu halten über Theophrastus Antipas. Er ist angeklagt der schweren Verbrechen des Verrats und der Untreue gegenüber dem Kaiser."

Er wandte sich dem Bischof zu und fragte ernst: „Dir sind die Anklagen bekannt, die von den Stadtverordneten gegen dich vorgebracht werden?"

„Ja, Herr!" antwortete Theophrastus laut und klar.

„Hat man dir gesagt, daß du des Verrats am Kaiser für schuldig befunden und entsprechend bestraft wirst, wenn du nicht aufhörst zu verkündigen, daß dieser gekreuzigte jüdische Rabbi Jesus von Nazareth der Herr und König aller Welt ist?"

Wieder antwortete Antipas furchtlos und klar: „Jawohl, euer Ehren, das hat man mir deutlich gesagt."

„Und trotzdem fährst du fort, diesen Leuten, die sich Christen nennen, so zu predigen und sie in dieser Weise zu belehren. Sie nennen dich doch ihren Bischof."

„Was du sagst, ist wahr, und ich bin stolz darauf, ihr Pastor und Bischof zu sein. Ich habe trotzdem weiter meinen Glauben an Jesus Christus als unser aller Herr und König und als meinen persönlichen Herrn verkündigt. Ich bete zu Gott, dem Vater unseres Herrn Jesu Christi, der der einzig wahre Gott ist, denn es gibt keinen anderen!"

Bei diesen Worten erhob sich zorniges Gemurmel unter dem Volk. Der Statthalter hob Ruhe fordernd seine Hand.

„Und trotzdem behauptest du, unserem Kaiser und den Gesetzen des Römischen Reiches gegenüber treu und gehorsam zu sein?"

„So ist es, Herr, und zwar nicht nur bei mir, sondern bei allen, die aufrichtig Christus nachfolgen. Wir werden dem Kaiser als treue Bürger gehorchen, doch anbeten werden wir allein Christus!“

„Der Kaiser Nero ist ein Gott! Wenn du dem Kaiser in allen Dingen gehorchen willst, wie kannst du dich dann weigern, ihn anzubeten?“

„Herr, ich wiederhole, ich bete allein Christus und den Vater im Himmel an!“

Wie ein Aufschrei schallte es jetzt aus der Versammlung: „Tötet die Christen! Verbrennt die Atheisten!“

Mit dem Anschein von Geduld und römischer Gerechtigkeit versuchte der Statthalter nochmals auf den Bischof einzureden. „Hier vor dem Standbild unseres großen Kaisers ist deine letzte Chance.“ Vetus legte eine dramatische Pause ein und befahl dann: „Centurio, gib dem Angeklagten das Kästchen mit dem Weihrauch!“

Mit erhobenem Haupt wies Theophrastus Antipas den Weihrauch zurück. Zum dritten Mal sagte er: „Herr, ich sage dir, den Stadtverordneten und allen Bürgern von Pergamon, daß ich vor keinem Standbild eines Menschen, auch nicht vor dem von Kaiser Nero, anbeten und opfern werde!“

Haßerfüllte Protestschreie waren zu hören. Und bald rief die ganze Versammlung: „Tötet ihn! Hinweg mit dem Verräter! Verbrennt ihn!“

Onesimus spürte, wie es ihm kalt den Rücken hinunterlief. Aus den Herzen des Vaters und aller Christen entschwand die Hoffnung. Die Sache des Bischofs Antipas war dem Statthalter nun durch die wütende Volksmenge aus der Hand genommen. Onesimus sah die tiefen Kummerfalten im Gesicht des Vaters neben ihm. Doch der junge Bischof stand unerschütterlich und hatte das Gesicht zum Himmel emporgehoben.

Wieder forderte ein Trompetensignal Ruhe. Vetus wandte sich mit zorniger Stimme an den Angeklagten: „Alle sollen nun mein Urteil hören: Ich, L. Antestius Vetus, römischer

Statthalter in der Provinz Asia, erkläre im Namen des großen Kaisers Nero Theophrastus Antipas für schuldig des Verrats und der Untreue an dem Kaiser. Ich verurteile ihn zum Tod durch — "

„Verbrennen!" schrie der Mob. „Verbrenn ihn! Er soll im broncenen Bullen des Zeus lebendig geröstet werden!"

Onesimus bemerkte, daß das Geschrei des Volkes gesteuert wurde. Offensichtlich hatten sich die Feinde der Christen, wahrscheinlich die Priester, unter das Volk gemischt und putschten es auf. Haß und Vorurteile, gepaart mit Unwissenheit und Neid errangen den Sieg. Der Statthalter wußte, daß er kaum noch etwas tun konnte, die ungewöhnliche Strafe, die das Volk forderte, zu verweigern. Er erhob sich. Und wieder forderte ein Trompetensignal Ruhe.

„Bürger von Pergamon!" rief er, „ich habe das Urteil gesprochen, und ihr habt die Methode gewählt. Das römische Gesetz fordert für Verrat die Enthauptung, doch ihr fordert Schlimmeres als das. Deshalb befehle ich den Priestern, den broncenen Bullen des Zeus vom Altar des Zeus herbeizubringen. Antipas wird ein weiteres Opfer der jahrhundertealten Methode werden, dem obersten der Götter Opfer zu bringen. Bringt auch Holz herbei, damit das Feuer angefacht werden kann und der verurteilte Verräter die Strafe empfängt, die er verdient."

Beifall wurde laut, und die Menge schrie: „Heil dem Kaiser Nero!"

Onesimus bemerkte, daß sich hier und da nun einige Menschen unauffällig den Ausgängen näherten. Sie konnten offensichtlich das bevorstehende grausame Schauspiel nicht ertragen. Er erkannte auch einige Christen unter ihnen. Onesimus würde nicht weggehen. Auch der Arzt neben ihm machte keine Anstalten zum Gehen, obwohl er tief getroffen war.

Was für ein großartiger Zeuge Theophrastus doch ist, dachte Onesimus, während er für seinen Bruder betete, der bald der erste christliche Märtyrer in der römischen Provinz Asia sein würde. Ganz ruhig stand er da, und Onesimus wußte, daß er betete.

Die Menge schaute zu, wie die Plattform weggeräumt und eine große Menge Holz herbeigetragen wurde. Dann brachten die Priester des Zeus, in ihre ritualen Roben gekleidet, den broncenen Bullen und stellten ihn in die Mitte der Holzstapel. Das metallene Tier war oben offen, so daß das Opfer darin stehen mußte. Je nach Größe des Menschen schauten dann der Kopf und ein Teil des Oberkörpers noch aus dem Bullen heraus.

Das Holz wurde noch zurechtgeschoben, dann forderte der Statthalter mit erhobener Hand wieder Ruhe. „Centurio, binde die Hände des Verräters zusammen und stelle ihn in den Bullen!“ befahl Vetus. „Die Oberpriester des Zeus, des Äskulap und der Roma sollen jeder eine brennende Fackel nehmen und das Holz anzünden. Doch das römische Recht verlangt, daß wir vorher dem Verurteilten gestatten, noch ein letztes Wort zu sagen.“

Vetus wandte sich nochmals an den Bischof, der nun schon im Bullen stand, und sagte: „Ich appelliere zum letzten Mal an dich, Theophrastus Antipas. Willst du deinem Atheismus absagen und unserem Kaiser Nero die ihm gebührende göttliche Verehrung darbringen?“

Eine seltsame Stille legte sich jetzt über das riesige Amphitheater.

„Verehrter Herr“, begann der Bischof klar, „ich sage dir und allen Stadtverordneten und allen Bürgern dieser Stadt und allen unter euch, die den Namen Christi tragen“, und nun wurde seine Stimme sehr laut und war von heiligem Eifer durchdrungen, „ich gebe mit meinem Leben und nun auch mit meinem Tod Zeugnis von der unermeßlich großen und nie versagenden Liebe Gottes, die sich in Jesus Christus offenbart hat. So unwürdig ich dieser Liebe auch bin, gebe ich jetzt doch dafür mein Leben, so wie Christus es für alle Menschen getan hat, um die gewaltige Kraft der Liebe Gottes für alle Menschen sichtbar zu machen. Ihm sei die Herrlichkeit, die Ehre, der Ruhm und die Kraft in alle Ewigkeit! Amen!“

Sein letztes Zeugnis war zum Gebet und Segensspruch geworden, der in der Verherrlichung Jesu Christi gipfelte.

Es blieb auch nach diesen Worten still, als jetzt die drei Oberpriester an mehreren Stellen das trockene Holz anzündeten. Onesimus und alle im Theater sahen, daß der Bischof sein Gesicht zum Himmel emporgehoben hatte und daß es von einer strahlenden Freude erfüllt war. Bald schlugen die Flammen an allen Seiten an dem broncenen Bullen hoch empor, so daß Theophrastus durch das Feuer hindurch manchmal nicht mehr zu sehen war.

Nun brannte alles Holz lichterloh, und die Hitze entzündete die Kleidung des Bischofs. Nur noch einmal war sein strahlendes Gesicht durch die Flammen zu sehen, dann war es vorüber. Die Hitze und das Feuer hatten ihn so weit aufgefressen, daß der Rest seines Körpers in dem Bullen zusammenfiel. Onesimus fragte sich, an welchem Punkt die Seele den geschundenen Leib des Märtyrers verlassen hatte und in das Paradies gegangen war.

Tief bewegt und voller Trauer und gleichzeitig auch voller Dankbarkeit für das großartige Zeugnis des Bischofs dachte Onesimus: *Gottes Liebe und Kraft sind wieder einmal offenbar geworden. Und der Same, der durch dieses Zeugnis ausgestreut wurde, wird dazu beitragen, daß die Gemeinde Christi in Pergamon und ganz Asia weiter wächst.*

Antipas erhob sich. Mit belegter Stimme sagte er: „Es ist vorbei, laßt uns gehen.“ Langsam verließen die drei inmitten der immer noch seltsam schweigsamen Menge das Amphitheater. Viele waren bewegt von dem unerklärbaren Mut und der Liebe, die in dem Märtyrer sichtbar geworden war.

„Christus ist wieder Sieger geblieben“, sagte Onesimus leise, als sie die Kutsche bestiegen. Und Antipas nickte zustimmend.

6. KAPITEL

Als sie das Haus des Arztes betraten, sprach dieser das erste Wort, seit sie das Amphitheater verlassen hatten. „Ihr werdet eure Räume aufsuchen wollen, um zu ruhen und für den morgigen Gottesdienst zu beten. Es wird dabei sehr schwer für dich werden, Onesimus, und für uns alle, die wir Theophrastus geliebt haben. Diese Liebe wird nach seinem wunderbaren Zeugnis ohne Zweifel noch wachsen."

Antipas sprach voll ruhiger Zuversicht und fügte hinzu: „Ich werde auch zum Gottesdienst kommen. Wenn mein Sohn im Sterben ein so triumphierender Zeuge der Liebe Christi sein konnte, dann bin ich bereit, durch diese Liebe zu leben. Ich habe immer auf ein verläßliches Zeugnis für die Wahrheit vom Tod des Christus und Seiner Auferstehung gewartet. Doch heute habe ich es gesehen. Es war nicht der wissenschaftliche Beweis, den meine Kollegen und ich bisher gefordert haben, sondern es war das Zeugnis meines Sohnes, durch das mir das Wesen Gottes offenbart wurde. Ich bin nun bereit, zu glauben, daß Er der mächtige Gott, Schöpfer, Herrscher und Erlöser für alle ist, die Ihm vertrauen. Von nun an will ich im Leben und auch im Tod sagen: Christus ist Herr!"

„Preis sei Gott, Antipas!" rief Onesimus, als er den bekümmerten, aber doch siegreichen Vater umarmte. „Welch besseren Beweis für die Wahrheit, für die dein Sohn starb, könnte es geben, als daß du dadurch nun davon überzeugt bist!"

„Teile dies morgen auch der Gemeinde mit, Onesimus, und sage ihnen, daß sie von nun an mit meiner Gegenwart, meinen Gebeten und meiner Unterstützung in jeder möglichen Weise rechnen können."

Als sich am nächsten Abend die Glieder und Katechumenen der Gemeinde versammelten, sah Onesimus auf ihren Gesichtern beides — Trauer und Freude zugleich. *Wie kann es eine solche Freude inmitten dieser Tragik und Trauer geben?* fragte er sich, wie schon so oft zuvor. Als er sich nun erhob, um den Gottesdienst zu beginnen, hatten seine Worte eine ganz neue und noch tiefere Bedeutung als bisher. „Der auferstandene Herr ist mit euch!"

Die Versammelten antworteten: „Und mit dir ebenfalls!"

„Erhebt eure Herzen!"

„Wir erheben sie empor zu dem Herrn!"

„Preis und Ehre, Macht und Herrlichkeit gehören Gott, dem Vater unseres Herrn Jesu Christi, der gestern Seine große Macht und Liebe in einer solchen Weise offenbar gemacht hat, daß sie alles menschliche Verständnis weit übersteigt."

Die Gemeinde antwortete: „Amen!"

„Mit unseren eigenen Augen haben wir den großen Sieg gesehen, den Christus unserem geliebten Bischof Theophrastus Antipas gegeben hat. Nur durch die Inspiration des Geistes unseres lebendigen Herrn hat der Bischof diesen Mut und die Kraft empfangen, die ihn zu einem so wunderbaren Zeugen machten."

Die Gemeinde rief wie mit einer Stimme: „Amen! Halleluja!"

Onesimus erzählte der Gemeinde von seiner Zeit mit Paulus und Petrus, und wie diese Männer mit ihrem Märtyrertod Christus bezeugten. Paulus bei seiner Enthauptung, und Petrus, der gekreuzigt wurde, und verglich sie mit dem mächtigen Zeugnis, das Bischof Antipas für die Liebe Gottes abgelegt hatte.

„Wir feiern heute abend den Eingang eures Bischofs in Christi unsichtbares, aber sehr reales Königreich", fuhr Onesimus fort. „Wir wollen nun gemeinsam durch unseren Gesang den Sieg des Herrn verkünden."

Für einige der Psalmen Davids waren von einem Gemeindeglied Melodien geschrieben worden, die nun in der Gemeinde gesungen wurden. Onesimus bat diesen Mann, sie im Gesang zu leiten.

Anschließend sprach Onesimus von seinen eigenen Erfahrungen. Er berichtete, wie die Zweifel ihn überwältigen wollten, nachdem er sich von Paulus vor dessen Hinrichtung hatte verabschieden müssen, und wie er sich gefragt hatte, wie Jesus, der doch so voller Liebe und Barmherzigkeit ist, es zulassen konnte, daß so viele Christen in Rom so grausam gefoltert und getötet wurden.

„Nicht auf alle Fragen können wir Antwort geben, doch im Vertrauen zu der großen Liebe Gottes können wir sagen: Der Herr regiert und macht alle Dinge richtig!" erklärte er seinen Zuhörern. „Der Geist, der auf dem Gesicht von Bischof Antipas bei seinem Tod zu sehen war, ist derselbe, den man auf dem Gesicht von Stephanus sah, als dieser gesteinigt wurde. Es ist der Heilige Geist Gottes, der Geist der Kraft und der Liebe unseres Herrn Jesus Christus. Und der Heilige Geist lehrt uns, im Glauben zu sagen: *Jesus ist der Herr! Und der Herr ist König!"*

Onesimus sah auf den Gesichtern seiner Zuhörer das Licht des Verständnisses aufleuchten, das ihre Herzen und Sinne durchdrang, und er wußte, daß seine Worte verstanden und mit Freude und Dankbarkeit aufgenommen wurden.

„Wir wollen in diesem Glauben und in dieser Liebe tagaus, tagein leben, so daß unser innerer Mensch durch den Geist Christi immer mehr erneuert wird und wir nicht mehr so sehr auf das Sichtbare und Zeitliche schauen, das so leicht verloren geht und zerstört wird, sondern auf das, was unsichtbar, ewig und unzerstörbar ist. Und dieses Unsichtbare, Ewige und Unzerstörbare ist das Reich Gottes und die Erlösung, die uns Jesus Christus durch Seinen Tod auf Golgatha erworben hat."

Die Gemeinde war tief ergriffen von den gewaltigen Wahrheiten, die Onesimus ihnen verkündigte. Nachdem sie anschließend noch eine Weile gebetet hatten, teilte Onesimus mit den Diakonen das Brot und den Wein zum Abendmahl aus. Und damit demonstrierten die Versammelten die Zusammengehörigkeit des Leibes Christi, Seiner Gemeinde, auch in Pergamon. Onesimus sah auf vielen Gesichtern Tränen. Doch es waren mehr Tränen der Freude und Ergriffenheit, als solche des Kummers.

Ehe er den Gottesdienst schloß, versprach Onesimus noch, für die Gemeinde zu beten, und auch für den neuen Bischof, den die Gemeinde würde wählen müssen. Endlich bat er Antipas, zu ihm nach vorn zu kommen.

„Ich habe noch etwas bekanntzumachen", begann er, „das wie ein Höhepunkt der Erfahrungen von Trauer und Freude, von Tragik und Hoffnung ist. Als wir vom Amphitheater zurückkehrten, teilte mir unser geliebter Freund und Arzt Theodotus Antipas mit, er wolle von nun an ein Nachfolger Jesu Christi sein."

Freudenrufe wurde laut, und hier und da klatschten einige vor Begeisterung in die Hände. Onesimus beendete den Gottesdienst mit Gebet. Gemeinsam sagten sie zum Schluß aus tiefstem Herzen: „Amen! Halleluja! Gott sei die Ehre von nun an und bis in alle Ewigkeit! Amen!"

Die Glieder der Gemeinde drängten sich um Onesimus. Alle wollten ihm für die ermutigenden und tröstenden Worte danken und ihn umarmen für den neuen Mut und die Hoffnung, die sie dadurch empfangen hatten. Sie würden fortfahren, in Pergamon die Gemeinde Jesu Christi zu bauen, versicherten sie, und mit Gottes Hilfe würden sie eine noch größere Ernte einfahren als bisher. Die Bekehrung von Theodotus Antipas sollte nur die erste Frucht dieser großen Ernte sein.

Als sie spät ihre Zimmer aufsuchten, betete Onesimus noch und dachte noch lange über die Ereignisse der vergangenen

Tage nach. Ihm war klar, daß er nun nicht so schnell von Pergamon abreisen konnte, wie er das geplant hatte. Er würde mindestens noch eine Woche, wenn nicht länger, bleiben müssen, um der Gemeinde Halt und Führung zu geben.

Er würde noch einige Gottesdienste halten müssen, und es würde auch nötig sein, sich einige Male mit den Diakonen und anderen Leitern der Gemeinde zu treffen. Sie mußte er noch besonders in der Lehre weiterführen. Und außerdem mußte er ihnen helfen, einen neuen Bischof zu wählen, ehe er weiterziehen konnte.

Das alles würde dazu führen, daß er die Gemeinde in Sardes auf dieser Reise nicht besuchen konnte, wie er es eigentlich geplant hatte. Er und Glaucon wollten auch zu einer bestimmten Zeit wieder in Ephesus zurück sein, um dort den Apostel Johannes und Jesu Mutter Maria zu treffen, die zwischenzeitlich sicher schon angekommen waren. Auch zog es ihn wieder nach Kolossea, und vor allem zu Helen, die schwanger war.

Am nächsten Morgen nach dem Frühstück wurde Onesimus von Antipas gebeten, ihn in sein Studierzimmer zu begleiten. Dort führten die beiden Männer eine lange Unterhaltung. „Ich brauche deine Hilfe, Onesimus", sagte der Arzt. „Du wirst mich in meinen Fragen verstehen, denn ich spüre, daß wir uns in unserem Wesen ähnlich sind. Sag mir, wie du die Zweifel deines philosophisch erzogenen Geistes überwunden hast und trotz vieler bitterer Erfahrungen stets am Glauben festhalten konntest."

Den ganzen Vormittag saßen die beiden beisammen. Onesimus erzählte ganz offen von seinen inneren Kämpfen. Er berichtete davon, wie ihn schwarze Zweifel überziehen wollten, als er sich von Paulus verabschiedet hatte, der zur Hinrichtung geführt wurde. „Ich lief wie blind die Straße hinunter", sagte Onesimus, „und ich fragte mich, wie dieser Sieg in Christus denn nun wirklich beschaffen war, wenn ein halbverrückter junger Kaiser den Verkündiger dieses Sieges einfach so hinrichten lassen konnte? Erst etwas später erkannte ich, daß dieser Sieg gerade darin sichtbar wird, daß wir als Christen von unserem Herrn die Kraft empfangen, alle irdische Not triumphierend zu überwinden, wie wir das ja auch an dem Zeugnis deines Sohnes gesehen haben. Immer wieder werden wir in unserem Leben vor neue Probleme und Anfechtungen gestellt, die auch Zweifel verursachen. Doch stets, wenn wir den Sieg davongetragen haben, wird unser Glaube dadurch stärker."

„Es wird wohl so sein, wie du sagst", meinte Antipas nachdenklich. „Der Kampf mit den Zweifeln hört nie ganz auf. Doch jedesmal, wenn wir einen Kampf mit der Finsternis gewinnen, strahlt unser Glaube heller."

„So ist es", bestätigte Onesimus. „Paulus hat es so gesagt, daß er nicht meinte, das Ziel schon erreicht zu haben, daß er aber beständig dabei sei, diesem Ziel nachzujagen. Und der Heilige Geist wird dabei unser Führer und Helfer sein."

Während des Mittagessens schlug Antipas einen Besuch seines Freundes Ventulus und des *Asclepions* vor. Glaucon und Onesimus waren sehr erfreut über diese Möglichkeit.

Zuerst gingen sie in das Haus des alten Arztes Ventulus. Er war der Autor vieler wertvoller Schriften über verschiedene Krankheiten und wie sie zu behandeln waren.

„Der liebe Mann ist schon mehr als achtzig Jahre alt", erklärte Antipas. „Sein Geist ist noch ganz klar, aber er ist sehr körperbehindert und kann nicht mehr laufen. Trotzdem führt er noch ärztliche Konsultationen durch, berät uns und führt Gespräche mit Ärzten, die uns besuchen. Wir Ärzte gehen immer noch zu ihm, um uns von ihm belehren zu lassen. Mehr als irgendein anderer hat er das Wissen und die Weisheit von Hippokrates geerbt. Ihr wißt, daß wir von Hippokrates den *hippokratischen Eid* haben, der die ethische Gesinnung eines guten Arztes zum Ausdruck bringt. Alle unsere jungen Ärzte müssen diesen Eid ablegen, ehe ihnen erlaubt wird, den ärztlichen Dienst aufzunehmen."

Antipas wurde mit seinen beiden Gästen von seinem alten Freund willkommen geheißen, der, mit vielen Kissen im Rücken, auf einer Couch in der Mitte des großen Raumes saß, in dem er auch andere Ärzte und Patienten empfing. Nach der Vorstellung sagte er zu Antipas: „Ich habe von der Verurteilung und der grausamen Hinrichtung deines Sohnes gehört. Ich möchte dir sagen, daß ich mit dir fühle und mit allen, die ihn geliebt haben. Man sagte mir, daß er mit bewunderungswürdiger Haltung starb und daß sein Zeugnis vor dem Statthalter und den Bürgern alle tief beeindruckte."

„Vielen Dank für dein Mitgefühl", antwortete Antipas. „Aber es war doch ein schrecklicher Tag für uns alle."

„Diese Art Verfolgung und Grausamkeit ist ein Teil der tödlichsten Krankheit der Menschheit", erklärte der alte Arzt. „Wir haben oft erlebt, daß Haß der Feind aller Heilungsprozesse ist, und Liebe ist die Tür zu Gesundheit und Wohlbefinden. Einige der jungen Ärzte, die im Amphitheater waren, berichteten mir von der Liebe, die noch im Sterben von Theophrastus ausging. Sie waren davon tief beeindruckt und möchten mehr wissen über die Ursache oder Quelle dieser Liebe. Was vorgestern geschah, hat vielleicht bei vielen eine größere Offenheit für den christlichen Glauben bewirkt als alles andere."

„Ich glaube, ich weiß was sie denken", bemerkte Onesimus. „Denn auch ich genoß eine philosophische Erziehung und habe hier in Pergamon das Gymnasium für zwei Jahre besucht. Es war die gleiche Qualität und Kraft der Liebe, die ich in den Christen in Rom sah, die mich von der Wahrheit des Christentums überzeugte."

Ventulus blickte den jungen Mann mit Interesse an. „Du hast recht", bestätigte er, „Philosophie allein, so gut sie auch sein mag, kann solche Liebe nicht hervorbringen. Ich bin kein Prophet, aber ich kann glauben, daß das Christentum dazu beitragen kann, den abergläubischen und eigensüchtigen Geist des Römischen Reiches zu verändern. Antipas und ich und andere in dieser Stadt haben immer versucht, den

Kranken auch die heilenden Kraft der selbstlosen Liebe wichtig zu machen. Ich muß gestehen, daß ich mit der christlichen Lehre von Jesu Auferstehung von den Toten Schwierigkeiten habe, doch ich kann glauben, daß Liebe, die gibt und dient und heilt, ewig ist."

Antipas ergriff wieder das Wort: „Zu einer anderen Zeit, Ventulus, muß ich mit dir über einige Dinge reden, die in den letzten Tagen meinen Glauben völlig verändert haben. Doch auch was du sagst ermutigt mich, und sicher auch meine jungen Freunde hier."

Als die Besucher sich verabschiedeten, befahl sie der alte Arzt dem Segen des Gottes der selbstlosen Liebe an.

Antipas führte seine Gäste nun durch die verschiedenen Gebäude des riesigen *Asclepion.* Sie besuchten die große Bibliothek mit ihren rund 200 000 Buchrollen, die von den Kranken, den Besuchern und den Studenten der verschiedenen Schulen eifrig genutzt wurden. Sie sahen das Theater mit 4 500 Sitzplätzen. Jeden Abend wurden hier den Patienten therapeutische Schauspiele vorgeführt.

Als nächstes besuchten sie den runden Tempel des Telesphorus, wo die Patienten schliefen und erlaubten, daß ihre Träume durch Suggestionen beeinflußt wurden. Antipas erklärte ihnen, daß hier auch die heiligen Schlangen gehalten wurden. Wenn eine Schlange über einen schlafenden Patienten kroch, so nahm man das als sicheres Zeichen für seine Heilung. Eine solche Schlange, um einen Stab gewunden, war auch das Symbol der Mediziner und ist heute noch bekannt als der *Äskulapstab.*

Antipas führte die jungen Männer nun zu den drei heiligen Teichen und dem Brunnen. Hier badeten Hunderte von Patienten, mit allen Arten von Krankheiten.

Auf dem Heimweg erzählte Antipas von den verschiedenen Arten des Aberglaubens, von denen die Mehrzahl der Menschen in der griechisch-römischen Welt beherrscht wurden. Obwohl der Glaube an die Götter immer mehr nachließ und bei den philosphisch Gebildeten fast überhaupt nicht mehr zu finden war, wurden die Menschen doch in Angst und Schrecken versetzt, wenn ihnen Krankheiten, Unfälle, Leiden und Schmerzen oder gar der Tod begegneten.

„Diese Leute versuchen wir von ihren abergläubischen Meinungen, daß es rachsüchtige und böse Götter gibt, zu befreien. Denn sie bemühen sich, das Wohlwollen dieser boshaften Götter zu gewinnen und machen sich dadurch nur noch mehr krank, weil die Angst sie nie in Ruhe läßt", erklärte Antipas. „Da ich nun selbst an die Erlösung in Jesus Christus und die Liebe Gottes glaube, werde ich versuchen, meine Patienten von ihrem Aberglauben, der ihnen Furcht einflößt und sie deshalb krank macht, abzubringen und sie durch Jesus Christus zu dem einzigen und ewigen Gott der heilenden Liebe zu führen."

Onesimus verbrachte die nächsten Tage hauptsächlich mit Gesprächen mit den Ältesten und Diakonen der Christengemeinde in Pergamon. Außerdem fand auf Wunsch der Gemeinde jeden Abend ein Gottesdienst statt, in dem Onesimus jeweils lehrte und predigte. Er war erstaunt, mit welchem Eifer und ohne daß sich jemand vordrängte, die Gemeinde versuchte, den Willen im Blick auf ihren neuen Bischof zu erkennen.

Am kommenden Mittwoch sollte eine besondere Versammlung stattfinden, in der sie ihren neuen Bischof wählen wollten. Es stellte sich nun heraus, daß sie in großer Einmütigkeit den sprachgewandten und warmherzigen jungen Arzt Severus zu diesem Amt beriefen. Severus war Bischof Antipas' engster Freund gewesen und hatte bisher schon seinen Platz als Ältester in großem Segen ausgefüllt. Er wurde von allen Gliedern der Gemeinde geliebt und hoch geachtet.

Onesimus und Glaucon blieben noch mehrere Tage in Pergamon, da Onesimus gebeten wurde, an dem auf den Mittwoch der Wahl folgenden Sonntag noch die Ordination des neuen Bischofs vorzunehmen. Als er und die Ältesten unter Handauflegung mit Severus gebetet hatten, hob er den neuen Bischof von den Knien auf. „Mein lieber Bruder Severus", sagte Onesimus, „du bist nun der neue Bischof der Christengemeinde in Pergamon. Mag unser Herr Jesus Christus dir schenken, daß dein Leben als Bischof eines der Freude, der Liebe und der Kraft werde."

Er wandte sich der Gemeinde zu und sagte: „Hier, meine Lieben, ist euer neuer Bischof. Empfangt ihn mit Freude, liebt ihn, betet für ihn, gehorcht ihm in dem Herrn, und der Herr wird euch segnen."

Die Glieder der Gemeinde drängten nach vorn. Mit Tränen der Freude und Segensworten umarmte einer nach dem anderen Bischof Severus.

7. KAPITEL

Auf ihrer Rückreise nach Ephesus war es für Onesimus und Glaucon eine große Freude, noch einen Tag in Smyrna zu verweilen. Sie wurden von Bischof Tavius und seiner Familie sowie von Erica und Anacreon herzlich willkommen geheißen. Sie trafen am frühen Nachmittag in Smyrna ein, und in Windeseile verbreitete sich die Nachricht von ihrer Ankunft unter den Gliedern der Gemeinde. In Smyrna hatte man schon einiges von dem siegreichen Märtyrertod von Bischof Antipas gehört, und alle wollten nun genau erfahren, was geschehen war. Die Christen in Smyrna wußten nur zu gut, wie knapp sie durch den Einfluß von Onesimus einer ähnlichen Verfolgung entgangen waren.

Der Tag, vor dem sie sich vorher gefürchtet hatten, war für sie ein Tag des Dankens und Preisens geworden. Alle waren in der Stadthalle erschienen und hatten freudig ihre Münze mit dem Bild des Kaisers in die Urne vor dem kaiserlichen Standbild gelegt. Alle waren als treue Untertanen des Kaisers registriert worden, und es hatte von keiner Seite weitere offene Feindschaft gegeben.

Am Abend dieses Tages versammelte sich die Gemeinde so gut wie vollzählig im Atrium des Tavius-Hauses, die darauf warteten, Einzelheiten über Bischof Antipas' Tod und sein großartiges Zeugnis zu hören. Nachdem Onesimus ausführlich berichtet hatte, was im Amphitheater zu Pergamon geschehen war, rief Bischof Tavius die Gemeinde zum Gebet für ihre Brüder und Schwestern in Pergamon auf. Eine ganze Stunde betete die Gemeinde voller Eifer. Sie priesen Gott für die Liebe und Kraft, die er Bischof Antipas in der Stunde seiner Bewährung gegeben hatte.

Zum Schluß sagte Bischof Tavius: „Paulus hat geschrieben, daß im Kreuz Christi, das den Juden ein Ärgernis und für die Griechen eine Torheit ist, die Kraft und die Weisheit und die Liebe Gottes zu finden sind. Wir wollen Gott allezeit bitten, daß er auch uns diese Kraft und Liebe schenkt, sollten wir einmal das Kreuz in einer solchen Weise tragen müssen wie unser geliebter Bruder Bischof Antipas."

Als die Gläubigen gegangen waren, saßen Onesimus und Tavius noch lange in ernstem und brüderlichen Gespräch beieinander.

Die beiden Reisenden verließen Smyrna am nächsten Morgen. Als sie nach steilem Aufstieg den Gebirgspaß passierten, wo sie in die Hand der Banditen gefallen waren, erzählte Onesimus Glaucon, was er in der Nacht zuvor von Tavius erfahren hatte.

Der Banditenführer Carias hatte den Bischof besucht und ihn einen ganzen Nachmittag über das Leben und die Lehren Jesu ausgefragt. Er wollte alles über die Kreuzigung und die Auferstehung wissen, was Tavius ihm erzählen konnte. Carias war so interessiert, daß er über Nacht geblieben war und am Abend am Unterricht der Katechumenen und am nächsten Tag am Gottesdienst der Gemeinde teilgenommen hatte. Als er zu seiner Bande zurückkehrte, hatte er versprochen, wiederzukommen. Tavius hatte gesagt: „Ich glaube, er wird nicht eher aufhören zu suchen, bis er ein Nachfolger Jesu geworden ist."

Onesimus berichtete weiter, daß Carias den Bischof gebeten hatte, uns zu warnen, wir sollten, wenn wir den Paß erreichen, nicht nach dem Versteck der Bande suchen. Einige der Räuber waren wenig von unserem Zeugnis beeindruckt und haben ihrem Führer Vorwürfe gemacht, weil er uns so gut behandelt hat. Sie bereuen es, daß sie die feinen Stoffe sowie das Geld und die Juwelen verloren haben.

Als die beiden jungen Christen den Platz erreichten, wo die Räuber sie überfallen hatten, hielten sie für eine Zeit an und beteten für Carias und seine Banditen. Als sie dann ihren Weg nach Smyrna fortsetzten, sagte Glaucon: „Das waren die bisher reichsten Wochen meines ganzen Lebens. Ich habe mich gestern abend am meisten über Celsus Anacreon gewundert. Er ist wirklich ein ganz neuer Mensch geworden. Er ist ein Wunder der Gnade Gottes."

Am späten Nachmittag des nächsten Tages ritten die beiden jungen Reisenden über die Via Augusta in Ephesus und bogen bald in die kurze Straße ein, die zu dem großen Anwesen von Tyrannus und Joanna führte. Hier kehrte Onesimus immer wieder gern ein, denn hier war er aufgenommen worden, als er mit dem Brief des Apostels Paulus aus Rom zurückkehrte.

„Es ist auch ein Wunder der Führungen Gottes", bemerkte Onesimus zu Glaucon, „daß Tyrannus einer der ersten in Ephesus war, die sich bei Paulus bekehrten. Er stellte dem Apostel dann seine Lesehalle zur Verfügung und unterstützte ihn auch mit seinem ganzen Einfluß bei dem Aufruhr des Silberschmieds Demetrius. Er ist für Paulus wirklich zu einer großen Hilfe geworden."

Die beiden wurden von Tyrannus und Joanna herzlich begrüßt. „Es ist gut, euch zu sehen", sagte Tyrannus und umarmte seine Gäste. Aus Antipas' Brief wissen wir, daß ihr erstaunliche Dinge erlebt habt. Kommt in das Atrium. Ich werde Erfrischungen bringen lassen. Wir können es kaum erwarten, mehr von euren Erlebnissen zu erfahren. Doch andererseits möchten wir euch auch mit dem Apostel Johannes und der Mutter Jesu bekannt machen, die letzte Woche von Joppe her bei uns ankamen."

„Wunderbar!" rief Onesimus. „Wir hofften, sie bei euch zu treffen, waren aber nicht sicher."

Sie machten es sich im Atrium bequem, und Joanna brachte frischen Traubensaft. „Wir empfinden es als großen Segen, Maria und den Apostel bei uns zu haben", sagte sie.

„Ja“, bestätigte Tyrannus. „Wir haben schon wunderbare Stunden mit den beiden erlebt, die Jesus so nahestanden. Als wir hörten, daß Jakobus, der Bruder von Johannes, durch Herodes Agrippa den Märtyrertod gestorben war und für Johannes ebenfalls diese Gefahr bestand, beauftragte mich unsere Gemeinde, Johannes einzuladen, als unser Bischof zu uns zu kommen, da er der einzige noch lebende Jünger Jesu ist. Wir luden auch Maria, die Mutter Jesu, mit ein, die Jesus der Fürsorge von Johannes anbefohlen hatte, als Er am Kreuz hing. Ich habe extra einen Boten nach Jerusalem gesandt. Und nun sind Johannes und Maria wohlbehalten bei uns eingetroffen.“

Tyrannus zeigte den beiden ihre Zimmer, wo sie sich vor dem Abendessen noch ein wenig ausruhen und frischmachen konnten. Beim Essen würden sie dann Johannes und Maria kennenlernen.

Als Onesimus allein in seinem Zimmer war, wusch er sich und streckte dann seine müden Glieder auf dem Bett aus. Wieder dankte er dem Herrn für alle Erfahrungen und Segnungen auf der Reise nach Smyrna und Pergamon und für die glückliche Rückkehr. Und nun würde er bald Johannes, den Jünger, der Jesus am nächsten stand und der der große Apostel der Liebe geworden war, und Maria, die Mutter Jesu, kennenlernen. Sicher würde ihr Einfluß eine Bereicherung für sein Leben werden. Onesimus freute sich darauf und konnte es kaum erwarten, daß zum Abendessen gerufen wurde.

Als Onesimus zum Abendessen ging und das Atrium betrat, sah er sich Johannes, dem geliebten Jünger Jesu, und Maria, der Mutter Jesu, gegenüber. Er spürte, wie sein Herz schneller zu pochen begann.

„Onesimus“, sagte Tyrannus, „es ist mir eine große Freude, dich Johannes, dem geliebten Jünger Jesu, und Maria, der Mutter unseres Herrn, vorzustellen.“

„Ich bin dankbar, dich kennenzulernen“, sagte Johannes.

„Ich habe von Tyrannus und Joanna und von anderen, die dich von Rom her kennen, schon viel von dir gehört."

Auch Maria begrüßte ihn mit warmem Lächeln. „Onesimus", sagte sie, „ich freue mich sehr, dich zu sehen. Ich hörte schon viel von dir und würde mich sehr freuen, wenn du mir näher berichten könntest, wie es Paulus und Simon Petrus in Rom ergangen ist. Von Anfang an war mir Petrus einer der liebsten unter den Jüngern. Auch würde ich gern mehr von der Dame Pompania und deiner Bekannten Marcia hören. Joanna erzählte mir, daß sie wie unsere geliebte Maria Magdalena aus einem Leben voller Schmutz und Not kam. Und natürlich möchte ich vor allem von Helen, deiner Frau, hören."

Onesimus war tief ergriffen. Maria war älter, aber nicht so groß wie seine Mutter. Sie hatte eine sanfte, musikalische Stimme. Ihr graues Haar umrahmte ein Gesicht, das die Spuren tiefsten Leides trug, und ihre dunklen Augen blickten so freundlich und liebevoll, daß Menschen dadurch unwillkürlich angezogen wurden. Später versuchte er oft, sich vorzustellen, wie es gewesen sein mußte, für einen so ungewöhnlichen Sohn zu sorgen, und was sie empfunden haben mußte, als sie auf Golgatha den zerbrochenen toten Leib ihres Sohnes in den Armen hielt.

Onesimus brauchte einige Augenblicke, ehe er antworten konnte. „Ich habe mir schon immer gewünscht, euch kennenzulernen, schon von der Zeit an, als Simon Petrus so viel von euch erzählte."

„Onesimus", antwortete Johannes, „du warst Paulus' Sekretär und hast mit Simon Petrus die letzten Wochen seines Lebens verbracht. Deine enge Bekanntschaft mit Lukas, Johannes Markus und dem Ältesten Linus, der nun Bischof in Rom ist, sowie mit all den tapferen Christen in Rom hat dir so viele Erfahrungen gebracht, daß wir gern viel von dir hören würden. Vor allem möchte ich alles über den gesegneten jungen Bischof Antipas erfahren, den ersten Märtyrer von Asia."

„Vielen Dank“, erwiderte Onesimus. „Ich bete darum, mich eures Vertrauens würdig zu erweisen.“

„Das Essen ist serviert“, unterbrach Joanna und führte ihre Gäste zu der überreich gedeckten Tafel. Nach einem kurzen Dankgebet begann die Mahlzeit. Onesimus saß zwischen Johannes und Maria. Während alle anderen zu essen begannen, war Onesimus noch so überwältigt von der Gegenwart dieser beiden Menschen, daß er gar nicht bemerkte, daß er noch nicht aß.

Maria legte ihm leicht die Hand auf den Arm und flüsterte: „Du hast in der letzten Zeit sehr viel Bewegendes erlebt. Wir verstehen sehr gut, was du empfindest.“ Onesimus dankte ihr und begann zu essen.

Tyrannus hatte Johannes schon kurz über die Lage der Gemeinden in Smyrna und Pergamon unterrichtet, wo Onesimus eine so große Hilfe gewesen war. Doch weder er noch Johannes hatten etwas davon gehört, daß Onesimus und Glaucon Gäste der Banditen vom Berg Mimas gewesen waren. Tyrannus bat Glaucon, die ganze Geschichte zu erzählen. Glaucon tat dies und berichtete, wie weise Onesimus mit den Banditen umgegangen war und wie diese darauf reagiert hatten.

„Hier ist wieder ein Beweis, daß die Liebe zu den Feinden der Weg Christi ist, das Böse zu überwinden und die Herzen derer zu gewinnen, die uns mit üblen Absichten entgegentreten!“ rief Johannes begeistert, als Glaucon geendet hatte. Er schwieg einige Augenblicke und blickte nachdenklich vor sich hin. Dann begann er:

„Wie gut ich mich an jene schreckliche Stunde erinnere, als Jesus im Hof des Statthalterpalastes vor Pilatus stand. Ich war nahe genug, um alles zu sehen und zu hören. Pilatus fragte, ob Er der König der Juden sei. Ich hörte, wie Jesus antwortete: *Mein Reich ist nicht von dieser Welt.* So war es von Anfang an, und so wird es bleiben.“

Nach einer weiteren Pause fuhr Johannes fort: „Es war die Autorität der Liebe des allmächtigen Gottes, die in Jesus war. Und es war dieselbe königliche Autorität der Liebe Christi in dir, die diese Banditen bemerkten und anerkannten. Sie erkannten, daß du wirklich Interesse und Liebe für sie hattest, etwas, das sie bisher noch nie erfahren hatten, und deshalb konnten sie dich nicht berauben.

Doch unglücklicherweise reagieren verzweifelte und furchterfüllte Menschen nicht immer in solcher Weise auf die Liebe. Pilatus reagierte leider nicht darauf, sondern ließ dem Mob seinen Willen. Doch trotzdem siegte an jenem dunklen Tag Christi Liebe auch noch am Kreuz. Und so war es auch mit dem jungen Antipas, als er in den feurigen Tod ging."

Onesimus beschrieb ausführlich ihre Erlebnisse in Smyrna und Pergamon und schloß damit, daß er den Märtyrertod von Bischof Antipas in allen Einzelheiten schilderte. Danach herrschte eine ganze Weile Schweigen, bis Johannes sagte: „In Antipas' Zeugnis seines Lebens, seiner Worte und seines Todes wird die Weisheit und Kraft der Liebe Gottes offenbar. Hunderte von denen, die vorher dem Evangelium gegenüber gleichgültig waren oder die Christen sogar haßten, werden nun nicht mehr dieselben sein. Ich sage ein ganz erstaunliches Wachstum der Chrisgtengemeinde in Pergamon voraus."

„Ich stimme zu", bestätigte Onesimus. „denn jedenfalls war das Zeugnis des Bischofs bei seinem Tod schon eindrucksvoll genug, um das Herz seines Vaters, des Arztes von Tyrannus und Joanna, zu gewinnen."

„Willst du damit sagen, daß er durch den Tod seines Sohnes zum Glauben an Christus gefunden hat?" fragten Tyrannus und Joanna wie aus einem Mund.

„So ist es", nickte Onesimus. „Es war mein Vorrecht, ihn der Gemeinde als neuen Gläubigen und Katechumenen vorzustellen. Er sagte: *Wenn mein Sohn als ein so triumphierender Zeuge der Liebe Christi sterben konnte, dann bin ich bereit, mit dieser Liebe zu leben.* Er hat vorher immer gezweifelt, weil er an die Auferstehung Jesu nicht glauben konnte. Doch nun sah er den Geist des lebendigen Christus im Leben seines Sohnes."

Onesimus beendete seinen Bericht mit den Worten: „Ich bin sicher, du bist ein Prophet, Johannes. Es werden sich durch Bischof Antipas' großartiges und sieghaftes Zeugnis nicht nur in Pergamon, sondern in ganz Asia viele Menschen zu Christus bekehren."

Als er den neuen Bischof Severus beschrieb, bemerkte er, wie sich Tyrannus und Joanna lächelnd zunickten.

„Wir kennen Severus", sagte Joanna. „Er war ein junger Arzt und arbeitete mit Antipas zusammen, als unser Sohn starb. Wir waren beeindruckt von seinem Mitgefühl und seinen Fähigkeiten."

„Er wird ein ausgezeichneter Bischof und ein feiner Leiter sein", fügte Tyrannus hinzu. „Sie hätten keinen besseren wählen können und waren sicherlich vom Heiligen Geist geleitet."

„Also hat der Herr alles weislich geordnet und wird das Werk Seiner Gemeinde in Pergamon durch Seine Liebe und den Heiligen Geist gut weiterführen", stellte Johannes fest. „Onesimus, du hast der Gemeinde des Herrn wieder einen guten Dienst erwiesen."

An jenem Abend, nachdem Johannes noch mit ihnen gebetet hatte, lag Onesimus noch eine ganze Zeit wach. Er war so voller Eindrücke und Gedanken, daß er einfach noch nicht einschlafen konnte. *Wenn doch Helen heute abend auch hätte dabeisein können,* dachte er.

Als er dann doch einschlief, träumte er, Helen und Maria würden gemeinsam für ihn beten. Ihm schien, er selbst war in einer Art dunklen Wald und konnte nicht herausfinden. Er sah, wie sich die beiden Frauen an den Händen hielten und vor einem Kreuz knieten. Als er dann plötzlich erwachte, dankte er Gott, daß er sich selbst im Traum der Liebe dieser beiden wunderbaren Frauen gewiß sein durfte.

TEIL II

DIE KONFRONTATION

8. KAPITEL

Zeitig am nächsten Morgen nach der Rückkehr von Onesimus und Glaucon nach Ephesus verließen vier Männer, die sich auch Christen nannten, im Hafen von Ephesus ein Schiff. Sie hatten in Alexandria, Ägypten, dieses große Handelsschiff bestiegen, das nun in den größten und besten Naturhafen des ganzen Mittelmeers eingelaufen war. Der Hafen, voller Schiffe aus allen Teilen der damals bekannten Welt, lag am Zusammenfluß des brackigen Cayster und des Meander, der von Osten frisches, klares Wasser brachte.

Cerinthus, ein großer und ansehnlicher junger Mann, der für seine achtzehn Jahre schon sehr gereift war, stand neben dem Kapitän auf der Brücke der *Cybele,* als das Schiff sich der Anlegestelle näherte. Das große Schiff gehörte seinem Vater Charon, einem reichen und geschäftstüchtigen Kaufmann aus Alexandria. Charon besaß eine ganze Flotte von Schiffen, die Waren zwischen Alexandria, Rom, Korinth, Joppe und Ephesus transportierten.

Neben der Tatsache, daß Charon ein erfolgreicher Kaufmann war, war er auch noch ein Philosoph und früherer Schüler von Philo, Alexandrias berühmtesten jüdischen Philosophen. Er hatte seinen Sohn ermutigt, ebenfalls Philosophie zu studieren, und hatte ihn dazu in die besten Schulen Alexandrias geschickt. Schon als Cerinthus noch ein Junge war, hatte sein Vater ihn in die riesige Bibliothek von Alexandria mitgenommen, von der man sagte, es sei die größte der damaligen Welt, um dort mit ihm interessante Bücher zu lesen. Dort hatte Cerinthus auch an interessanten Unterhaltungen mit anderen jungen Leuten teilgenommen, die über Philo und andere griechische und römische Philosophen sprachen, wie z. B. Aristoteles, Heraklit, Plato und andere.

Vor nicht allzulanger Zeit war nun Johannes Markus, ein brillanter junger christlicher Jude, von Petrus gesandt, nach Alexandria gekommen und hatte eine neue Lehre, nämlich die gute Botschaft von Jesus Christus, dem Sohn Gottes, gebracht. Cerinthus und seine Freunde waren davon fasziniert und wurden Jünger dieses Jesus von Nazareth. Besonders hatten es ihnen Seine Lehren und der Bericht über Seine Auferstehung von den Toten angetan. Sie glaubten, darin nun die endgültige Antwort für ihre Suche nach Wahrheit gefunden zu haben.

Eine Gruppe von Philosophen in Alexandria nahm für sich eine besondere Erkenntnis oder *Gnosis* in Anspruch. Diese *Gnosis* des *Logos,* des Wortes des allerhöchsten Gottes, beschrieb einen Gott, der so hoch erhaben über allem Übel und Leid dieser Welt war, daß Er dazu überhaupt keine Beziehung hatte. Gottes einzige Beziehung zu dieser Welt kam durch eine Reihe von Aeons oder Engeln zustande, einige davon waren böse und andere wiederum gut. Cerinthus und seine Freunde sahen nun in dem Christus, den Johannes Markus predigte, einen dieser von diesem unbeschreiblichen und unbekannten Gott gesandten Engel, der Erlösung von den Übeln und moralischen Schwächen des menschlichen Lebens bringen sollte.

Die vier jungen Männer waren sehr interessiert daran, zu erfahren, was Johannes, der einzige noch lebende Jünger Jesu, von ihren Ansichten dachte. Sie waren zu der Überzeugung gekommen, daß durch die richtige *Gnosis* (Erkenntnis) die Auserwählten allen Schmerzen und Leiden und auch dem Tod entgehen konnten. Als sie von Johannes Markus gehört hatten, wie schrecklich die Christen in Rom leiden mußten, hatten Cerinthus und seine Freunde sich gefragt, ob solches Märtyrertum, obwohl sehr mutig, doch nicht einfach Torheit war. Mit der richtigen *Gnosis,* so meinten sie, sei Märtyrertum unnötig. Mit Johannes Markus hatten sie über diese Gedanken nicht gesprochen, denn sie wußten, wie sehr er die Märtyrer, ganz besonders Simon Petrus, verehrte.

Vielleicht konnte Johannes, der doch Christus von allen am nächsten gestanden hatte, diese und andere Fragen, die sie bewegten, aufklären. Deshalb waren sie nach Ephesus gekommen. Sie waren voller jugendlichem Eifer und Begeisterung und freuten sich sehr auf ihren Besuch in der berühmten Stadt, wo sie Johannes, den „geliebten Jünger", treffen würden.

Der Anblick der großartigen Stadt, deren Gebäude in der Morgensonne leuchteten, erhöhte ihre Begeisterung noch, als sie sich gegenseitig auf die weltberühmten Bauwerke aufmerksam machten: „Dort ist das riesige Theater, das aus der Felswand des Berges Pion gehauen wurde!" rief Cerinthus. „Es hat 25 000 Sitzplätze. Was muß das für ein Erlebnis sein, wenn am Abend im Mondschein 50 000 Hände den Schauspielern applaudieren."

„Ich kann es kaum erwarten, auch dabei zu sein!" bestätigte Michael begeistert. „Vielleicht schon heute abend!" Er war ein etwas klein geratener Grieche, aber ein schneller Denker. Michael hatte eine große Vorliebe für die klassischen griechischen Schauspiele.

„Ich denke, du solltest dich um die Theater-Spielpläne kümmern und gute Plätze für uns alle besorgen", stimmte Cerinthus zu.

Cerinthus war offensichtlich der Führer des Quartetts. Einen halben Kopf größer als die anderen, hatte er trotz seiner Jugend schon ausdrucksvolle Gesichtszüge, dunkelbraunes Haar und durchdringende schwarze Augen. Sein alles erforschender Verstand und seine mystischen Ansichten machten ihn zum natürlichen Kopf der jungen suchenden Intellektuellen Alexandrias. Er strahlte Zuversicht aus, als er von ihren kommenden Begegnungen mit den Christen in Ephesus und vor allem mit dem Apostel Johannes sprach.

Cerinthus wies nun auf die anderen bemerkenswerten Bauwerke der Stadt hin. Sein Vater reiste auch gern auf seinen eigenen Schiffen und hatte eine Stadtansicht von Ephesus gezeichnet, der Stadt, die er nach Alexandria am meisten liebte. Charon hatte seinem Sohn die Stadt so lebendig beschrieben, daß dieser keine Schwierigkeiten hatte, die meisten wichtigen Gebäude zu erkennen.

Als sich die *Cybele* jetzt dem Pier näherte, wies Cerinthus seine Freunde auf das größte Bauwerk hin. „Dort ist der Tempel der Artemis, eines der sieben Weltwunder", erklärte er. „Artemis ist die Fruchtbarkeitsgöttin. Ihr lateinischer Name ist Diana, doch in Wirklichkeit ist es nicht ganz die gleiche Gottheit. Die ursprüngliche Muttergöttin dieser Gegend war Cybele, von der unser Schiff den Namen hat. Als der griechische Einfluß sich breitmachte, nahmen die Leute hier dafür den griechischen Namen Artemis an, weil diese Göttin ihrer Cybele am nächsten kam. Schon von weitem sehen die Säulen um den Tempel großartig aus. Es sind 127 davon. Der reiche König Krösus hat sie gestiftet. An der Basis jeder Säule sind kunstreiche Skulpturen eingemeißelt. Sie zeigen erotische Tänze, die geschlechtliche Vereinigung von Mann und Frau, die Geburt von Kindern und anderes. Der berühmte Bildhauer Praxiteles hat sie geschaffen."

Die drei Freunde lauschten staunend, bis Claudius herausplatzte: „Was glaubst du, wird Artemis sagen, weil unser Schiff ihren früheren Namen trägt und so stolz damit in ihren Hafen einfährt?"

Claudius, dessen sandfarbenes Haar im Wind wehte, lächelte bei dieser respektlosen Frage und zeigte damit, daß er nicht viel Achtung vor der Göttin hatte. Auch er war ein scharfer Denker und traf mit seinem Humor gewöhnlich den Kern des Problems. Er war oft anderer Meinung als Cerinthus, und auch jetzt war der Widerhaken in seiner Frage zu spüren, als er fortfuhr: „Cerinthus, da du der Sohn des Mannes bist, der ihren Namen so respektlos gebraucht, wird Artemis für diese Sünde von dir Buße verlangen. Vielleicht mußt du mit einer ihrer hübschen Priesterinnen an einem erotischen Tanz auf den Stufen des Tempels teilnehmen?"

In seinen Augenwinkeln konnte man dabei erkennen, daß er leicht lächelte. Doch die anderen beiden brachen bei dieser Frage in lautes Lachen aus. „Wie ist es, Cerinthus", rief Michael, „bist du bereit für diese Vorstellung?"

Cerinthus, nie um Worte verlegen, antwortete kichernd: „Hast du schon einmal erlebt, daß ich eine gute Gelegenheit ausgelassen hätte?"

Unsicher, ob sein Freund diese Worte ernst meinte, bemerkte Heracles nüchtern: „Aber was würden dann die Christen der Stadt denken, wenn du dich auf so einen Tanz mit der Sünde einläßt?" Heracles war immer vorsichtig und zurückhaltend. Er dachte stets an die praktischen Ergebnisse ihrer Philosophiererei.

„Na ja", meinte Cerinthus, „das wäre eine recht interessante Sache. Bei vielen unserer Christen in Alexandria habe ich jedenfalls bemerkt, daß sie die wundervolle Freiheit vergessen, uns an den Freuden des Fleisches zu erfreuen, die für alle vorhanden ist, die die wahre *Gnosis* Christi gefunden haben. Plato sagt, daß die sinnlichen Freuden nur die Schatten der eigentlichen seien, die tausendmal vergnüglicher sind. Wir sollten ja, wie Jesus es tat, mit den Sündern essen und trinken, warum sollte da nicht auch ein wenig Tanz in Seinem Namen dabei sein?"

Die vier wurden ernst, als sie über diese Frage nachdachten. Wechen Platz nahmen die sinnlichen Freuden in der Moral derer ein, die die *Gnosis* Jesu Christi gefunden hatten? Die vier Freunde hatten darüber schon viele Stunden diskutiert und hatten sich bisher nicht einigen können. Es hatten sich im Laufe der Zeit unter den *Gnostikern* zwei extrem gegensätzliche Ansichten entwickelt. Die einen praktizierten extremen Asketismus mit der Abwendung von allen Freuden dieser Zeit; und die anderen sagten, sie seien radikal frei von dem bösen Engel, der Übel und Beschränkungen in diese Welt gebracht hätte und keinerlei Freuden dulde, deshalb dürften sie alle sinnlichen Freuden dieser Welt nach Herzenslust genießen, weil sie mit dem geistlichen Leben, das im Menschen sei, nichts zu tun hätten. Heracles und Claudius hatten sich gegen diesen leichtfertigen Dualismus gewandt, den auch Cerinthus vertrat, und der das irdische Leben vom geistlichen Leben trennte. Sie waren überzeugt, daß Johannes Markus mit der Lehre von der Freiheit in Christus etwas anderes gemeint hatte als die Freiheit zu allem niedrigen Vergnügen.

„Ach kommt, wir wollen nicht schon wieder streiten", wiegelte Cerinthus ab. „Es gibt jetzt anderes zu tun. Laßt uns erst einmal hören, was der Apostel Johannes darüber zu sagen hat. Johannes Markus sagte uns ja, daß Johannes lehrt, wir sollten uns einfach untereinander lieben, denn die Liebe sei von Gott und Gott selbst sei die Liebe. Dabei sollten wir nicht vergessen, daß neben *Agape* ja auch *Eros* existiert. Beides sind Gaben von dem allerhöchsten Gott. Ich werde Johannes sicherlich fragen, was er darüber denkt."

Ein junger Seemann klopfte an die Tür des Hauses von Tyrannus und wurde in das Atrium geführt, wo der Hausherr mit seinen Gästen beim Frühstück saß. Der Seemann fragte nach dem Apostel Johannes.

„Ich bin Johannes", sagte der Apostel und erhob sich, um den Fremden zu begrüßen.

„Ich bin ein Diener von Cerinthus und seinem Vater Charon von Alexandria", begann der Seemann. „Cerinthus und seine drei Freunde sind gerade mit dem Schiff von Alexandria angekommen und möchten sich gern mit den Führern der Christengemeinde von Ephesus unterhalten. Sie fragen an, ob ihr bereit seid, mit ihnen zu sprechen."

„Heißt das, die vier jungen Männer haben diese weite Reise gemacht, nur um mit mir zu sprechen?" fragte Johannes erstaunt.

„So ist es, Herr. Sie sind Christen, wie die ganze Familie Charons; ich übrigens auch. Könntet ihr sie empfangen?"

„Aber sehr gern, mein junger Freund“, rief Johannes. „Ich bin sicher, meine Partner im Evangelium denken genauso. Wie ist dein Name?“

„Mein christlicher Name, den mir Johannes Markus in der Taufe gab, ist Petronius. Cerinthus und alle anderen nennen mich kurz Petrus.“

„Das ist ein uns allen lieber Name“, bestätigte Johannes. „Geh und sage deinem Herrn, wir freuen uns, ihn und seine Freunde zu empfangen. Es wäre uns heute vormittag gegen zehn Uhr recht.“

Als der Bote gegangen war, drückte Onesimus seine Freude darüber aus, daß das Evangelium so offensichtlich überall ausgebreitet wurde und gute Aufnahme fand.

„Ich freue mich auch darüber“, meinte Johannes. „Ich habe einiges von dem bekannten jüdischen Philosophen Philo von Alexandria gelesen. Vor allem Paulus, aber auch Jakobus, ermutigten mich dazu, das Wichtigste von den bekannten römischen und griechischen Philosophen zu lesen, um die Denkweise der heidnischen Welt besser zu verstehen. Dabei bin ich auch auf Philo gestoßen. Allerdings kann ich mich Philos Meinung nicht anschließen, daß Gott so weit über unserer Welt steht, daß er sich überhaupt nicht um sie und um Gutes oder Böses kümmert. Ein solcher Gott ist nicht der Vater unseres Herrn Jesu Christi, wie unser Herr Ihn uns beschrieben hat. Ich hoffe, die vier jungen Männer sind nicht von Philos Lehren eingenommen.“

„Ich hätte nie geglaubt, daß du dich mit den Philosophen beschäftigt hast“, staunte Onesimus. „Aber ich bin dankbar dafür. Da hast du ja selbst gesehen, wie leer in Wirklichkeit die Lehren dieser angeblich so klugen Leute sind und daß in all diesen Lehren keine wirkliche Antwort auf die Fragen des Lebens und des Todes zu finden sind. Paulus hat recht, wenn er sagt, daß wir die Menschen nicht mit Philosophie und Worten menschlicher Weisheit gewinnen können, sondern allein, indem wir den gekreuzigten und auferstandenen Christus verkündigen, der auch unser Leben neu gemacht hat.“

„Ich sehe schon, daß es mit diesen vier jungen Männern eine interessante Unterhaltung geben wird“, fügte Tyrannus hinzu. „Ich hörte von christlichen Brüdern aus Alexandria, daß es dort eine christliche Gruppe geben soll, die sich selbst *Gnostiker* nennen und behaupten, sie hätten eine besondere Erkenntnis über Christus. Sie sollen überall in den Gemeinden Ägyptens Verwirrung und Spaltung verursachen. Hoffentlich gehören unsere Besucher nicht dazu.“

„Wir werden sehen“, schloß Johannes die Unterhaltung, als sie sich erhoben und jeder sich noch für eine Weile in seinen eigenen Raum zurückzog.

9. KAPITEL

Pünktlich um zehn Uhr erschienen die vier Besucher. Tyrannus hieß sie am Tor willkommen und führte sie ins Atrium, wo Johannes, Onesimus, Maria und Glaucon sich befanden. Gleich darauf kam auch Joanna noch hinzu und brachte Getränke und frisches Obst.

Als die gegenseitigen Vorstellungen beendet waren und die Gäste Platz genommen hatten, begann Cerinthus. ,,Wir sind mit großer Ehrerbietung gekommen, und es ist uns eine tiefe Freude, euch kennenzulernen. Wir haben große Achtung vor dir, Johannes, und sehen in dir einen Vater des Evangliums unseres Herrn Jesu Christi, des Sohnes Gottes.

Wir möchten gern mehr von dem großen Geheimnis erfahren, das wir die heilige *Gnosis* nennen, nämlich von dem allmächtigen Gott, der sich in Seinem Sohn offenbarte. Wir haben gehört, daß du dich in den Schriften von Philo und Plato auskennst, die auch für uns beim Studium der göttlichen Philosophie wichtig geworden sind. Wir möchten gern hören, wie du Jesu Leben und das Kommen des Christus in Verbindung mit den Lehren dieser Philosophen siehst. Wir glauben, der Christus ist gekommen, um uns noch viel weiter zu führen als diese Philosophen. Auch mein Vater hat schon bei Philo studiert. Doch jetzt ist er ein eifriger Christ und ist wie wir von dem inspiriert, was wir von Johannes Markus gehört haben. Mein Vater möchte, daß wir so lange hier bleiben, wie wir noch etwas von dir lernen können."

,,Ich freue mich, daß ihr gekommen seid, liebe Freunde", sagte Johannes nachdenklich. ,,Doch ihr seid im Irrtum, wenn ihr glaubt, ich sei ein Schüler von Plato oder Philo. Ich habe nur einige ihrer Schriften gelesen, um mich mit ihren Lehren vertraut zu machen. Doch ich bin ein Jünger und Schüler Jesu Christi, und nur durch Ihn habe ich das Wissen von der Liebe Gottes. Und dieses Wissen oder *Gnosis,* wie ihr es nennt, ist sehr einfach. Es kann von allen verstanden werden; von Leuten, die studierten, wie ihr, aber auch von Menschen, die keine solche Ausbildung hatten. Gern will ich mit euch von Jesus reden und davon, was uns Sein Leben und seine Handlungen von der Liebe des allmächtigen Gottes lehren, den Jesus Vater nannte."

Johannes schwieg einen Augenblick, wandte sich dann Cerinthus zu und sah ihm direkt in die Augen. „In einer Sache bin ich ganz sicher, meine lieben jungen Freunde", fuhr er fort. „Alles, was Philo und die griechischen Philosophen dachten, träumten und schrieben über den *Logos* des allmächtigen Gottes, ist völlig in Jesus wahr geworden. Jesus ist das fleischgewordene Wort des allmächtigen Gottes. Er ist Gott, der Mensch wurde."

Alle spürten die Spannung, die durch die Worte des Apostels erzeugt worden war. „Das ist genau, worüber wir mit dir reden möchten", rief Cerinthus. „Wie konnte der *Logos* Gottes, der doch alle Übel und Leiden dieser Welt weit überragt, Fleisch werden und als Mensch unter uns wohnen?"

Onesimus hatte den Eindruck, der junge Alexandriner sei überhaupt nicht auf Johannes' Worte eingegangen, sondern verfolge nur seine eigenen Gedanken, als Cerinthus jetzt fortfuhr: „Plato glaubte, unser Leben in dieser Welt sei nur ein Schatten des wahren Lebens. Philo schrieb, die Wirklichkeit stehe so weit über allem Bösen und Unvollkommenen dieser Welt, daß es für die Menschen keine Möglichkeit gebe, sie zu sehen oder zu verstehen. Wir vier haben viele Stunden darüber diskutiert, bis etwas geschah, das uns bei unseren Überlegungen half."

„Und was war das?" fragte Johannes zurückhaltend.

„Ich hatte eine Vision", platzte Cerinthus heraus. „Sie kam in einer Nacht zu mir, nachdem Johannes Markus vom Evangelium Christi zu uns gesprochen hatte. Ich sah sehr klar, daß der uns völlig unbekannte allmächtige Gott auf eine geheimnisvolle Weise Seinen Sohn, den Christus, sandte, damit Er in Jesu, dem Menschen, leben sollte. Jesus selbst war nur ein Mensch, doch der Christus, der auf diese Erde kam, um als Gottes Sohn in Jesus zu leben, litt nicht mit, als Jesus litt. Sonst hätte Christus ja nicht der Sohn des vollkommenen und unveränderlichen Gottes sein können."

Johannes' Augen blitzten, und seiner Stimme war etwas von dem *Donnersohn* anzuhören, wie Jesus ihn genannt hatte: „Worauf willst du hinaus? Willst du etwa sagen, als Jesus versucht wurde, litt und starb, war Er nicht wirklich der Christus? Meinst du, daß Gott nicht wirklich mit uns leiden kann? Wäre es so, dann wäre Jesu Leben und vor allem Sein Sterben am Kreuz wirklich eine Schande, und unsere Hoffnung auf Ihn wäre vergeblich. Was du von Jesus sagst, ist eine Lüge. Ich war dort im Garten, als Er in großem Leid betete, und ich stand dabei, als Er unter schrecklichen Schmerzen am Kreuz hing."

Johannes schwieg einige Augenblicke, und seine Stimme war leiser, als er nun weitersprach: „Ich weiß, daß es richtige Nägel waren, mit denen man Seine Hände durchbohrte, und daß richtiges Blut und Wasser aus Seiner Seite floß, als der Soldat mit dem Speer hineinstach. Doch ich weiß auch, daß Er inmitten all dem Übel und der Leiden, die die Menschen Ihm antaten, denen vergab, die Ihn kreuzigten, verfluchten und anspuckten. Er liebte sie mit der Liebe, die nicht mehr von Menschen kommt, sondern die von dem ewigen Vater und allmächtigen Gott ist, der Seinen einzigen Sohn in diese Welt sandte, damit wir durch Ihn leben sollten."

Onesimus war tief ergriffen von diesen Worten. Aus den Augenwinkeln hatte er Maria beobachtet und bemerkt, wie sich auch auf ihrem Gesicht die Erinnerung an jene leidvollen Stunden abzeichneten.

Man konnte Cerinthus ansehen, daß er zornig war über die Ablehnung seiner ihm so wichtigen *Gnosis* und seiner mystischen Vision durch den Apostel Johannes. Doch er gab sich Mühe, seinen Ärger zu unterdrücken, weil ihm klar war, daß er von der Gemeinde in Ephesus nur akzeptiert wurde, wenn ihn Johannes nicht völlig ablehnte. In versöhnlichem Ton antwortete er: „Ich wollte dich mit meiner Vision nicht aufregen. Vielleicht habe ich mich auch ungeschickt ausgedrückt. Wir möchten wirklich mehr über die wunderbaren Taten Jesu erfahren und werden über das, was du gesagt hast, ernstlich nachdenken. Du warst mit Jesus und hast Seine großartige Liebe erlebt. Bist du bereit, dich ein anderes Mal weiter mit uns zu unterhalten? Vielleicht können wir von dir noch mehr über Christus und Seine gute Botschaft lernen."

Johannes erhob sich, ging zu Cerinthus und legte ihm die Hand auf die Schulter. „Cerinthus, ich liebe dich und deine Freunde so wie Jesus euch liebt. Ich glaube, daß ihr es aufrichtig meint. Doch ich hoffe auch, daß ihr euch der Gnade und den Tatsachen öffnet und sie verstehen lernt, die ich bei Jesus gesehen habe, von dem ich weiß, daß Er in all Seiner Menschlichkeit auch der Christus ist. Gott hat die Welt so sehr geliebt, daß Er Seinen einzigen Sohn sandte, um durch Ihn der Menschheit diese Liebe zu offenbaren. Gern werden wir uns weiter mit euch unterhalten. Vielleicht heute nachmittag gegen 14 Uhr?"

„Wir danken dir für dein Vertrauen, Johannes, und werden pünktlich wieder hier sein. Wir freuen uns, daß wir dich, die Mutter Maria und deine Freunde kennenlernen durften."

Als die Gäste gegangen waren, meinte Onesimus: „Dein Zeugnis von Christus war großartig, Johannes. Wir alle bemerkten, wie schockiert du warst, als Cerinthus es ablehnte, in dem Menschen Jesus auch den Christus Gottes zu sehen. Trotzdem hast du sie spüren lassen, wie sehr du sie liebst. Glaubst du, daß sie bereit sind, auf das einzugehen, was du ihnen zu sagen hast?"

„Das eine weiß ich, Onesimus", antwortete Johannes, „Jesus ist gekommen, damit die Blinden sehend werden. Doch er wußte auch, daß manche, die sich einbilden, schon sehend zu sein, Seinetwegen erst richtig blind werden. Wir sind alle blind, bis Er uns die Augen öffnet. Doch manche bleiben blind, weil ihr Stolz sie hindert, ihre Blindheit zu erkennen. Ich weiß nicht, wie sehr diese jungen Männer von sich selbst überzeugt sind. Ich glaube auch Cerinthus, daß er irgendeine Vision hatte. Er soll sie mir nochmals genau beschreiben, und seine eigene Auslegung dazu. Und es ist diese Auslegung, die mir Sorge macht. Wenn Christus nur *scheinbar* eine menschliche Form annahm und Cerinthus' Meinung nach nicht wirklich ins Fleisch kam und Mensch wurde, dann haben wir es mit einem gefährlichen Irrtum zu tun, der die Gemeinde Jesu noch teuer zu stehen kommen kann. Ich jedenfalls weiß, daß Jesus auch Christus ist und wirklich ein Mensch war. Er wurde versucht, und Er litt wie jeder andere Mensch, und doch hat Er nie das Vertrauen zu der Liebe unseres himmlischen Vaters verloren."

„Du hast mir aus dem Herzen gesprochen, Johannes", erklärte Onesimus fest. „Genauso sagten es Paulus und Petrus. Jesus ist der Christus Gottes, und Er starb für uns, als wir noch Sünder waren."

„Das ist der Kern der Wahrheit und der christlichen Botschaft, Onesimus!" rief Johannes voller Eifer. „In Christus ist das Leben, und das Leben ist das Licht für die Menschheit. Jesus Christus ist der *Logos,* das ewige Wort Gottes, das in Ihm Fleisch wurde. Und durch Ihn scheint nun das Licht in die Finsternis. Doch ganz gleich, wie dunkel diese Finsternis auch sein mag, sie kann das Licht nie besiegen!"

Nach dem Mittagessen schlug Tyrannus vor, er und Onesimus sollten am Nachmittag gemeinsam mit Johannes das Gespräch mit den vier jungen Männern aus Alexandria führen. „Deine Bekanntschaft mit Paulus und Petrus hilf dir vielleicht, einige Argumente einzubringen, durch die die vier beeinflußt werden können", sagte er zu Onesimus.

Pünktlich 14 Uhr am Nachmittag standen die Gäste vor der Tür und wurden von Tyrannus warm willkommen geheißen. Onesimus nickte ihnen lächelnd zu, und Johannes eröffnete die Unterhaltung, indem er sie fragte, woher sie ihre christlichen Ansichten erhalten hatten.

„Es war ein Höhepunkt in unserem intellektuellen Leben", begann Cerinthus, „als Johannes Markus von Rom zu uns kam und die gute Botschaft von Jesus Christus, dem Sohn Gottes, verkündigte. Es waren erstaunliche Neuigkeiten für uns, als wir hörten, daß der allerhöchste Gott die von Ihm geschaffenen niedrigen Götter beiseite geschoben und in dem Christus eine viel höhere Macht auf die Erde gesandt hatte. Markus nannte Ihn *Gottes geliebten Sohn.* Gott sandte den Christus, damit Er in dem Menschen Jesus leben sollte und die Menschheit zur rettenden *Gnosis* führen konnte, die ewiges Leben bringt."

„Hat Johannes Markus euch das alles gelehrt?" forschte Onesimus. „Ich war in Rom eine ganze Zeit mit ihm zusammen, kann mich aber nicht erinnern, daß er ähnliches über das Evangelium gesagt hätte. Er hat sein Verständnis über Jesus von Petrus erhalten. Und beide waren völlig davon überzeugt, daß Jesus Christus, obwohl der Sohn Gottes, doch in allem auch Mensch war wie wir."

„So hat es uns Johannes Markus auch gesagt", bestätigte Cerinthus. „Alles scheint darauf hinzudeuten, daß Jesus ein Mensch war. Doch Plato und Philo haben uns gelehrt, daß der allmächtige allerhöchste Gott so weit von allem Übel der Menschheit entfernt ist und so gut und so gerecht, daß er unmöglich mit den bösen Dingen der Welt, der Natur und der Menschheit in Verbindung gebracht werden kann. Wir glauben sogar, daß diese Welt nicht von Gott geschaffen wurde. Der absolut gute Gott ist nicht verantwortlich für all das Böse in der Welt und in der Natur des Menschen."

„Mir sind Platos Lehren bekannt", nickte Onesimus, weil

er den Gästen zeigen wollte, daß auch er sich mit ähnlichen Fragen auseinandergesetzt hatte. „Ich kenne die Unterhaltung zwischen Sokrates und Adeimantus, in der Sokrates argumentiert, daß von Gutem nur Gutes kommen kann und das Böse eine andere Quelle haben muß."

„Genau meine Meinung", erklärte Cerinthus. „Genau deshalb interpretieren wir die Lehren von Johannes Markus, wie wir es eben tun. Christus, der Sohn des ewigen Vaters, wurde erst bei der Taufe des Menschen Jesus auf die Erde gesandt, um von da an in Ihm zu leben. Markus sagte, daß Jesus, als Er aus dem Wasser stieg, den Himmel offen sah und der Heilige Geist in Form einer Taube auf Ihn kam; und eine Stimme vom Himmel erklärte: *Du bist Mein geliebter Sohn, an dem Ich Wohlgefallen habe!* Von da an lebte Christus, der Sohn Gottes, in dem Menschen Jesus. Als Satan dann den Menschen Jesus in der Wüste versuchte, wurde der Christus in Ihm nie wirklich versucht. Wie hätte das möglich sein sollen, wo Christus doch wußte, daß Gott Ihn nie leiden und sterben lassen würde."

Den Gesichtern von Johannes, Onesimus, Tyrannus und Joanna konnte man ansehen, wie empört sie über diese Worte waren. Doch Cerinthus übersah das und fuhr fort: „Als Jesus am Kreuz hing und verzweifelt fragte, warum Gott Ihn verlassen habe, da war Er wirklich verlassen, denn der Christus war nicht länger in Ihm, sondern schon zum Vater aufgefahren; und Jesus war allein."

Johannes, der am Vormittag ärgerlich geworden war, hielt sich jetzt zurück und wartete auf seine Freunde. Doch Onesimus konnte seine Empörung nicht mehr zügeln. Er unterbrach Cerinthus ärgerlich: „Das zerstört die Grundlage unseres christlichen Glaubens. Meine Seele und mein Verstand lehnen sich gegen diese Verdrehung des Evangeliums auf. Das ist das genaue Gegenteil von dem, was Petrus und Paulus, Johannes, Markus und Lukas lehren."

„Und auch das Gegenteil von dem, was ich als Jünger Jesu Christi in der Gemeinschaft mit Ihm erfahren habe", fügte Johannes ruhig hinzu.

Onesimus fuhr fort: „Diese Lehrer haben uns alle erklärt, daß der Mensch Jesus, geboren von Maria, wirklich auch das Wort, der Christus, der fleischgewordene Sohn Gottes ist. Dies ist eine der elementaren Grundaussagen unseres Glaubens. Jesus ist der Christus! Und wir nennen Ihn Jesus Christus, unseren Herrn! Du kannst den Menschen Jesus nicht trennen von Christus, dem Sohn Gottes."

Seine Freunde bestätigten diese Worte mit Kopfnicken. Und Johannes fügte hinzu: „Onesimus hat es mit wenigen Worten zusammengefaßt. Jesus ist das Wort, der fleischgewordene *Logos;* menschlich und zugleich göttlich!"

„Wollt ihr damit sagen, daß der ewige, unerreichbare und allmächtige Gott mit uns leidet?" fragte Cerinthus erstaunt. „Das ist unmöglich! Gott ist viel zu weit entfernt, getrennt von uns durch Äonen an Raum und Zeit. Nur niedrigere Götter, die Er geschaffen hat, beschäftigen sich mit unserer bösen Welt. Gott kann nicht leiden!"

„Ach Cerinthus", rief Joanna, „du hast das Evangelium nie wirklich begriffen. Wie könnten wir sonst die Nachrichten von den Leiden unserer Brüder und Schwestern in Rom und vielen anderen Plätzen so getrost ertragen, wenn wir nicht wüßten: Jesus Christus leidet mit uns!"

„Liebe Joanna", versuchte Claudius abzuwiegeln, „wir sagen ja gar nicht, daß Gott nicht um uns besorgt ist. Wir glauben, daß Gott die Liebe ist. Doch Seine Liebe ist so unendlich erhaben über dieser üblen Welt und der bösen menschlichen Natur, daß Er Christus, Seinen einzigen Sohn sandte, um uns aus dieser Welt herauszuholen. Wir sind uns nur nicht einig, in welcher Weise der allmächtige Gott wirkt. Doch du wirst uns besser verstehen, wenn Cerinthus von seiner mystischen Vision über das Reich Gottes berichtet, in das wir durch das besondere Geschenk der *Gnosis* eingehen, wenn wir das Geschenk annehmen."

Onesimus erkannte mehr und mehr, wie weit Johannes und er von den Ansichten dieser brillanten jungen Philosophen entfernt waren. Doch er wollte ihnen die Chance geben, ihre Meinung genau darzulegen. Deshalb sagte er: „Ich glaube, Claudius hat recht. Wir wollen Cerinthus bitten, uns von seiner Vision zu berichten und zu erklären, was er mit dem Begriff *Gnosis* wirklich meint. Es scheint ein ganz anderes Evangelium zu sein. Doch wir wollen ihn anhören."

„Ja", stimmte Johannes zu. „Cerinthus, erzähle uns von deinem Erlebnis, damit wir dich vielleicht besser verstehen."

„Vielen Dank", sagte Cerinthus zurückhaltend. Man konnte ihm ansehen, daß sein Stolz verletzt war durch die negative Aufnahme seiner Worte. „Gott hat Seine Geheimnisse auch anderen Menschen offenbart, nicht wahr. Auch meine Vision enthält Wahrheiten, die respektiert werden sollten. Wir sind gekommen, um von dir, Johannes, von Onesimus und anderen zu lernen. Doch vielleicht könnt auch ihr einiges von uns lernen."

Er lehnte sich zurück, bedeckte sein Gesicht mit den Händen und schwieg einige Augenblicke, als müsse er sich sammeln und genau an jene Begebenheit erinnern. Dann begann er: „Meine Brüder und Schwestern in Christus, ich bete darum, daß ihr offen seid für das, was ich jetzt zu sagen habe, denn es ist keine Phantasie und kein Traum, sondern eine Offenbarung, die mir von dem höchsten Gott gegeben wurde, dem Vater des Universums, durch Seinen Sohn, den Christus, der in dem Menschen Jesus wohnte von dessen Taufe an bis zu Seiner Kreuzigung.

Ich hatte die Vision in einer hellen und sternenklaren Nacht, als ich von einer Versammlung nach Hause ging, in der Johannes Markus vom Evangelium gesprochen hatte. Ich war tief bewegt durch seine Berichte von Jesu Wundern: der Heilung von Aussätzigen, Blinden, Tauben und Stummen, dem Austreiben von Dämonen und der Stillung des Sturms. Ganz besonders hatten mich die Berichte vom Erscheinen des Christus nach dem qualvollen Sterben des Menschen Jesu am Kreuz angesprochen; wie Er sich in verschiedener Weise den zwei Jüngern auf dem Weg nach Emmaus, den elf Jüngern in Jerusalem und vielen anderen offenbarte, die an

Ihn glaubten. Ich blieb stehen, blickte zu den funkelnden Sternen empor und betete aus tiefstem Herzen: *O Christus, wenn Du doch auch mir erscheinen würdest!*

Dann ging ich immer noch betend weiter und kam bis zu dem Garten, der das Haus meines Vaters umgibt. Plötzlich sah ich in einem hellen Licht eine leuchtende Figur mit ausgestreckten Armen unter einem großen Akazienbaum stehen. Meine Augen wurden von dem Licht geblendet. Eine Stimme voller Kraft und Musik, besser kann ich es nicht beschreiben, rief meinen Namen.

Cerinthus, Cerinthus, ich habe deine Gebete gehört und bin gekommen, dir das Tor zur himmlischen Gnosis zu öffnen. Fürchte dich nicht, denn ich bin der Christus, der Sohn des allmächtigen Gottes und Vater aller Götter und all dessen, das existiert. Ich bin von dem ewigen Vater gekommen, um dir und allen, die es annehmen wollen, Erlösung von dem Bösen dieser Welt zu bringen. Wenn du diese Gnosis meiner Offenbarung empfängst, wirst du Leben der höchsten Stufe erhalten und niemals sterben.

Ich war von Ehrfurcht ergriffen. Doch ehe ich antworten konnte, fuhr er fort: *Ich bin gekommen, mein Königreich auf Erden aufzurichten. Es wird regiert durch göttliche Liebe, und in ihm befinden sich nur jene, die diese vollkommene Gnosis annahmen. Dadurch wird der göttliche Funke der Geistessaat, die der allmächtige Vater in sie gelegt hat, zu einer mächtigen Flamme werden.*

Wieder rief er meinen Namen: *Cerinthus, du sollst mein Bote sein. Erzähle diese gute Botschaft, daß alle, die das vollkommene Wissen haben, frei sind, im Fleisch zu leben. Sie sind nicht länger gebunden von dem bösen Engel, der diese Welt gemacht und solche harten und belastenden Gesetze gegeben hat.*

Dann wurde das Licht noch heller. Er sagte: *Mein Königreich ist eines der Freude an den Vergnügungen. Du und alle, die durch die Gnosis frei sind von den Bindungen zum Fleisch, können sich an den irdischen und sinnlichen Freu-*

den tausendmal mehr erfreuen, als alle, die unter den Bindungen der Gesetze bleiben. Du, Cerinthus, sollst alle ermutigen, die das Wissen von mir befreit hat, sich völlig an ihren physischen Wünschen und Leidenschaften zu erfreuen und auf diese Weise ihren Sieg über den bösen Engel zu bezeugen, der diese Erde machte.

Dies ist deine gute Botschaft, Cerinthus: Durch den Willen des höchsten Gottes bist du und alle, die die geistliche Gnosis von mir empfingen, frei von dem bösen Herrscher dieser Welt. Wenn du auf Erden in meinem Königreich lebst, bist du frei von allen Schmerzen, Sorgen und Leiden. So wie ich die Blinden, die Lahmen, die Aussätzigen und die von Dämonen Besessenen durch Jesus heilte, will ich dich heilen durch meinen Geist. Und wenn du an den Rand des Todes kommst, wird er dich nicht anrühren dürfen, sondern du wirst sofort in das selige Reich der Himmel eingehen."

Cerinthus sprach mit exaltierter Begeisterung. Er hatte sein Gesicht emporgehoben, als könne er in ein anderes Reich sehen. Als er jetzt schwieg, erkannte er an dem Gesichtsausdruck der Christen von Ephesus, wie entsetzt sie waren. Doch genauso ging es Claudius und Heracles, mit denen Cerinthus schon oft diskutiert hatte, weil sie seinen Argumenten nicht folgen wollten. Cerinthus erkannte, was seine Zuhörer dachten, und appellierte deshalb noch stärker an sie:

„Diese Vision, liebe Mitchristen, war der höchste Augenblick der Wirklichkeit und Wahrheit meines Lebens. Ich wurde dadurch berufen, die gute Botschaft von Christus, dem Sohn Gottes, und von seinem irdischen und himmlischen Reich zu verkündigen. Ehe die Vision endete, trat der Christus zu mir, legte mir die Hand auf die Stirn und sagte: Cerinthus, du bist mein Apostel dieser Liebe des mächtigen Gottes, der alle ruft, denen er seinen göttlichen Funken gegeben hat. Und deshalb bin ich hier."

Er wandte sich an Johannes: *„Ich möchte von dir noch mehr lernen, Johannes, dem letzten der Jünger, die den Chri-*

stus erlebten, als er noch in dem Menschen Jesus lebte. Doch auch ich habe den Menschen etwas zu verkündigen, denn durch seine Offenbarung hat er auch mich zu einem Apostel gemacht.“

Er wandte sich nun mit einer Bitte an Tyrannus, die alle im Raum sprachlos machte: „Da dies meine Berufung ist, Bruder Tyrannus, möchte ich meine Erkenntnis an alle Christen weitergeben, die sich in deiner Halle versammeln. Wenn du und die Ältesten zustimmen, werde ich eure Gemeinde in euren Gottesdiensten unterweisen. Doch wenn ihr noch nicht von meiner Offenbarung überzeugt seid, dann hoffe ich, werdet ihr mir wenigstens die Gelegenheit einräumen, zu einer anderen Zeit über meine Erkenntnisse zu sprechen und alle einzuladen, die Interesse daran haben.“

Er schwieg und blickte einen nach dem anderen hoffnungsvoll an. Die vier aus Ephesus schwiegen schockiert, weil sie den riesigen Unterschied begriffen hatten zwischen dem, was Cerinthus sagte, und was sie glaubten. Onesimus faßte sich zuerst und ergriff das Wort:

„Cerinthus, wir haben dir mit offenem Herzen zugehört. Und du meinst es offensichtlich ehrlich. Du glaubst, deine Vision sei wirklich von Christus. Doch du siehst an unserer Reaktion, wie erstaunt und entsetzt wir sind. Denn was wir von dir gehört haben, ist eine eindeutig Verdrehung unseres Glaubens. In deiner Vision, die angeblich von Christus kommt, gibt es mehrere Punkte, die ich ablehnen muß. Ich will dieserhalb gern mit dir über einige der Lehren des Apostels Paulus reden, von denen du scheinbar noch nichts gehört hast. Was deinen Wunsch betrifft, dieses seltsame neue Evangelium in der Gemeinde in Ephesus zu lehren, das müssen Tyrannus und Johannes entscheiden. Die Gemeinde in Ephesus hat Johannes zu ihrem Bischof und Hirten bestimmt. Er hat also in diesem Punkt das letzte Wort.“

„Ich stimme Onesimus zu“, erklärte nun auch Tyrannus, „denn ich bin nur ein Ältester der Gemeinde. Du mußt dich da an den Apostel Johannes wenden. Doch ich glaube, du hast es dringend nötig, von ihm belehrt zu werden, statt hier solche falschen Lehren zu verkündigen. Denn wenn das, was du Befreiung durch die *Gnosis* nennst, ein Leben in sinnlichen Freuden und Sünden bedeutet, dann meine ich, kommt deine Offenbarung eher vom Teufel selbst als von Christus."

„Halt ein, Tyrannus", unterbrach Joanna ihn. „Ich empfinde zwar ähnlich wie du über dieses irdische Königreich voller sinnlicher Freuden, von dem uns Cerinthus erzählt, denn es würde unsere Familien zerstören und unsere Jugend verderben, noch dazu in einer Stadt, in der Artemis, die sogenannte Göttin der sinnlichen Liebe, regiert. Die Liebe, von der Cerinthus spricht, kann nicht von unserem liebenden himmlischen Vater kommen, der Seinen Sohn Jesus Christus sandte, um uns zu erlösen. Doch andererseits können wir uns nicht endgültig von ihm abwenden, denn er glaubt wie wir an Jesus Christus."

„Vielen Dank, Joanna", sagte Johannes leise. „Du hast ausgedrückt, was auch ich empfinde. Johannes' Zorn hatte sich gelegt, und während Onesimus und Tyrannus sprachen, hatte er im Herzen für Cerinthus gebetet.

„Ich bin froh, daß Cerinthus von dem allmächtigen Gott auch als dem Gott der Liebe spricht", begann Johannes nun nachdenklich. „Die Freiheit, die wir in Christus haben, ist die Freiheit, zu lieben, wie Er uns liebt, das hat Jesus uns immer wieder gesagt. Allerdings ist mit dieser Freiheit zur Liebe nicht gemeint, daß wir nun unseren Leidenschaften und Lüsten freien Lauf lassen sollen. Ein Königreich, das aus der Sucht nach irdischen Vergnügungen und Lüsten besteht, wäre kein himmlisches, sondern ein satanisches Reich. Doch ich stimme auch Joanna zu, wenn sie sagt, daß wir uns Cerinthus mit der Liebe Jesu zuwenden sollten."

Der Apostel blickte nun den Alexandriner voll an. „Wir glauben, daß deine Meinung falsch ist, Cerinthus. Doch wir möchten, daß deine Verbindung zu unserer Gemeinde bestehen bleibt und daß ihr an unseren Gottesdiensten teilnehmt.

Ich werde für euch beten, damit eure Gemeinschaft mit uns euch hilft, in die Freiheit der wahren Gottesliebe hineinzukommen, die niemandem weh tut oder schadet und die nie versagt, sondern vielmehr uns innerlich heilt, auferbaut und stark macht."

„Vielen Dank für diese Worte, Johannes", antwortete Cerinthus bewegt. „Ich dachte schon, ihr würdet mir den Zugang zur Gemeinde in Ephesus verwehren, weil ihr meine Vision, die mir so wichtig ist, nicht anerkennen könnt. Ich bin sicher, daß ich von euch noch viel lernen kann, und ich verspreche euch, daß ich in der Gemeinde so lange nichts von meiner Vision sagen werde, bis ich dazu von dir, Bischof Johannes, die Erlaubnis erhalte."

„Vielen Dank für deine Einsicht", erklärte Johannes versöhnlich. „Wir müssen immer bereit sein, durch den Heiligen Geist voneinander zu lernen. Deshalb wollen wir auch deine Vision noch ernsthaft der Prüfung unterziehen. Doch es ist, wie Paulus an die Römer schrieb: Gottes Königreich besteht nicht aus Äußerlichkeiten wie Essen und Trinken oder aus verzehrenden Leidenschaften, sondern aus Gerechtigkeit, Friede und Freude im Heiligen Geist."

„Ich denke, wir haben noch viel zu lernen", stimmte Claudius zu. „Und deshalb freuen wir uns besonders, mit euch Gemeinschaft haben zu können." Damit erhoben sich die vier jungen Männer, um sich zu verabschieden. Tyrannus lud sie ein, am nächsten Vormittag zurückzukehren, um die Unterhaltung fortzusetzen.

Johannes stimmte zu. „Ich würde euch gern helfen, wenn ihr euch vorbereitet, Botschafter der guten Nachricht zu sein, und ich vertraue euch, daß ihr für alles offen seid, was der Heilige Geist zu sagen hat. Wir haben die Geister zu prüfen, um herauszufinden, ob sie von Gott oder vom Bösen sind."

„Vielen Dank für eure entgegenkommende Liebe", sagte Cerinthus. „Ich werde den Herrn bitten, mir zu helfen, damit ich nicht mehr so naßforsch und überheblich bin wie heute. Meinen Stolz werde ich noch ablegen müssen. Doch andererseits bin ich überzeugt davon, daß meine Vision echt war, sehe aber ein, daß sie anhand dessen, was ihr von Christus in Jesus wißt, geprüft werden muß."

Während die vier Besucher davongingen, diskutierten sie noch eifrig untereinander.

10. KAPITEL

Johannes strich sich nachdenklich den Bart und meinte: „Ein Kern von Wahrheit steckt auch in dem, was die Ägypter sagen, Onesimus. Wir haben in Christus Kraft empfangen, Gottes Kinder zu werden. Dadurch können wir uns an den himmlischen Dingen erfreuen, aber auch im rechten Maße an den irdischen. Jesus selbst hat an gutem Essen und Trinken und der Gemeinschaft bei Tisch immer Freude gehabt. Das erste Wunder, das Er je tat, geschah in Kana in Galiläa. Dort waren wir bei Verwandten zur Hochzeit, und der Bräutigam kam in ziemliche Verlegenheit, weil der Wein ausging. Da hat Jesus ihm herausgeholfen, indem er Wasser in sehr guten Wein verwandelte, damit die Hochzeitsgesellschaft noch ausreichend zu trinken hatte."

Er schwieg einige Augenblicke, ehe er fortfuhr: „Doch Jesu Freude kam nie aus irdischen und sinnlichen Vergnügungen und Leidenschaften, die der Seele nur schaden. Er lebte ein ausgeglichenes Leben ohne jede übertriebene irdische Freude. Ich erinnere mich, daß Er bei unserem letzten gemeinsamen Passahmahl zum Vater im Himmel betete, daß dieser uns nicht aus der Welt herausnehmen, aber vor dem Bösen in der Welt bewahren sollte. Er lehrte uns, daß wir zwar noch *in* der Welt seien, aber nicht mehr *von* der Welt. Deshalb können wir auch nicht mehr an den heidnischen Praktiken teilnehmen, die für den einzelnen und die Familien nur Not und Schwierigkeiten bringen, wie zum Beispiel die sexuellen Ausschweifungen in Verbindung mit dem Kult der Göttin Artemis."

„Johannes, diese Worte Jesu machen vieles klar", sagte Onesimus beim Abendessen. „Sie treffen direkt ins Herz der Probleme, die Cerinthus hat. Er hörte sich ja so an, als bestünde das Königreich Christi hauptsächlich in der Erfüllung unserer physischen und sinnlichen Wünsche. Als Paulus an die Korinther schrieb, warnte er sie ausdrücklich vor der falsch verstandenen Freiheit in Christus. Paulus ließ keinen Zweifel daran, daß er durch Christus zur Freiheit gekommen war. Aber er war keinesfalls bereit, sich nun mit dieser Freiheit zum Sklaven seiner sinnlichen Wünsche zu machen. Er schrieb dieserhalb den Korinthern einiges, das mir geholfen hat, zwischen Irdischem, woran wir Freude haben können, und verderblicher Lust, die nur Schaden bringt, zu unterscheiden:

„Wißt ihr nicht, daß euer Leib ein Tempel des Heiligen Geistes ist, der in euch wohnt und den ihr von Gott habt? Ihr gehört nicht euch selbst; denn ihr seid um einen teuren Preis erkauft worden. Verherrlicht also Gott in eurem Leib."

„Onesimus, du findest immer wieder die rechten Worte für die Situation, die uns helfen. Man sieht daran, daß du lange mit Paulus und Petrus zusammen warst und von ihnen viel gelernt hast", rief Johannes. „Ich bin sicher, auch Paulus, Petrus und mein Bruder Jakobus und alle anderen, die Gott in den Christengemeinden zu Lehrern gesetzt hat, wären entsetzt, würden sie die Ansicht von Cerinthus hören, der da meint, Jesus und Christus seien zwei verschiedene Personen. Wir, die wir mit ihm eine Zeitlang gelebt haben, wissen sehr genau, daß Er Mensch war wie wir und doch auch wieder anders. Er wurde von dieser lieben Frau geboren, die hier bei uns sitzt, unserer lieben Maria, genau wie ein anderer Mensch. Und doch waren schon Seine Empfängnis und Seine Geburt auch wiederum anders als bei uns anderen Menschen. Er war Mensch wie wir, und doch gleichzeitig der ewige Sohn Gottes."

Kopfschüttelnd schwieg der Apostel einige Augenblicke und fuhr dann nachdenklich fort: „Ich erinnere mich noch ganz genau, wie oft wir Jünger uns unterhielten, wer der Meister eigentlich sei, wenn Er nicht bei uns war. Und eines Tages fragte Er uns einmal, was wir glaubten, wer Er sei. Da antwortete Simon Petrus Ihm spontan: *Du bist Christus, der Sohn des lebendigen Gottes.* Und Jesus sagte daraufhin: *Das hat dir Mein Vater im Himmel offenbart.*"

„Genau das ist das Herzstück unseres Glaubens", rief Onesimus und klatschte begeistert in die Hände. „Diese Geschichte mußt du Cerinthus erzählen, wenn wir wieder mit ihm sprechen."

Johannes nickte. „Es gibt noch viel mehr solcher Begebenheiten und Worte Jesu, die ich euch mitteilen möchte. Viele davon hat auch Maria mit uns erlebt."

„Das stimmt", bestätigte sie. „Und über alles andere hinaus weiß ich zwei Dinge ganz bestimmt: Er war mein eigener Sohn. In meinem Leib herangewachsen und aus meinem Leib geboren wie jedes andere Kind. Und trotzdem war von Anfang an, schon vor Seiner Geburt und auch die ganze Kindheit hindurch, etwas Ungewöhnliches an Ihm. Ja, mein Sohn ist Gottes einziger Sohn! Und als Er dann dort am Kreuz hing, spürte ich in all Seinem Leid, daß Er dabei das ganze Leid und die ganze Schuld der Menschheit mittrug." Tränen traten ihr in die Augen, und ihre Stimme brach vor innerer Bewegung.

„Johannes und Maria, eure Zeugnisse bewegen uns zutiefst", erklärte Onesimus ergriffen. „Und wenn überhaupt irgend etwas die falschen Ideen und den Stolz von Cerinthus verändern kann, dann werden es eure Zeugnisse tun."

11. KAPITEL

Am nächsten Morgen erschienen Cerinthus und seine Freunde wieder pünktlich zu einer weiteren Unterhaltung. Johannes erzählte ihnen manches aus seiner Zeit mit Jesus, und die vier jungen Christen aus Alexandria hörten aufmerksam und voller Achtung zu. Auf Cerinthus schien vor allem die Begebenheit Eindruck zu machen, als Johannes der Täufer Jesus zu sich kommen sah.

Der Apostel berichtete, daß Johannes der Täufer sagte, als er Jesus sah: *„Das ist Gottes Lamm, welches der Welt Sünde trägt!"* Und dann sagte er auch noch von Jesus: *Ich bin nicht würdig genug, Ihm auch nur die Riemen Seiner Schuhe aufzulösen. Und Er wird euch mit dem Heiligen Geist und mit Feuer taufen!"*

Cerinthus fragte voller Eifer: „Sagte der Täufer das, ehe er Jesus taufte oder nachher?"

„Das sagte er vorher", erklärte Johannes fest.

„Und willst du sagen, daß dieser Jesus, von dem Johannes der Täufer so redete, in allen Dingen auch ein Mensch war genau wie wir?" forschte Cerinthus zweifelnd.

„So ist es", bestätigte Johannes. „Schaut, ich habe Jesus schon gekannt, als Er noch ein Junge war und nur wenig älter als ich. Unsere Familie war ja verwandt mit der Familie Jesu. Mein Vater war Fischer, und wir lebten in Kapernaum, einer Stadt am See Genezareth, und nicht allzuweit von Nazareth, wo Joseph und Maria mit Jesus und ihren anderen Kindern lebten, entfernt. Einige Male nahm mein Vater mich und Jakobus mit, wenn er zu Joseph ging, der ja Zimmermann war, um bei ihm einige Dinge zu bestellen. Da lernten wir Jesus kennen. Wir haben mit Ihm gespielt wie mit den anderen Kindern."

Cerinthus schüttelte verwundert und skeptisch den Kopf, und Johannes fuhr fort: „Auch die Leute in Nazareth kannten Jesus als einen Jungen und später als jungen Mann, an dem sie nichts Ungewöhnliches fanden. Deshalb fiel es ihnen ja so schwer, in Ihm später den Christus Gottes zu sehen. Seine Mutter Maria berichtet uns, daß ihr schon immer Jesu ungewöhnliches Interesse an allen Dingen auffiel, die mit Gott zusammenhingen. Schon mit zwölf Jahren unterhielt er sich mit den Schriftgelehrten und Priestern im Tempel in einer Weise, die sie alle staunen ließ. Außerdem betete Er schon als Kind sehr viel, und als junger Mann noch mehr. Er blieb oft nächtelang fort, um zu beten. Glaubt mir, Er war von Anfang an beides, Mensch und Gottes Sohn, eben Jesus Christus."

„Und aus all diesen Gründen, Freund Johannes, behauptest du nun, daß Jesus beides ist — Menschensohn, geboren von einer menschlichen Mutter, und der Sohn Gottes, geboren durch den Geist des allerhöchsten Gottes?" fragte Cerinthus grob.

„Ja, Cerinthus, du hättest es nicht noch besser sagen können", antwortete Johannes.

„Du hast mich fast überzeugt, daß Jesus wirklich der Christus ist, von Gott gesandt, Mensch und Gott in einer Person", fuhr Cerinthus fort. „In allem, was du berichtest, kann ich wirklich den von Gott gesandten Christus erkennen. Aber ich habe Probleme mit der menschlichen Seite dieser bemerkenswerten Persönlichkeit. Alles, was ich von Philo und den anderen Philosophen gelernt habe, bestätigt meine Überzeugung, daß Er nicht wirklich Mensch gewesen sein kann wie wir. Wenn ich von Seinem schrecklichen Leiden und Seinem grausamen Sterben am Kreuz höre, muß ich auf der anderen Seite bezweifeln, daß Gottes Sohn, selbst Gott, so leiden kann und versucht werden kann durch Durst und gar sterben kann. Es ist mir unmöglich, das zu glauben.

Meine Vision von Christus sagt mir, daß Er ja gerade gesandt wurde, um uns von all diesen menschlichen Nöten zu befreien. Wie kann Er da selbst unter ihnen gelitten haben?“

Johannes hatte schweigend zugehört, und Onesimus bemerkte, daß der Apostel im Inneren für Cerinthus betete, daß dieser ernste junge Mann den bösen Einfluß der *gnostischen* Lehre überwinden könne. Endlich sagte er: „Cerinthus, ich habe Achtung vor deiner Aufrichtigkeit. Aber die Hauptfrage ist doch, ob du den Lehren von Menschen wie Philo und den *Gnostikern* folgen willst oder den Worten Gottes. Als Jesus einmal mit den Pharisäern und Schriftgelehrten im Tempel stritt, sagte Er etwas, das sie sehr ärgerlich machte. Doch auch du solltest diese Worte hören. Er sagte:

„Meine Lehre stammt nicht von Mir, sondern von dem, der Mich gesandt hat. Wer bereit ist, den Willen Gottes zu tun, wird erkennen, ob diese Lehre von Gott stammt oder ob Ich in Meinem eigenen Namen spreche. Wer im eigenen Namen spricht, sucht seine eigene Ehre; wer aber die Ehre dessen sucht, der ihn gesandt hat, der ist glaubwürdig, und in ihm ist keine Falschheit.“

Johannes schwieg einen Augenblick, um diese Worte nachwirken zu lassen, dann fuhr er fort: „Ich frage dich also, Cerinthus, woher weißt du, daß die Lehren Philos die Wahrheit sind? Andererseits, woher willst du wissen, daß die Lehren Jesu falsch sind, wenn Er von dem unendlich guten und gerechten Gott und Vater redet, der Himmel und Erde und auch uns Menschen gemacht hat und uns einen freien Willen gab, Ihm zu gehorchen oder ungehorsam zu sein? Wenn Jesus nicht gleichzeitig Christus, der Sohn Gottes ist, und wenn Christus nicht am Kreuz litt und starb für unsere Sünde, dann ist das Evangelium, das wir verkündigen, falsch und wir müssen, ohne Vergebung und Gnade erlangen zu können, in unseren Sünden verloren gehen.“

Johannes fühlte langsam Ärger in sich aufsteigen und gab sich Mühe, dies nicht merken zu lassen, als er hinzufügte: „Ich erinnere dich nochmals an Johannes den Täufer, der von Jesus Christus als dem *Lamm Gottes* sprach. Du als Ägypter verstehst vielleicht die volle Bedeutung dessen, was er damit sagen wollte, nicht. Aber jeder Israelit weiß um das Passah-Lamm, das beim Auszug aus Ägypten geschlachtet wurde, um mit seinem Blut die Seitenpfosten und die Oberschwelle der Tür zu bestreichen, um ihr Leben zu retten. Johannes der Täufer sagte also damit: Das Lamm muß leiden und sterben, damit wir leben können."

„Es tut mir leid, Johannes", erwiderte Cerinthus erregt, „aber ich kann deine Ansicht nicht akzeptieren. Du bringst eure alten hebräischen Lehren in Zusammenhang mit der neuen Offenbarung von Christus. Doch der Christus Gottes konnte und wollte nicht in die Lage eines armseligen Lammes kommen, das geschlachtet wurde. Schon der Gedanke daran ist mir widerwärtig. Doch meine Vision zeigt, daß wir trotzdem nicht ohne Hoffnung in der Welt sind. Gott hat Christus gesandt, um uns durch Seine rettende *Gnosis* aus allem Elend, allem Mangel und allem Leiden dieser Welt herauszuheben. Der Christus hat nicht gelitten, und auch wir werden nicht leiden müssen."

Frustriert und kopfschüttelnd blickte Johannes den eifernden jungen Mann an und sagte dann: „Wenn es stimmt, was du sagst, Cerinthus, wie konnte der Apostel Paulus dann an die Römer die folgenden Worte schreiben:

Ist Gott für uns, wer kann dann wider uns sein? Er hat Seinen eigenen Sohn nicht verschont, sondern hat Ihn für uns alle hingegeben — wie sollte Er uns da mit Ihm nicht alles schenken? Wer kann die Auserwählten Gottes anklagen? Gott ist es, der gerecht macht. Wer kann sie verurteilen? Christus Jesus, der gestorben ist, mehr noch — der auferweckt worden ist, sitzt zur Rechten Gottes und tritt für uns ein. Was kann uns scheiden von der Liebe Christi? Bedrängnis oder Not oder Verfolgung, Hunger oder Kälte, Gefahr oder Schwert? In der Schrift steht: Um Deinetwillen sind wir den ganzen Tag dem Tod ausgesetzt; wir werden behandelt wie Schafe, die man zum Schlachten bestimmt hat. Doch all das überwinden wir durch den, der uns geliebt hat. Denn ich bin gewiß: Weder Tod noch Leben, weder Engel noch Mächte, weder Gegenwärtiges noch Zukünftiges, weder Gewalten der Höhe oder Tiefe noch irgendeine andere Kreatur können uns scheiden von der Liebe Gottes, die in Christus Jesus ist, unserem Herrn."

Seine Stimme war lauter geworden und seine Augen blitzten, als er das sagte. Nun lehnte er sich wieder zurück und fuhr, wieder ruhiger werdend, fort: „Da ist noch ein Punkt, in dem ich deine Meinung nicht akzeptieren kann, Cerinthus, nämlich im Blick auf die Natur des Reiches Gottes, das Er jetzt auf Erden aufrichtet. Du sagst, es sei ein Reich der Erkenntnis, der rechten *Gnosis.* Doch das stimmt nicht. Die rechte Lehre ist wohl sehr nötig, was man an deinen Irrtümern sieht. Doch die Natur des Reiches Gottes ist nicht Erkenntnis, sondern Liebe, und zwar die göttliche Liebe, die *Agape.* Nur in dieser Liebe ist es möglich, Gottes Gerechtigkeit und Barmherzigkeit miteinander zu vereinen. Denn Gott lehnt die Sünde ab, von der du sagst, daß wir durch die rechte *Gnosis* durchaus in ihr leben dürfen, aber Er liebt den Sünder. Das ist nur durch die *Agape* möglich. Ich will dir dazu noch ein Erlebnis berichten, das wir mit Jesus Christus machten."

Wieder schwieg der Apostel einige Augenblicke und blickte vor sich hin, als müsse er sich genau erinnern. Dann begann er von der Frau zu erzählen, die von den Pharisäern zu Jesus gebracht wurde, weil man sie beim Ehebruch ertappt hatte.

„Die Pharisäer erinnerten Jesus daran, daß die Frau als Ehebrecherin nach dem Gesetz Moses gesteinigt werden müßte, und fragten Ihn, was Er dazu zu sagen hatte", erklärte Johannes. „Jesus schwieg zunächst und schrieb mit dem Finger Zeichen vor sich in den Sand. Als die Pharisäer Ihn weiter bedrängten, blickte Er endlich auf und meinte, so sei es, das habe Mose gesagt. Doch dann fügte Er hinzu: *Wer unter euch noch nie gesündigt hat, der soll den ersten Stein auf die*

Frau werfen. Dann fuhr Er fort, Zeichen in den Sand zu schreiben.

Die Pharisäer verschwanden einer nach dem anderen. Als Jesus nach einer Weile wieder aufblickte, war keiner von ihnen mehr anwesend. Da sagte Er zu der Ehebrecherin: *Frau, wo sind nun deine Verkläger alle geblieben? Wenn sie dich nicht mehr verdammen, dann verurteile Ich dich auch nicht. Nun geh, aber sündige nicht wieder.*"

Onesimus hatte diese Geschichte früher schon gehört, doch sie bewegte ihn immer von neuem.

„Du siehst, Cerinthus", mahnte der Apostel nun, „Jesus ist keinesfalls gekommen, um uns die Freiheit zu bringen, uns in die Sünde und sinnliche Vergnügungen zu stürzen. Er weiß um die Gerechtigkeit und Heiligkeit Seines Vaters im Himmel und nennt den Ehebruch Sünde und fordert die Frau auf, von nun an nicht mehr zu sündigen. Er hat ja auch gesagt, daß Er keinesfalls gekommen sei, um das Gesetz aufzuheben, sondern um es zu erfüllen. Doch andererseits ist da die *Agape,* die göttliche Liebe, mit der Er uns liebt. Und deshalb nimmt Christus unsere Schuld auf sich und stirbt an unserer Stelle am Kreuz. Wenn wir nun glauben, daß Jesus der Christus ist, der für uns starb, dürfen wir auch glauben, daß wir die Kinder Gottes, unseres Vaters im Himmel, sind. Und wenn wir als Seine Kinder Ihn lieben, dann tun wir auch nach Seinen Geboten und lieben unsere Brüder und Schwestern in Christus."

„Deine Worte sind großartig, Johannes", unterbrach Cerinthus ihn. „Auch in meiner Vision sprach Christus von Liebe, doch Er meinte damit nicht nur die *Agape,* sondern auch *Eros.* Christus offenbarte mir, daß leben in Seinem irdischen Königreich heißt, Feste feiern in irdischen Vergnügungen und sinnlichen Lüsten. So wird jeder Tag zu einem Fest mit Christus. Deshalb verstehe ich auch die Geschichte von der Ehebrecherin anders als du. Er meinte nicht, sie habe gesündigt und solle nun damit aufhören, sondern Er wollte ihr sagen, Ich verurteile deine sexuellen Beziehungen zu anderen

Männern nicht. Geh und erfreue dich weiter daran, und mache dir keine Gedanken, wenn die Pharisäer sagen, das sei Sünde."

Nun wurde es Johannes doch zuviel, und er wurde zu dem *Donnersohn,* als den ihn Jesus einmal bezeichnete. Er explodierte förmlich, als er sagte: „Cerinthus, es kümmert mich überhaupt nicht, ob du jung oder alt bist. Aber was du jetzt gesagt hast, ist Irrlehre schlimmsten Grades. Und sie ist deshalb um so gefährlicher, weil in ihr, wie in vielen Irrlehren, eine Halbwahrheit steckt. Denn Jesus hat ja nie gesagt, daß wir hier auf Erden keine Freude haben sollten. Ich stimme dir auch zu, daß nicht nur *Agapa,* sondern auch *Eros* von Gott ist und richtig gebraucht viel Freude bringen kann.

Doch wenn *Eros* nur dazu dient, meine eigenen Lüste zu befriedigen, ohne daran zu denken, daß ich damit meinen Mitmenschen auch schaden kann, dann handle ich nicht in der Liebe Gottes, sondern lasse mich vom Bösen gebrauchen. Sieh diese Ehebrecherin, sie hat mit ihrem Tun viel Unheil über manche Familien gebracht, mit deren Vätern sie Ehebruch trieb. Sünde bleibt Sünde, da ist nichts weißzuwaschen. Und ich glaube mittlerweile, daß dein Christus, der dir in deiner Vision erschien, viel eher der Satan gewesen ist."

Man konnte spüren, daß in dem Raum jetzt zwei Gruppen gegeneinander standen. Zwei der Gäste aus Alexandria, nämlich Claudius und Heracles, hatten bei den letzten Worten von Johannes heftig mit dem Kopf genickt und andere Zeichen der Zustimmung gegeben. Daran war zu erkennen, daß sie keinesfalls mit Cerinthus einig waren. Nur Michael schien seiner Meinung zu sein.

Auch Cerinthus merkte, daß sie nahe vor dem endgültigen Bruch standen und daß er dabei auch zwei seiner Freunde verlieren konnte, deshalb wählte er seine Worte jetzt sehr sorgfältig, als er begann: „Johannes, du bist wirklich ein Apostel der Liebe. Obwohl du wußtest, daß wir nicht in allen Dingen einig sind, hast du uns wieder zu dir kommen lassen und uns akzeptiert. Ich habe nur eine Bitte: Laß uns in der Liebe verbunden bleiben. Ich und meine Freunde möchten gern in der Christengemeinde hier in Ephesus an den Gottesdiensten teilnehmen, um noch mehr von dem zu hören, was du von unserem gemeinsamen Herrn zu sagen hast."

Cerinthus schien es aufrichtig zu meinen, doch Johannes war sich nicht ganz sicher, was er von den nächsten Worten des jungen Mannes zu halten hatte, als dieser nun sagte: „Was du über den Christus in meiner Vision gesagt hast, war doch sehr hart. Ich weiß, daß die Worte aus deiner Verärgerung kamen. Deshalb vergebe ich dir auch. Und ich hoffe, daß auch du mir vergeben kannst."

Der Apostel suchte nach den rechten Worten und bat den Heiligen Geist im stillen, ihm zu helfen. Dann antwortete er: „Da ich Jesus Christus folge, kann ich dir vergeben, Cerinthus, so wie ich es von dem Herrn lernte, der denen vergab, die Ihn ans Kreuz schlugen. Doch ich möchte nochmals erklären, daß ich glaube, daß mindestens Teile deiner Vision dir vom Teufel vorgegaukelt wurden. Deshalb möchte ich auch nicht, daß in der Gemeinde in Ephesus oder sonstwo unseren Gläubigen gegenüber davon gesprochen wird. Andererseits kannst du scheinbar meiner Ansicht über Jesus Christus nicht zustimmen. Ich habe jedoch bemerkt, daß Claudius und Heracles auch nicht deiner Meinung sind. Doch euren Wunsch erfülle ich. Ihr seid uns morgen, am ersten Tag der Woche, bei unserem Gottesdienst willkommen."

Nachdem die Besucher gegangen waren, vereinigten sich Johannes, Onesimus, Tyrannus, Maria und Joanna zum Gebet für ihre Gäste. Sie baten besonders darum, Gott möge Cerinthus und Michael die Augen für die Wahrheit öffnen und Claudius und Heracles in ihrer Offenheit dem wahren Evangelium gegenüber stärken. Auch den Gottesdienst des nächsten Tages und die ganze Gemeinde legten sie in Gottes Hände und baten um Bewahrung vor Irrlehren.

Anschließend schüttelte der Apostel frustriert den Kopf und meinte: „Ich habe alles getan, was ich konnte, um ihnen zu helfen, doch Cerinthus und Michael scheinen völlig verbohrt zu sein. Onesimus, was meinst du? War es in Ordnung, daß ich sie für morgen eingeladen habe, oder hätte ich ihnen verbieten sollen zu kommen?"

„Johannes, du bist und bleibst der Apostel der Liebe", versicherte Onesimus. „Trotz ihrer falschen Ansichten bist du immer noch bereit, sie mit offenem Herzen zu akzeptieren. Und ich stimme dir zu. Vielleicht bewegt sie morgen der Gottesdienst und das gemeinsame Abendmahl, das wir feiern werden. Ich bin froh, daß Claudius und Heracles ihre Herzen für die Wahrheit geöffnet haben. Vielleicht werden die anderen beiden auch noch vom Heiligen Geist überführt. Wir wollen weiter für sie beten!"

12. KAPITEL

Als die vier Alexandriner am nächsten Vormittag den Gottesdienst verließen, waren sie tief ergriffen von dem denkwürdigsten Abendmahl, das sie je miterlebt hatten. Das Wirken des Heiligen Geistes und die Liebe Christi, die unter den Gliedern der Gemeinde zu spüren war, sowie das Abendmahl, das sie aus der Hand des Apostels empfangen hatten, hatten Cerinthus tief beeindruckt.

„Ich habe dabei aufs neue die Kraft meiner eigenen Vision von Christus verspürt", sagte er zu seinen Freunden, als sie gemeinsam die breite Via Augusta hinuntergingen. „Ich bin nicht mit allem einig, was Johannes über das Reich Christi sagte, doch ich kann dankbar akzeptieren, daß ich die Gegenwart Christi in der Versammlung empfunden habe. Heute morgen vielleicht mehr als je zuvor."

Die anderen drei stimmten ihm eifrig zu, während sie zum Hafen hinuntergingen, wo sie in einem berühmten Restaurant, das ihnen Charon empfohlen hatte, zu Mittag essen wollten.

Nach Ende des Gottesdienstes waren die vier jungen Männer von vielen der anwesenden Christen warm willkommen geheißen worden. Viele standen noch einige Zeit beisammen und unterhielten sich, während andere, die zu ihren Arbeitsplätzen zurückkehren mußten, vor allem Sklaven, sich zu beeilen hatten. Vor allem um Maria, die Mutter Jesu, hatte sich eine größere Gruppe gebildet, die sich eifrig mit ihr unterhielten.

Tyrannus und Joanna waren bei den vier Alexandrinern geblieben und stellten sie allen vor, die zu ihnen kamen.

Cerinthus sagte später, dies sei ihm ein Beweis echter Liebe in Christus gewesen. Auf diese Weise wurden sie mit vielen Gliedern der Gemeinde einschließlich der anderen Ältesten und Diakone bekannt gemacht. Die jungen Ägypter gaben sich zwar Mühe, die Namen alle zu behalten, die sie hörten, aber es gelang ihnen nicht. Doch Euplus, einer der Ältesten, schien sich besonders für sie zu interessieren. Auch er war noch jünger und hatte ebenfalls in Pergamon bei dem Philosophen Phineas, von dem schon Onesimus unterwiesen worden war, studiert.

Nachdem die vier in dem Restaurant an der Via Augusta in der Nähe des Hafens einen Tisch gefunden und ihr Essen bestellt hatten, sagte Michael, während sie schon von dem ebenfalls bestellten Wein tranken: „Johannes hat mit seiner Predigt heute morgen hauptsächlich auf dich gezielt, Cerinthus. Alle Zitate von Jesu Worten und der Abschnitt aus dem Brief des Paulus an die Kolosser, der gelesen wurde, sagen genau das Gegenteil von deinem Königreich der Freiheit, wie du es verstehst. Hat das deine Meinung irgendwie beeinflußt?"

„Ich bin sicher, der liebe Apostel hofft das", meinte Cerinthus. „Doch mein Problem mit dieser Ansicht ist, daß sie zwar von guten Quellen wie Paulus und Johannes kommen, doch dabei werden immer die alten Lehren der hebräischen Bücher mit den Worten Jesu in Zusammenhang gebracht und vermischt. Meine Offenbarung hingegen machte mir klar, daß das Neue, das der Christus gebracht hat, mit den Lehren der Bücher der Hebräer überhaupt nichts zu tun hat. Gesetze und Gebote sind in dem, was der Christus Gottes neu gebracht hat, überhaupt nicht mehr gefragt, sondern allein die Freiheit der Gefühle und unserer Wünsche und Verlangen. Daraus entsteht ja erst dieses glückliche Königreich."

Claudius und Heracles schwiegen, doch Cerinthus bemerkte, daß seine Worte ihnen nicht gefielen. Doch Michael bemerkte: „Gestern abend, als wir am Tempel der Artemis die Priesterinnen bei ihren sinnlichen Tänzen beobachteten, dachte ich, du würderst Cybele die Ehre geben und zu ihnen gehen, da dein Vater ihren Namen ja so unehrerbietig für sein Schiff benutzt hat."

Während Cerinthus sich ein gutes Stück von dem gerösteten Lamm abschnitt, das inzwischen serviert worden war, meinte er lächelnd: „Ich glaube nicht, daß ich für meinen Vater bei der Göttin etwas wiedergutmachen muß, Michael. Ich glaube eher, daß die große Artemis es anerkennen wird, wenn ein so schönes Schiff den Namen ihrer Vorgängerin erhält, oder vielleicht ist es noch dieselbe Göttin und trägt jetzt nur einen anderen Namen. Jedenfalls haben die Priesterinnen der Cybele früher junge Männer nicht besser beeindrucken können, als es heute die Priesterinnen der Artemis tun, das habe ich gestern abend gesehen."

„Also gut, Herr Allwissend", reizte Michael ihn weiter, „wenn du auf so gutem Fuß mit ihrer Majestät Artemis stehst, warum gehst du dann nicht zum Tempel und wagst einen Tanz mit einer ihrer hübschen Priesterinnen?"

„Warum auch nicht?" lachte Cerinthus. „Ich sollte ja wirklich praktizieren, was ich selber predige. Meint ihr nicht auch?"

„Cerinthus", ergriff nun Claudius das Wort, „das meinst du sicher nicht ernst? Es gäbe einen Skandal unter unseren neuen christlichen Freunden, würdest du an den Fruchtbarkeits-Ritualen der Artemis teilnehmen. Johannes, Onesimus, Maria, Tyrannus und Joanna sind nicht die einzigen in der christlichen Gemeinde, die ernst nehmen, was der Apostel heute morgen gepredigt hat."

„Ach, sei doch nicht so prüde", protestierte Michael. „Ich denke, wir sollten uns an allen Vergnügungen erfreuen, die es gibt, denn Christus hat uns ja die Freiheit dazu geschenkt. Wie ist es, Cerinthus? Ich werde mit dir gehen, denn ich glaube an die Wahrheit deiner Vision."

„Halt ein", mahnte Heracles. „Bisher hast du so etwas in Alexandria noch nie getan. Du weißt, was dein Vater darüber denkt. Ganz gewiß steckt viel Wahrheit in dem, was Johannes und Onesimus über die Freude und das Vergnügen gesagt haben. Ihr beiden macht einen großen Fehler damit, vorausgesetzt natürlich, ihr habt es ernst gemeint."

„Ernst?" staunte Cerinthus. „Glaubst du denn, ich nehme meine Vision, in der mir der Christus klar sagte, ich solle Freude haben an allen irdischen Vergnügungen, nicht ernst? Mein Auftrag ist es, die Gemeinde Christi von den Verordnungen und Geboten der Hebräer zu befreien. Deshalb, Michael, werden wir beide heute abend zum Artemistempel gehen und dort zur Ehre des Christus mit den Artemispriesterinnen feiern."

Heracles und Claudius blickten sich ernst, aber entschlossen an. „Das klingt mir eher wie eine Verhöhnung der wahren Botschaft Jesu Christi", sagte Claudius fest. „Wir können euch nicht aufhalten, wenn ihr das wirklich tut, aber wir werden nicht mit euch gehen."

Am späten Nachmittag trennten sich die vier Freunde. Cerinthus und Michael gingen die Via Augusta hinauf zum Artemistempel. Claudius und Heracles schüttelten die Köpfe über die Torheit der beiden und gingen allein weiter, wobei sie bewußt den Weg in Richtung des Tyrannushauses einschlugen. Auf einer Bank unter einer großen Eiche in der Nähe des Odeums setzten sie sich.

„Hast du ihnen gesagt, daß wir Onesimus aufsuchen wollen?" fragte Heracles.

„Nein, nach allem, was sie sagten, wollte ich nicht noch weiter mit ihnen streiten", antwortete Claudius.

„Ich auch nicht", seufzte Heracles. „Ich hätte aber auch nicht gedacht, daß Cerinthus so weit gehen würde."

„Johannes Markus hat uns ja damals eine Abschrift des Briefes des Apostels Paulus an die Römer gegeben", überlegte Claudius. „Ich konnte bisher einfach nicht glauben, daß Cerinthus so sehr von sich selbst und seiner Vision überzeugt ist, daß er die Worte des Apostels von dem Gericht Gottes über alle, die sich selbst für weise halten und doch in den Augen Gottes Toren sind, so völlig ignoriert. Wie kann man die Worte Jesu und der Apostel so völlig beiseite schieben und eigene Offenbarungen, die ihnen widersprechen, für gewichtiger halten?"

„Wir haben darüber ja schon öfter diskutiert", meinte Heracles. „Cerinthus neigt eben sehr zu den Freuden der Welt. Deshalb will er das, was Gott dagegen sagt, nicht akzeptieren. Laß uns mit diesen Problemen zu Onesimus gehen, er weiß besser über Paulus' und Petrus' Lehren Bescheid als wir, und außerdem hat er auch Philosphie studiert."

Als sie vor Tyrannus' Haus standen und klopften, öffnete Glaucon ihnen und begrüßte sie freundlich. „Wir sind nicht angemeldet", entschuldige Claudius sich und seinen Freund, „doch wir machten einen Spaziergang und meinten, wir könnten kurz Onesimus besuchen."

„Ich werde sehen, ob er Zeit hat", sagte Glaucon, nachdem er die Besucher in die Vorhalle gebeten hatte.

Kurz darauf erschien Onesimus selbst. „Ich freue mich, euch beide zu sehen", begrüßte er sie. „Kommt herein. Sagt, hatten wir heute morgen nicht einen besonders gesegneten Gottesdienst? Wie fandet ihr die Predigt von Johannes?"

Die beiden Gäste nickten zustimmend. „Wir werden diesen Gottesdienst nie vergessen, glaube ich", bestätigte Heracles.

Die drei setzten sich ins Atrium, und Joanna, die kurz erschien, um die Gäste zu begrüßen, sorgte dafür, daß ihnen Obst und Getränke serviert wurden.

Onesimus hörte sich ihre Fragen und Sorgen an und lauschte bekümmert, als sie berichteten, was Cerinthus und Michael zu tun beabsichtigten.

Traurig meinte er endlich: „Joanna hatte mit ihren Worten recht, daß erotische Sinnlichkeit ohne wahre Liebe zur Sünde wird. Gewiß, auch die Sexualität ist eine Gabe Gottes. Doch die Freude daran ist nur dann Gott wohlgefällig, wenn sie aus wahrer Liebe kommt, die zur Ehe und echten Lebensgemeinschaft führt. Sinnliche Freuden ohne diese Liebe und Lebensgemeinschaft sind egoistische Freuden und deshalb in den Augen Gottes Sünde. Und noch schlimmer wird es, wenn man diesen sinnlichen Lüsten irgendeine Art religiösen Anstrich gibt und meint, damit einem Gott oder einer Göttin zu dienen, wie das bei dem Artemiskult der Fall ist."

„Dann willst du damit sagen, es gibt für jemand, der sich zu Jesus Christus bekehrt hat, überhaupt nicht die Möglichkeit, an solchen sexuellen Ritualen und Perversionen wie im Artemistempel teilzunehmen?" fragte Claudius.

„So ist es", bestätigte Onesimus. „Doch versteht mich richtig: Das ist nicht nur im Blick auf sexuelle Ausschweifungen so, sondern auch auf allen anderen Gebieten irdischer Freuden und Lüste. Die sogenannte Freiheit, von der Cerinthus spricht, die der Christus angeblich gebracht hat, ist doch in Wahrheit ein Beherrschtsein von diesen Freuden und Lüsten; und diese Tatsache will man mit dieser angeblichen Freiheit nur entschuldigen und beschönigen."

„Heißt das, daß wir uns von allen Freuden, wenn sie irdischer Art sind, abwenden müßten?" forschte Heracles.

„Keineswegs", berichtigte Onesimus. „Es darf uns nur keine davon beherrschen, und wir dürfen sie nicht mißbrauchen. Der eigentliche Gedanke dabei, den wir bei Paulus und bei Petrus und den anderen Aposteln immer wieder finden, und von dem auch Jesus Christus selbst spricht, liegt woanders."

Onesimus überlegte einen Augenblick, um nun die rechten Worte zu finden, während seine beiden Gäste ihn gespannt anblickten.

„Schaut", fuhr er dann fort, „ich will es mit einem Wort erklären, das Jesus Christus selbst gesagt hat. Er spricht davon, daß niemand zwei Herren dienen kann. Seine Alternative ist, daß man entweder Ihm dienen und nachfolgen und Seinen Willen tun kann, oder man dient der Welt mit ihren Lüsten und wird davon beherrscht. Es geht Ihm immer um die Herrschaftsfrage in unserem Leben. Irdische Freuden können sehr harmloser Natur sein, wenn sie einmal zur Entspannung oder Erholung dienen. Diese gleichen Freuden können aber sehr böse werden und sogar zur Sünde, wenn sie uns beherrschen und wir nicht mehr ohne sie sein können. Dann ist nicht mehr Jesus Christus unser Herr, sondern eben diese irdischen Freuden, und das ist für einen Christen Sünde, denn der kann und darf keinen anderen Herrn haben als eben Jesus Christus."

„Jetzt begreife ich, was wahre Freiheit in Christus ist!" rief Claudius. „Es ist die Freiheit, uns immer bewußt und freiwillig unter den Willen Jesu Christi zu stellen, die Freiheit, auch alles Irdische, was Gott geschaffen hat, freudig zu gebrauchen und zu genießen, aber auch die Freiheit, es abzulehnen und uns davon abzuwenden, wenn es Einfluß auf uns ausüben will oder uns gar beherrschen will."

„Ich glaube, du hast es richtig verstanden", bestätigte Onesimus.

„Dann ist aber die Freiheit, von der Cerinthus spricht, eine Täuschung des Teufels, der uns damit gefangennehmen will", meinte Heracles nachdenklich. „Und das, was Cerinthus und Michael tun wollen, ist nicht nur eine Sünde für sie, sondern sie schaden damit auch der christlichen Gemeinde und vielleicht sogar unserem Herrn Jesus Christus selbst, weil sie dadurch Seinen Herrschaftsanspruch an sie verleugnen."

„So ist es", stimmte Onesimus ihm zu. „Und damit kommen wir zu einem weiteren wichtigen Punkt, den wir hierbei verstehen müssen. Alles, was wir tun oder nicht tun, hat nicht nur Auswirkungen auf uns selbst, sondern auch auf andere Gebiete. Tun wir den Willen Gottes und gehorchen Jesus Christus, dann wird Christus dadurch geehrt und verherrlicht. Tun wir aber den Willen Gottes nicht, sondern lassen uns von irdischen Lüsten und Vergnügungen beherrschen und von unseren scheinbaren Gefühlen, dann tun wir in Wahrheit den Willen des Satans, und er herrscht über uns. Dadurch nehmen nicht nur wir selbst Schaden, sondern Jesus Christus wird verunehrt, und das Reich des Satans wird gestärkt."

Einige Zeit herrschte nachdenkliches Schweigen. Dann fragte Claudius: „Aber wie sollen wir uns jetzt Cerinthus und Michael gegenüber verhalten? Wir waren bisher so gute Freunde. Soll das nun völlig zu Ende sein? Was rätst du uns?"

„Versucht weiter, ihnen in Freundschaft zu begegnen", lächelte Onesimus. „Euer Einfluß auf sie ist wichtig. Laßt euch auch nicht entmutigen, wenn sie über euch lachen und euch als engstirnig bezeichnen. Ihr seid ja morgen von dem Ältesten Euplus eingeladen. Vielleicht könnt ihr gemeinsam mit ihm eure Freunde beeinflussen, daß sie die Wahrheit doch noch einsehen lernen. Euplus ist auch philosophisch gebildet und wird deshalb vielleicht von Cerinthus mit seiner Meinung respektiert werden."

„Wir werden tun, was wir können", versprach Heracles. „Doch ich bezweifle, daß er sich von Euplus irgendwie beeinflussen läßt. Cerinthus sagt ja immer wieder, sein Königreich der irdischen Vergnügungen und Lüste, zu dem Christus ihn berufen hat, wird viel mehr Anziehungskraft auf die Heiden haben und sie werden sich deshalb viel eher zu Christus wenden, als wenn der Glaube an Christus eine Abwendung von der Welt fordert."

„Ich glaube auch", stimmte Onesimus zu, „daß eine solche Lehre für viele, die zwar religiös sein möchten, sich aber nicht wirklich von ihrem alten Leben abwenden wollen, sehr anziehend sein kann. Doch Gott mag uns davor bewahren, daß diese Lehre einmal in der Gemeinde Jesu Christi Einzug hält. In der Gemeinde in Korinth hat es wohl einmal ähnliche Ansichten gegeben. Deshalb hat der Apostel Paulus ihnen sehr deutlich geschrieben, daß man mit der Freiheit in Christus nicht seine eigenen Sünden und Bosheiten entschuldigen kann, sondern daß diese Freiheit bedeutet, daß man von dem alten bösen Wesen befreit ist und sich von der Sünde abwenden kann."

„Ich sehe nun, daß dieses Problem noch viel weiter reicht, und daß dadurch der Christengemeinde großer Schaden entstehen kann", bemerkte Claudius besorgt.

„So ist es", nickte Onesimus. „Und deshalb darf solchen Lehren in der Gemeinde Jesu Christi keinerlei Raum gelassen werden. Wir wollen dafür beten, daß der Heilige Geist, der ein Geist der Wahrheit und der wahren Gottesliebe, der *Agape,* ist, die Herzen Seiner Kinder so sehr erfüllen kann, daß solche Ideen dort nie Raum finden können."

Die drei vereinigten sich noch im ernsten Gebet und flehten besonders für Cerinthus und Michael. Dann verabschiedeten sich die Gäste wieder von Onesimus und brachten zum Ausdruck, wie froh sie über das Gespräch waren, das ihnen sehr geholfen hatte.

13. KAPITEL

Onesimus blieb nur noch eine Woche in Ephesus. Mehr und mehr zog es ihn nach Kolossea und zu Helen. Glaucon war eifrig damit beschäftigt, das noch benötigte Material für das Geschäft in Kolossea einzukaufen. Sobald er alles beieinander hatte, wollten sie Ephesus verlassen.

Die beiden jungen Männer wurden nie müde, Johannes und Maria zuzuhören, wenn sie von dem Leben und den Lehren Jesu erzählten. Zwar hatte Onesimus schon vieles davon von Petrus und Lukas erfahren, doch manches war auch für ihn noch neu.

„Vater Johannes", sagte er, als sie am Abend vor ihrer Abreise noch zusammensaßen, „du mußt all diese Erlebnisse und Lehren von Jesus niederschreiben. Sie dürfen der Gemeinde Jesu Christi keinesfalls verloren gehen."

Johannes meinte lächelnd: „Ich bin kein guter Schreiber, Onesimus. Du bist es, der hier großartige Fähigkeiten hat. Du bist auf diesem Gebiet für Paulus und Petrus eine so große Hilfe gewesen — und dadurch für die ganze Gemeinde Jesu, indem du ihnen geholfen hast, ihre Briefe zu schreiben. Und außerdem hast du auch viele ihrer Aussprüche schriftlich festgehalten und hast sie abgeschrieben und weitergegeben. Vielleicht kannst du auch mir in der Zukunft einmal helfen, meine Geschichte von Jesus niederzuschreiben, wie ich sie erlebt habe."

„Ich könnte mir kein größeres Vorrecht denken", nickte Onesimus. „Die Zeit jetzt, in der ich dir und Mutter Maria zuhören durfte, hat mein Verständnis für die Lehren Jesu

Christi und mein Wissen über das, was Er alles getan hat, sehr erweitert. Deine niedergeschriebenen Erinnerungen wären für die Gemeinde des Herrn unbezahlbar."

Einige Male hatten sie sich auch noch über Cerinthus und Michael unterhalten. Sie waren dankbar über die Festigkeit von Claudius und Heracles. Doch als Johannes erfuhr, daß die anderen beiden die Priesterinnen im Artemistempel besucht hatten, wurde er von Zorn gepackt und hatte empört ausgerufen: „Ich möchte nie wieder am gleichen Ort sein wie diese beiden Übeltäter!"

Als er sich wieder beruhigt hatte, stimmte er aber Onesimus zu, der sagte: „Wenn Jesus der Frau vergeben konnte, die im offenen Ehebruch ertappt worden war, dann sollten auch wir bereit sein, die beiden jungen Männer zu akzeptieren."

„Ja", stimmte Johannes zu. „Durch die Gnade Gottes kann und will ich sie lieben. Doch ich möchte keinesfalls mit ihnen identifiziert werden, solange sie in ihrem perversen Denken und sittenlosen Benehmen beharren."

Claudius und Heracles hatten ihnen davon berichtet, was bei dem Besuch und dem Essen im Hause des Gemeindeältesten Euplus herausgekommen war. Obwohl Euplus sich große Mühe gegeben hatte, Cerinthus und Michael zu überzeugen, waren diese hartnäckig bei der Meinung geblieben, ihr Verständnis von der Freiheit sei das richtige und ein Christ könne durchaus an den sexuellen Ausschweifungen im Artemistempel teilnehmen und an anderen sündigen Belustigungen ebenso. Es sei eben die richtige *Gnosis,* auf die es ankäme, hatte Cerinthus erklärt, und die sei ihm durch seine Vision geschenkt worden."

„Euplus hatte doch noch einige Freunde eingeladen. Wie haben sie diese Ideen aufgenommen?" fragte Onesimus besorgt.

„Euplus hatte noch fünf andere eingeladen. Und mindestens zwei von ihnen waren offen für Cerinthus' Ideen", sagte Claudius. „Nachdem wir in unsere Herberge zurückkehrten, erzählte Cerinthus uns siegessicher, daß er von diesen beiden, Theatus und Sophorus sind ihre Namen, zu einer Zusammenkunft eingeladen wurde."

Onesimus schüttelte betrübt den Kopf. „Diese Irrlehre beeindruckt andere schnell, weil einmal eine halbe Wahrheit in ihr steckt und sie auf der anderen Seite Raum läßt zum Sündigen."

Als Onesimus dann mit dem Apostel über das Ergebnis der Einladung bei Euplus sprach, war dieser ebenfalls besorgt. Onesimus redete ihm zu, die beiden trotzdem an den Gottesdiensten vorläufig noch teilnehmen zu lassen, um ihnen vielleicht noch auf den rechten Weg helfen zu können.

Johannes erklärte: „Wir lieben auch sie, obwohl wir ihre Worte und Taten verachten, denn Gott hat uns zuerst geliebt. Und Christus ist für die Gottlosen gestorben. Wir werden ihnen unsere Gemeinschaft nicht entziehen, solange sie nicht beginnen, mit ihren Ideen Schaden anzurichten und die Gemeinde entzweien. Doch andererseits sollen wir auch die Gemeinde Christi vor Irrlehren bewahren. Sollte dieses Ergebnis dabei herauskommen, werden wir uns von ihnen trennen müssen."

Die letzten Tage in Ephesus vergingen schnell. Sie waren angefüllt mit notwendigen Besorgungen und mit kostbaren Stunden mit Johannes und Maria sowie Tyrannus und Joanna. Vor wenigen Tagen war eine Schriftrolle zu ihnen gekommen unter dem Namen *das Evangelium von Matthäus.* Sie hatten eifrig darin gelesen, und Johannes hatte allem voll zugestimmt. Manchmal hatte er in die Hände geklatscht und eifrig ausgerufen: „In diesen Schilderungen erkenne ich meinen Mitjünger und Freund Matthäus wieder."

An manchen Stellen hatte Johannes den vorlesenden Onesimus unterbrochen und aus der eigenen Erinnerung das eine oder andere erzählt, das den Bericht von Matthäus ergänzte. Ganz besonders waren sie alle auch von dem Teil des Evangeliums beeindruckt, der die *Bergpredigt* genannt wurde.

Dabei wies Onesimus den Apostel noch einige Male darauf hin, wie wichtig es sei, daß auch er seine Erinnerungen niederschreiben würde.

Am Sonntag vor der Abreise predigte Onesimus in der Gemeinde. Auf Bitten von Johannes berichtete er dabei einiges von seinen Erlebnissen in Smyrna und Pergamon und von Bischof Antipas' siegreichem Märtyrertod.

Auch mit den vier Alexandrinern kamen sie nochmals zusammen. Doch es wurde ein Abend voller Enttäuschung. Der einzige Trost war, daß jetzt Claudius und Heracles voll auf ihrer Seite standen. Doch Cerinthus wiederholte nur immer wieder seine Argumente und zeigte keinerlei Einsehen.

Onesimus zügelte seinen Zorn und sagte beim Abschied: „Cerinthus, du bist ein so begabter junger Mann. Welch großartigen Einfluß könntest du als Leiter in der Gemeinde Jesu Christi ausüben. Doch ich muß dir auch ganz offen sagen, daß deine jetzigen Ideen sicherlich vom Teufel inspiriert sind. Und solange du nicht aufhörst, deine *Gnosis* zu lehren, wirst du an den Seelen vieler Glieder der Gemeinde Schaden anrichten, und du wirst großes Unheil über viele Gemeinden Jesu Christi bringen. Ich werde weiter für dich beten, damit du zur Einsicht kommst, und ich hoffe, dich einmal wiederzusehen."

Cerinthus war bewegt von Onesimus' Freundlichkeit und antwortete: „Mag der Herr euch auf eurer Rückreise nach Kolossea bewahren, und auch ich hoffe, daß wir uns einmal wiedersehen."

Der Morgen kam, an dem Onesimus und Glaucon auf ihren Pferden und mit vollbeladenen Eseln an der Leine aus dem großen Anwesen von Tyrannus hinausritten und sich auf den Heimweg nach Kolossea machten. Die Bewohner des Hauses winkten ihnen noch so lange nach, wie sie zu sehen waren.

TEIL III

FREUDE UND LEID

14. KAPITEL

Die untergehende Sonne legte rote, orangene und purpurne Farbschattierungen über die weißen Kalksteingebäude der Stadt Kolossea, die sich vor dem in der Ferne liegenden Cadmus-Gebirge ausbreitete. Onesimus und Glaucon zügelten ihre Pferde, als sie die Brücke erreichten, die über den Lycus-Fluß hinüber und in die Stadt hineinführte. Nachdenklich blickten die beiden jungen Männer einige Minuten auf die Stadt.

„Endlich daheim!" rief Onesimus. „Und welch schöner Anblick in der Abendsonne. Mit der Größe und Pracht von Ephesus kann es unsere Heimatstadt zwar nicht aufnehmen, aber hier finde ich Helen und meine Familie!"

Sie gaben den Pferden die Zügel frei, überquerten die Brücke und ritten durch das Stadttor in die engen Straßen der Stadt ein; und zwar auf dem kürzesten Weg zu dem großen Anwesen von Philemon.

In Windeseile hatte sich die Botschaft ihrer Ankunft unter der ganzen Hausgemeinschaft verbreitet, nachdem sie in den Hof eingeritten waren. Es dauerte kaum eine Minute, da lag Helen in Onesimus' Armen, und seine Mutter Alcestia, Philemon mit Apphia und Archippus drängten sich um sie. Glaucon war umgeben von anderen Gliedern der Hausgemeinschaft.

Philemons Hausgemeinschaft zählte mittlerweile etwa fünfzig Köpfe; viele von ihnen waren früher Sklaven gewesen. Jetzt, als Freigelassene, blieben sie gern freiwillig bei ihrem früheren Herrn, der für ihre Wohnung sorgte und ihnen Lohn zahlte.

Große Freude herrschte unter allen über die glückliche Heimkehr der beiden jungen Männer. Onesimus wurde nicht nur von Helen und seiner Familie geliebt, sondern auch von fast allen Angehörigen der Hausgemeinschaft sehr geschätzt. Wußten die Freigelassenen doch, daß sie ihre Freiheit nicht nur der Großzügigkeit von Philemon und Archippus, sondern auch Onesimus, der früher selbst Sklave gewesen war, zu verdanken hatten. Auch Glaucon war ein so Freigelassener, der nun auf der gemeinsamen Reise Onesimus zum Freund geworden war.

Als die Familie dann vereint am Abendbrottisch saß, berichtete Onesimus von seinen Erlebnissen. Er erzählte von den gesegneten Stunden mit dem Apostel Johannes und Maria, der Mutter Jesu, im Haus von Tyrannus, berichtete von den Erfahrungen in Smyrna und Pergamon, von der Begegnung mit den Räubern und auch von den vier jungen Männern aus Alexandria.

Es wurde ein langer Abend, weil die anderen immer wieder Fragen stellten und nicht genug hören konnten. Endlich meinte Philemon: „Wir sind so dankbar für alles, was wir gehört haben. Das zeigt uns, daß Jesus Christus dich zum Dienst in Seinem Reich berufen hat. Und wir sind stolz auf dich. Doch nun wirst du müde sein und mit Helen zu Bett gehen wollen. Wir werden dich nicht länger aufhalten. Es wird sich in den nächsten Tagen noch Zeit finden, dir zuzuhören. Sicher wollen auch die anderen Hausgenossen und die Gemeinde noch viel von dir erfahren.“

Er bat Archippus, noch zu beten, dann begaben sich alle zu Bett. Onesimus legte den Arm um Helens Taille und ging mit ihr zu ihren neuen Wohnräumen, die Philemon hatte herrichten lassen und die von den beiden Müttern Alcestia und Apphia geschmackvoll eingerichtet worden waren.

„Es ist wunderbar, wieder daheim zu sein“, sagte Onesimus zu Helen, als er die Tür hinter sich schloß. Sie traten an das geöffnete Fenster, blickten lange hinaus in die helle Mondnacht und unterhielten sich über das kommende Kind.

In der Frage, ob es lieber ein Junge oder ein Mädchen sein sollte, waren sie sich schnell einig. „Wir sind mit beidem zufrieden und dankbar“, meinte Onesimus, „wenn es nur gesund und kräftig ist.“

Helen stimmte ihm von ganzem Herzen zu. Sie erzählte ihrem Gatten, daß sie in letzter Zeit sich manchmal etwas schwach und krank fühlte und ab und zu Schmerzen verspürte. Doch der Arzt hatte ihr versichert, daß sich bisher alles gut entwickelte.

Eng umschlungen beteten sie noch miteinander und legten alles ihrem liebenden Vater im Himmel hin, ehe sie sich ins Bett begaben und sich ihrer Liebe schenkten.

Nach dem Frühstück am nächsten Morgen trafen sich Philemon, Archippus, Onesimus und Theseus, ihr Buchhalter, in Philemons Büro. Als die vier um den Tisch saßen, begann Philemon voller Eifer:

„Da du ja auch der Partner in unserem Geschäft bist, Onesimus, möchte ich dazu erwähnen, daß du uns auch in diesem Stück sehr nützlich bist. Du machst dem Namen, den ich dir vor langer Zeit gab, als ich dich kaufte, alle Ehre. Du bist wirklich Onesimus, *der Nützliche.* Deine Erfahrungen mit Paulus, Petrus und den Christen überall und nun auch noch mit dem Apostel Johannes erquicken uns sehr. Doch du hast bei deinen Reisen auch sehr viele neue geschäftliche Verbindungen für uns hergestellt, so daß man in vielen Städten und Provinzen rund um das Mittelmeer von den hervorragenden Seiden- und Wollstoffen spricht, die aus dem Hause Philemon in Kolossea kommen. Unser Geschäft floriert, und du hast durch deine Verbindungen einen großen Beitrag dazu geleistet.“

„Sei vorsichtig, Vater“, meinte Archippus lachend, „sonst kann man deinen Stolz zu sehr spüren.“

„Meinetwegen, Sohn, denn es ist ein gesunder Stolz“, antwortete Philemon. „Paulus sagt, wir brauchen uns dessen, was wir tun, wenn wir gute Arbeiter sind und der Segen

Gottes darauf ruht, nicht zu schämen. Ich bin in erster Linie stolz und dankbar, daß wir Onesimus auch helfen können, in den Christengemeinden einen so guten Dienst zu tun."

Dann gaben die drei anderen Onesimus einen Überblick darüber, wie die Geschäfte in seiner Abwesenheit gelaufen waren. Onesimus konnte nur staunen über die Zunahme auf allen Gebieten.

Theseus sagte: „Unsere Weber- und Färberarbeiten werden bei den Kaufleuten überall sehr geschätzt. Man bestätigt immer wieder, daß es in der Qualität die besten sind, die man bekommen kann. Sie sind jetzt viel besser als früher. Und ich meine herausgefunden zu haben, daß die Qualität unserer Ware so viel besser geworden ist, seit wir nicht mehr mit Sklaven, sondern mit Freigelassenen arbeiten. Sie fühlen sich nicht als Unterdrückte, sondern als unsere Mitarbeiter, und setzen ihren ganzen Eifer daran, die beste Qualität zu liefern, die möglich ist."

„Das habe ich auch bemerkt", stimmte Archippus zu. „Das Verantwortungsgefühl unserer Mitarbeiter ist als Freie viel höher, als es je war, als sie noch Sklaven waren. Sie entwickeln richtigen Ehrgeiz, gute Arbeit zu leisten."

„Also hat die Tatsache, daß wir, weil wir Christen sind, unsere Sklaven fast alle freigelassen haben, deinem Geschäft keinen Schaden gebracht, Vater, sondern nur noch größeren Nutzen!" rief Onesimus erfreut.

„So ist es", nickte Philemon bedächtig. „Wir können unserem Herrn Jesus Christus gar nicht dankbar genug für allen Segen sein, den Er schenkt."

15. KAPITEL

Die Freude, die unter der Hausgemeinschaft durch die Rückkehr der beiden Reisenden herrschte, wurde plötzlich durch Glaucon unterbrochen, der hochrot im Gesicht und außer Atem in den Hof gerannt kam und laute Rufe ausstieß. Alle verließen das Mittagessen und rannten hinaus, um zu hören, was geschehen war.

Archippus führte den jungen Mann zu einer Bank, wo er sich zunächst kurz ausruhen konnte, während alle erwartungsvoll auf ihn schauten.

Als Glaucon wieder sprechen konnte, begann er: „Etwas ganz Schreckliches ist geschehen. Horace, der Sohn von Urbana, ist geschlagen worden; und zwar von Angell, dem Sklaven, den Horace vor längerer Zeit einmal mit der Peitsche hart bestrafte, weil er es gewagt hatte, mit Horaces Schwester ein Verhältnis zu beginnen."

Alle begriffen sofort die Zusammenhänge. Der Sklave Angell hatte nie vergessen, daß Horace ihn damals fast totgeprügelt hatte. In seinem Haß hatte er die ganze Zeit darauf gewartet, sich rächen zu können. Und nun hatte er Gelegenheit dazu gefunden.

„Wie schlimm ist es?" wollte Philemon wissen.

„Ich kam gerade dazu, als es geschehen war", berichtete Glaucon. „Horace lag bewußtlos und stark blutend auf dem Boden. Nur zwei Sklaven waren bei ihm. Sie sagten, Angell habe ihn von hinten mit einem Stock niedergeschlagen und dann noch so lange mit den Füßen auf ihn eingetreten, bis er völlig bewußtlos und über und über voller Blut war. Ich habe mich mit einem der Sklaven um Horace bemüht, während der andere rannte, um Hilfe zu holen."

„Was ist mit Angell?" fragte Archippus.

„Als er seinen Zorn gestillt hatte, sprang er auf das schnellste Pferd und ritt auf die Berge zu", sagte Glaucon. „Ich kam gerade zurecht, um ihn in der Ferne verschwinden zu sehen. Ich kniete neben Horace nieder, doch wir konnten nicht viel tun. Bald erschien auch Urbana und andere aus seinem Haushalt. Urbana war voller Zorn und verfluchte alle Sklaven."

„War Aurelia auch da?" forschte Helen, die sich Sorgen machte um Horaces Schwester.

Glaucon schüttelte den Kopf. „Nein! Man sagte, sie sei zu Besuch bei einer Freundin in Hierapolis."

„Wie gut", überlegte Helen laut. „Es wird für sie noch schwer genug sein, wenn sie zurückkehrt."

„Während alle auf den Arzt warteten", fuhr Glaucon fort, „erkannte Urbana mich als einen der Freigelassenen von Philemon. Sofort begann er über die törichten Christen zu schimpfen, die ihre Sklaven freiließen und die anderen Sklaven dadurch aufsässig machten. Er forderte mich auf, dem Herrn Philemon auszurichten, er und andere Nachbarn würden sich noch mit ihm auseinandersetzen, weil ihnen nicht gefällt, was in unserer Hausgemeinschaft geschieht, weil es hier kaum noch Sklaven gibt, sondern fast nur Freigelassene. Ich sagte ihm, daß uns allen sehr leid tut, was geschehen ist, doch er verfluchte mich und jagte mich von seinem Anwesen. Deshalb bin ich so schnell ich konnte nach hier gerannt."

Alle begannen aufgeregt durcheinanderzureden, da sie mit Urbanas Sicht der Dinge keinesfalls einverstanden waren. Endlich hob Philemon die Hand. Als Ruhe eintrat, sagte er:

„Liebe Freunde, wir wollen für unseren Nachbarn und vor allem für seinen Sohn beten, damit er nicht das Leben verliert, sondern wieder gesund wird. Doch auch für Angell wollen wir beten, damit er sein Unrecht erkennt und sein Herz der Liebe Gottes öffnet."

Alle neigten die Häupter und flehten im Namen Jesu Christi zu ihrem Vater im Himmel um Hilfe und Heilung.

Danach sagte Philemon: „Nun wollen wir wieder an unsere Arbeit gehen. Doch bitte, betet in den nächsten Tagen auch für mich. Denn ich werde Urbana aufsuchen, um mit ihm zu reden und ihm unser Mitgefühl zum Ausdruck bringen. Heute gehe ich nicht. Ich werde noch zwei oder drei Tage warten, damit sich sein schlimmster Zorn erst legt. Doch dann brauche ich viel Weisheit, um Urbana gegenüber die rechten Worte zu finden. Und deshalb, ihr lieben Freunde, bitte ich euch, betet für mich."

Drei Tage ließ Philemon verstreichen, ehe er seinen Nachbarn aufsuchte. Urbana empfing ihn kalt und abweisend. Nichts war mehr von der früheren Freundschaft zu spüren. Horace war noch immer bewußtlos und dem Tode nahe.

„Es tut mir sehr leid, daß dein Sohn so schlimm verletzt wurde", begann Philemon.

Urbana antwortete bitter: „Du und deine Christen, ihr tragt die Verantwortung dafür."

„Das ist nicht möglich", widersprach Philemon. „Wir alle hatten noch nichts vom Christentum gehört, als Horace damals Angell bestrafte. Doch das ändert jetzt auch nichts mehr. Wir müssen uns daran erinnern, daß Sklaven auch Menschen sind. Sicher hat Angell deinen Sohn gehaßt. Und dieser Haß ist immer mehr gewachsen, bis er diese schlimme Tat beging."

„So einfach ist das nicht", entgegnete Urbana. „Du hast damals die falsche Methode angewandt, als du deinem davongelaufenen Sklaven Onesimus die Freiheit schenktest. Auch die meisten unserer Nachbarn sind dieser Ansicht. Und wir werden dich und deinen Sohn verantwortlich machen für diesen schlechten Einfluß auf unsere Sklaven."

„Das ist zwar ein großes Mißverständnis, doch ich bin

bereit, diese falschen Anschuldigungen zu ertragen", erklärte Philemon fest. „Wir haben aus einem höheren Motiv heraus so gehandelt."

„Ich möchte von deinem Unsinn nichts mehr hören", unterbrach Urbana ihn. „Man erzählt ja genug von euren seltsamen Handlungen, indem ihr das Blut von diesem Jesus Christus trinkt."

„Daran ist nichts wahr", widersprach Philemon.

„Natürlich kannst du das nicht zugeben. Du wärest ja ein Narr. Aber ich habe genug von dir. Verlasse mein Haus!" zürnte Urbana.

Bekümmert und kopfschüttelnd ging Philemon davon. Als er sich am Hoftor nochmals umsah, schüttelte Urbana, der ihm nachblickte, die Faust und rief: „Du wirst dafür bezahlen!"

Als Philemon seiner Hausgemeinschaft davon berichtete, waren alle sehr besorgt, denn ihnen war klar, daß ihnen neue Feinde erwachsen waren, und zwar nur deshalb, weil sie an Jesus Christus glaubten.

Onesimus genoß das ruhige Leben mit Helen, der Familie und der ganzen Hausgemeinschaft. Der Herbst war gekommen, so daß die Temperaturen nicht mehr ganz so heiß waren. Einige Male gingen Onesimus und Helen mit ihrem Picknick-Korb zu ihrem Lieblingsplatz von früher. Dort saßen sie zusammen, unterhielten sich, sprachen von dem kommenden Kind und beteten miteinander.

Oft saß die Hausgemeinschaft an warmen Abenden noch im Garten beisammen, wo sie miteinander sangen und beteten und Onesimus zuhörten, wenn er von den Erlebnissen auf seinen Reisen berichtete.

Auch in der Gemeinde in Kolossea predigte jetzt meist Onesimus und erzählte dabei viele Dinge, die er mit Petrus, Paulus, Lukas, Johannes und Maria, der Mutter Jesu, erlebt hatte. Voller Spannung lauschten dann die Gläubigen immer seinen Berichten. Auch verstand er es, das Evangelium so überzeugend und freudig zu verkündigen, daß sich noch eine ganze Anzahl bisher Fernstehende zu Jesus Christus bekehrten und sich taufen ließen.

Wegen der vielen Neubekehrten wurde in Philemons Haus eine Schule für diese Katecheten eingerichtet, und sie wurden hier im Glauben unterrichtet. Onesimus war es auch hier wieder, der zum Lehrer für viele wurde, die Christus suchten und fanden.

Es war eine gute Zeit für Onesimus und Helen, aber auch für die ganze Christengemeinde in Kolossea. Onesimus merkte bald, daß die meisten Gläubigen noch sehr wenig über Jesus und Seine Lehren und über das, was die Apostel gelehrt hatten, wußten. Er gab sich die größte Mühe, den Gläubigen so viel wie möglich von dem, was er über Jesus Christus wußte, beizubringen. Voller Freude durfte er erleben, wie die Christen in Kolossea unter seinem Dienst im Glauben und der Erkenntnis Jesu Christi wuchsen.

16. KAPITEL

In einer Nacht am Anfang des zwölften Monats des Jahres fuhr Onesimus erschrocken aus dem Schlaf auf, weil er durch Helens Schmerzensschreie geweckt wurde.

„Onesimus", stöhnte sie, „die Schmerzen sind diesmal schlimmer als je zuvor. Bitte, rufe Mutter und Alcestia."

Sanft legte Onesimus ihr die Hand auf die Stirn, sprach ihr beruhigend zu und betete mit ihr. Dann warf er seine Tunika über und weckte seine Mutter und Apphia, außerdem auch Glaucon, den er bat, so schnell er konnte auf die andere Seite der Stadt zu reiten und den Arzt zu holen, der ebenfalls ein Christ war.

Als er in das Schlafzimmer zurückkehrte, sah er, daß Helen sich vor Schmerzen im Bett wandt. Was konnte geschehen sein? Der Arzt hatte gemeint, das Kind sei nun etwa fünf Monate alt. Onesimus nahm ihre Hände in die seinen und betete weiter für sie und das Kind.

Wenige Augenblicke später betraten auch die beiden Mütter eiligst das Zimmer und taten alles, was sie konnten. Als dann der Arzt eintraf, gab er Helen Medikamente, um die Schmerzanfälle zu stoppen. Er meinte, es seien alle Anzeichen einer Frühgeburt vorhanden. Trotz allem, was der Arzt noch tat, kam das Baby innerhalb einer Stunde zur Welt. Helen und Onesimus wußten, daß ihr Sohn als Fünfmonatskind nicht überleben konnte. Es dauerte auch nur wenige Minuten, dann war er gestorben.

Onesimus war im Flur unruhig auf und ab gegangen, bis Alcestia zu ihm kam und ihm die traurige Nachricht überbrachte. Er ging in's Zimmer zurück, wo er erschüttert Helen betrachtete, die ihr totes Baby in den Armen hielt und fest an ihre Brust preßte. Der Arzt und Apphia versuchten sie zu trösten.

Als sie Onesimus sah, schluchzte sie: „Oh Onesimus ... unser Sohn ... konnte nicht atmen. Er ist tot!“ Sie weinte immer weiter und konnte sich gar nicht beruhigen.

Onesimus setzte sich auf den Rand des Bettes und nahm sie in die Arme. Dabei vermischten sich seine Tränen mit den ihren.

Der Arzt legte ihm die Hand auf die Schulter und sagte: „Es tut mir leid, Onesimus. Ich habe alles getan, was ich konnte. Diese Frühgeburt ist eines der Geheimnisse, die wir nicht erklären können. Wir können uns hier nur in den Willen Gottes fügen. Ich werde Helen eine Medizin geben, die ihr die Schmerzen nimmt und sie schlafen läßt. Und du kannst mit deiner Liebe und deinem Glauben unserem Herrn Jesus helfen, ihre Seelenschmerzen zu lindern.“

Während er Helen die Medizin einflößte, sagte er zu ihr: „Ich komme am frühen Vormittag zurück. In der Zwischenzeit werde ich für euch beten.“

Die beiden Mütter dankten dem Arzt dafür, daß er so schnell gekommen war. Dann standen sie noch einige Minuten neben dem Bett und wußten nicht, was sie sagen sollten. Endlich meinte Alcestia: „Wir lassen euch für einige Minuten allein und werden in der Bibliothek für euch beten.“

„Wir lieben euch ja so sehr“, murmelte Apphia, „und wir vertrauen dem Herrn, daß er euch trösten und stärken wird.“

„Ja, wir benötigen viel Gebet und danken euch beiden“, sagte Onesimus unter Tränen.

Dann waren Onesimus und Helen allein mit ihrem Schmerz und dem toten Kind, das Apphia in eine kleine bereitstehende Wiege gelegt und mit einer Decke zugedeckt hatte. Onesimus wußte, wie oft Helen an ihr Kind gedacht hatte und wie oft sie zusammen dafür gebetet hatten. Ihm war klar, daß Helen, abgesehen von den körperlichen Schmerzen, auch seelisch noch viel mehr litt als er.

Laut begann er nun zu beten, was er in den letzten Minuten im stillen schon oft gebetet hatte: „O Herr Jesus, Du weißt und siehst alles, und Du hast auch unsere Leiden und Schmerzen getragen. Tröste und stärke meine liebe Helen, und heile ihren Leib und ihre Seele, während sie schläft."

Bald tat die Medizin ihre Wirkung. Der Griff von Helens Händen lockerte sich, und sie schlief ein. Onesimus hielt ihre Hände weiter fest und fuhr fort, für sie zu beten.

Bald darauf betraten die beiden Mütter wieder leise das Zimmer. Als sie sahen, daß Helen schlief, flüsterte Alcestia: „Sohn, du bist auch erschöpft. Gehe in den Nebenraum und versuche auch ein wenig zu schlafen. Apphia und ich werden abwechselnd bei Helen wachen. Auch Philemon und Archippus sind mit uns. Sobald es hell wird, werden wir Glaucon nach Hierapolis zu Bischof Papias senden, damit er kommt und die Beerdigung des Kleinen übernimmt."

„Nochmals vielen Dank euch beiden, für alles, was ihr für uns getan habt", sagte Onesimus. „Es ist gut, unsere Mütter bei uns zu haben."

Als Onesimus den Raum verließ, warf er nochmals einen Blick auf Helen. Im Nebenraum fiel er auf seine Knie und weinte. Er spürte, wie sich in seinem Inneren sein altes rebellisches Wesen wieder erheben und mit Gott hadern wollte. Was konnte er Helen sagen, wenn sie erwachte? Und was dem Rebellen in ihm selbst? Ihm fielen Worte von Paulus, Petrus und Johannes ein, und endlich begann er den 23. Psalm vor sich hin zu sagen. Er spürte, daß es ihm half, als er begann: „Der Herr ist mein Hirte . . . " Und noch wichtiger wurde ihm, daß er den guten Hirten selbst kannte. Er erinnerte sich daran, daß Johannes erzählt hatte, Jesus habe von sich gesagt: *„Ich bin der gute Hirte!"* Doch warum war jetzt der Dieb, der Tod, gekommen und hatte den kleinen Jungen gestohlen?

Dann dachte er an das Wort von Petrus, daß es nicht des Vaters Wille ist, daß diese Kleinen verderben. Also würde auch sein kleiner Sohn nicht verderben. Ich will unserem

Vater im Himmel vertrauen. Onesimus wurde in diesem Augenblick mehr als je bewußt, daß keine philosophischen Antworten hier helfen konnten, aber das Vertrauen zur Liebe des Vaters im Himmel. Er wurde darin ruhig. Er erhob sich und legte sich schlafen. Er wußte: Ein neuer Morgen würde kommen.

Und der Morgen kam. *Er kommt immer,* dachte Onesimus, während er Helen beobachtete, die nach ihrem tiefen Schlaf nun langsam aufwachte. Endlich öffnete sie ihre Augen und blickte ihn an. Langsam kam die Erinnerung an all das wieder, das geschehen war. Sie warf sich in seine Arme und begann leise zu weinen. Endlich fragte sie:

„Wo ist die Wiege und . . . ?"

„Unsere Mütter haben sie in die Bücherei getragen, nachdem du eingeschlafen warst. Dort steht sie noch immer. Dein Vater sandte Glaucon fort, um Bischof Papias zu holen."

„Warum mußte das geschehen?" fragte sie, während sie sich noch fester an Onesimus preßte.

„So habe ich auch gefragt, während du schliefst", sagte Onesimus leise. „Und wahrscheinlich haben das unzählige Mütter und Väter vor uns auch schon getan. Während ich darüber betete, mußte ich plötzlich daran denken, daß unser Herr, als Er am Kreuz hing, auch fragte: *Mein Gott, warum?* Er bekam in diesem Augenblick auch keine Antwort, aber trotzdem sagte er dann: *Vater, in Deine Hände befehle ich Meinen Geist.* Und so habe ich auch unseren kleinen Jungen in die Hände unseres Vaters im Himmel übergeben."

„Aber wie kann Gott, wenn Er doch ein Gott der Liebe ist, solche Dinge zulassen?" fragte Helen weiter.

„Manches wird, solange wir hier auf Erden sind, für uns ein Geheimnis bleiben. In Rom habe ich mich auch manchmal gefragt, warum Gott es zuließ, daß Nero die Christen so grausam verfolgte. Doch dann mußte ich daran denken, wie das Licht des Sieges auf den Gesichtern von Paulus, Petrus, Antipas und den anderen Gläubigen leuchtete, als sie zum

Tod gingen, und mir wurde klar, daß die Gewißheit sie durchdrang, nun in ein besseres Leben zu gehen. So ist es auch mit unserem kleinen Jungen. Deshalb können wir trotz unseres großen Verlustes Gott vertrauen."

Helen war ruhiger geworden und sagte: „Das wollen wir tun, Onesimus. Wir wollen Gott vertrauen, daß Er unseren kleinen Jungen bei sich aufgenommen und ihm das gegeben hat, was ihm noch fehlte, weil er zu früh geboren wurde."

Die beiden Gatten knieten am Bett nieder, legten den kleinen Jungen im Gebet in die Hände Gottes und dankten ihrem Vater im Himmel dafür, daß sie ihren Sohn einmal in der herrlichen Ewigkeit bei Gott wiedersehen würden.

Gegen Mittag kehrte Glaucon mit Bischof Papias zurück. Am späten Nachmittag wurde der kleine Junge in einem kleinen Eichensarg im hinteren Teil des Gartens von Philemons großem Anwesen begraben. Philemons gesamter Haushalt, viele Angehörige der Gemeinde und einige Freunde waren versammelt.

Bischof Papias beschrieb in seiner kurzen Predigt Jesus als den guten Hirten. „Christus, der gute Hirte, hat dieses kleine Lamm zu sich genommen und wird sich ganz gewiß in Seines Vaters Haus liebevoll darum kümmern", sagte er.

Anschließend erinnerte er alle an die herrliche Hoffnung, die sie als Christen hatten. Weil ihr Herr Jesus Christus für sie den Tod überwunden hatte, würden auch sie mit ihm leben, auch wenn sie hier auf Erden sterben mußten. Und so würden sie auch diesem kleinen Jungen, der nur wenige Minuten gelebt hatte, in der Ewigkeit wieder begegnen. Mit einem Dankgebet zu Gott, in das die Anwesenden einstimmten, schloß der Bischof die Feier.

Als sie zum Haus zurückgingen, sagte Helen zu ihrem Gatten: „Wie schrecklich muß es doch für Menschen sein, die den Herrn Jesus Christus nicht kennen, wenn ihnen ein Kind stirbt. Sie haben keine Hoffnung, ihre Lieben in der

Ewigkeit wiederzusehen, und müssen daran doch fast verzweifeln."

„So ist es, meine Liebe", bestätigte Onesimus. „Um so dankbarer wollen wir unserem Herrn sein, daß Er für uns gestorben ist und den Tod überwunden hat, so daß wir nun eine feste, ewige Hoffnung haben."

TEIL IV

DER REBELL

17. KAPITEL

Ehe er an diesem traurigen und doch auch siegreichen Tag das Haus Philemons wieder verließ, saß Bischof Papias noch mit der bekümmerten Familie beim Mittagessen. Beim Tischgebet brachte er nochmals die Überzeugung aller zum Ausdruck, daß sie in Christus die Gewißheit auf ein ewiges Leben erhalten hatten.

„Ich habe schon auf deine Rückkehr gewartet, Onesimus", sagte Papias während der anschließenden Unterhaltung bei Tisch. „Du hast ja nun die Gemeinden in Ephesus, Smyrna und Pergamon besucht. Ich bitte dich nun sehr, komm jetzt auch einmal zu eurer Nachbargemeinde Hierapolis. Unsere Gläubigen haben von deinen Erfahrungen mit Petrus und Paulus in Rom gehört und möchten darüber hinaus auch etwas von deiner Reise während der letzten Wochen wissen, vor allem über den Märtyrertod von Bischof Antipas. Ich möchte dich zur Zeit zwar nicht zu lange von Helen wegholen, doch sie kann im Augenblick ja nicht einmal die kurze Reise nach Hierapolis machen. Ich frage mich, ob du nicht am nächsten Sonntag zu uns kommen kannst und bei uns predigen und berichten?"

„Ich denke, das müßte gehen", warf Helen ein. „Die Gemeinde in Hierapolis wird sich sicher freuen. Ich weiß, wie sehr wir hier in Kolossea gesegnet und inspiriert wurden, als du von Johannes und Maria, von Antipas und Tavius und den Gemeinden in Smyrna und Pergamon berichtet hast. Gern würde ich mit dir kommen, aber vor allem ist wichtig, daß du gehst."

Onesimus stimmte zu. „Solange ich weiß, daß es dir gut geht, meine Liebe, werde ich gern gehen."

Die ganze Familie ermutigte ihn. „Es sind ja nur etwa 18 Kilometer bis Hierapolis, also ein Ritt von drei bis dreieinhalb Stunden", meinte Archippus. „Du kannst dich am Sonnabend auf den Weg machen und kommst schon am Montag zurück."

Während der nächsten Tage verbrachten die beiden jungen Liebenden soviel Zeit wie möglich zusammen. Helen erholte sich sehr, während sie mit der Kutsche zu ihrem Lieblingsplatz in den Bergen fuhren. Das Laub begann sich zu verfärben, und der Blick über die herbstlich bunten Wälder war wunderschön.

Sie sprachen viel über die Zukunft und fragten sich, ob sie noch ein Kind bekommen würden. Beide waren überzeugt davon. Er erzählte ihr von den Einladungen, die er von den Gemeinden in Antiochien, Magnesia und Tralles bekommen hatte. Die Bischöfe der Gemeinden baten alle darum, er solle mindestens eine Woche oder länger bei ihnen bleiben, das Evangelium verkündigen und sie lehren, außerdem wollten sie von seinen Erfahrungen in Rom und auf seinen anderen Reisen mehr wissen. Onesimus und Helen waren sich einig, daß er so viele Einladungen wie nur möglich annehmen sollte. Helen wollte mit ihm gehen, wenn die Reisen nicht zu weit und zu beschwerlich waren.

Sie blickten freudig in die Zukunft und beschlossen, mit all ihrer Kraft ihrem Herrn Jesus Christus zu dienen und das Reich Gottes zu bauen.

Am Sonntag vormittag stand Onesimus vor der Christengemeinde in Hierapolis, die eine der am ersten entstandenen Gemeinden in diesem Teil Ioniens war. Papias und sein Sohn Protagoras hatten bei einer Geschäftsreise nach Antiochien Paulus predigen gehört und ihn kennengelernt. Sie waren durch das Evangelium angesprochen worden, hatten sich bekehrt und wurden beide getauft. Protagoras war da erst zwölf Jahre alt gewesen.

Als Papias nach Hierapolis zurückkehrte, begann er das Evangelium zu predigen, und bald sammelte sich in seinem Haus eine Gemeinde. Als Paulus dann nach Ephesus kam, verbrachten Papias und seine Familie mehrere Tage dort mit ihm.

An diesem Sonntag waren besonders viele Gläubige anwesend, da sie gehört hatten, Onesimus würde kommen. Sie kannten ihn schon von einigen früheren Besuchen und hörten ihn sehr gern.

Onesimus hatte gerade den Bericht über ihre Erlebnisse in Pergamon beendet, als er fühlte, wie der Boden unter seinen Füßen zu schwanken begann. Die Schwankungen wurden so stark, daß das Wasserglas auf dem Rednerpult umfiel, auch war lautes Grollen wie ferner Donner zu hören. Alle hatten inzwischen erkannt, daß es sich um ein Erdbeben handelte. Wieder bebte das Haus.

Papias erhob sich und sagte ruhig: „Bitte, meine Lieben, verliert nicht die Nerven. Wir wollen schnell, aber in guter Ordnung, das Haus verlassen. Die der Tür am nächsten sind, beginnen sofort. Die anderen folgen. Aber drängelt nicht, und nur keine Panik. Die in den vorderen Reihen sitzen, können den Hinterausgang benutzen." Obwohl die Erde weiter bebte, entstand keine Panik, und schnell war das Haus geräumt.

Als sie alle im Freien standen, sahen sie, daß einige Gebäude, die nur aus Lehm bestanden, schwer beschädigt waren. Doch die aus Stein gebauten hatten kaum Schaden genommen. Von überall kamen Menschen gelaufen, denen man den Schrecken ansehen konnte.

Erdbeben waren in diesem Teil Ioniens nicht zu selten. Onesimus hatte von einem Erdbeben gehört, bei dem in der Nähe von Kolossea einige Dörfer zerstört wurden und einige tausend Menschen umkamen. Als er jetzt in südwestliche Richtung blickte, packte ihn Schrecken, denn dort, wo Kolossea sein mußte, erhob sich eine riesige dunkle Staubwolke in den Himmel. *Lieber Herr,* dachte er, *das sieht aus, als sei Kolossea das Zentrum des Erdbebens.*

Er wandte sich an Papias, zeigte auf die riesige Staubwolke und sagte: „Ich muß sofort heim!“ Er ging schnell zum Stall. Papias und sein Sohn Protagoras folgten ihm. Auch einer der Knechte lief mit und sattelte schnell Onesimus’ Pferd. Onesimus rief den Gläubigen Abschiedsworte zu, sprang auf das Pferd und ritt mit Papias’ Segen davon.

Die Klugheit gebot Onesimus, das Pferd nicht zum Galopp zu spornen, obwohl es ihn dazu trieb. Doch das hätte das Tier auf der langen Strecke nicht durchgehalten, sondern wäre unterwegs zusammengebrochen. Doch er ermunterte es zu raschem Trab und bewältigte die Entfernung so in knapp der halben Zeit. Als er sich nach knapp anderthalb Stunden der Stadt näherte, wurden Rauch und Staub so intensiv, daß er Schwierigkeiten mit dem Atmen bekam. Auch das Pferd konnte nun nur noch Schritt gehen, weil überall Gesteinsbrocken herumlagen und sich hier und da kleinere Erdrisse auftaten.

Es war ein Bild der Zerstörung und des Schreckens, das er vor Augen hatte, als er jetzt den Rand der Stadt erreichte. Der Friedhof mußte förmlich explodiert sein, denn überall lagen Gebeine von Toten herum. Aus einem riesigen Loch sprudelte ein breiter Strom von Wasser, der sich in den angeschwollenen Lycusfluß ergoß.

Flüchtlinge hatten sich vor der Stadt versammelt. Er stellte ihnen Fragen. Doch sie waren so verstört, daß er keine Antwort bekam. Nur einer sagte endlich: „Ganze Teile der Stadt sind verschwunden, und alles andere liegt in Trümmern. Du bist ein Narr, wenn du versuchst hineinzugehen.“

Onesimus stieg vom Pferd und führte es durch die herumliegenden Trümmer. Von verschiedenen Seiten waren Hilferufe zu hören, hier und da sah er einzelne Menschen, die in ihren zusammengestürzten Häusern wühlten. „Mein Herr und Gott, wie konntest Du das zulassen?“ rief er.

Endlich erreichte er Philemons Anwesen, das in der Nähe des Flusses lag. Näherkommend erkannte er, daß alle Häuser zwar Ruinen waren, aber sie waren nicht von der Erde verschlungen worden.

Er wußte, daß die Gemeinde in Kolossea, so wie in Hierapolis, zur Zeit des Erdbebens in Philemons Haus versammelt gewesen war; und zwar im Inneren des Hauses, der vorgerückten Jahreszeit wegen, war es doch schon Ende November. Onesimus erschrak, als er sah, daß das Gebäude über den Gläubigen zusammengebrochen war. Hier und da schauten Arme und Beine sowie andere Körperteile aus den Trümmern heraus, und er konnte das Stöhnen derer hören, die noch am Leben waren.

Da er wußte, wo normalerweise Helen, seine Mutter, Apphia und die anderen Glieder der Familie saßen, wandte er sich zunächst nach dort. Als er einen Balken beiseite hob, sah er seine Mutter, die einen tiefen Riß im Kopf hatte. Er fühlte ihren Puls, doch es schien kein Leben mehr in ihr zu sein. Auch Apphia, unmittelbar daneben, die er als nächste entdeckte, war tot. Schluchzend suchte er weiter nach Helen. Sie war zwischen zwei Säulen eingeklemmt, die gegeneinandergefallen waren. So war ein kleiner Hohlraum entstanden, und das hatte Helen auf wunderbare Weise das Leben gerettet. Sie war zwar bewußtlos, aber sie lebte. Er bemühte sich, die Säulen zu bewegen, zwischen denen Helen eingeklemmt war, aber sie wollten sich nicht bewegen. Er kniete neben ihr nieder und betete verzweifelt.

Plötzlich fühlte er eine Hand auf seiner Schulter. „Wir sind gekommen, um dir zu helfen, Onesimus", sagte eine ruhige Stimme hinter ihm. Onesimus wandte sich um und blickte in das Gesicht von Papias. Hinter ihm standen seine beiden Söhne, einige seiner Knechte und andere christliche Männer aus Hierapolis.

„Ich danke Gott und euch, daß ihr gekommen seid!" rief Onesimus. „Bitte helft mir, diese Säulen beiseite zu räumen. Helen liegt darunter und lebt. Doch meine Mutter, Apphia und andere sind tot."

Die Männer hatten viel Mühe, die beiden Marmorsäulen so wegzuräumen, daß Helen nicht noch mehr Schaden nahm. Doch mit Hilfe eines Balkens, den sie als Hebebaum benutzten, gelang es endlich.

Als Onesimus seine Frau in den Armen hielt, wußte er, daß sie schwer verletzt war. Blut lief aus einer Wunde an der Seite ihres Kopfes. Beide Beine schienen gebrochen zu sein. Doch sie atmete, und dafür war Onesimus dankbar. Vorsichtig legte er sie in das Gras des Gartens.

Einer der Männer kam mit einem Gefäß voll Wasser vom Fluß zurück. Papias nahm seinen eigenen Turban, tauchte ihn in das Wasser und wusch Helens Wunde aus. Dann verband er sie sorgfältig damit.

Mittlerweile war auch Sappho, Papias' Gattin, mit einigen Frauen der Gemeinde von Hierapolis angekommen. Ihnen überließ er nun Helen und kümmerte sich mit den Männern um die anderen Verschütteten. Als sie Philemon fanden, hielt er immer noch die Papyrusrolle mit dem Brief des Apostels Paulus an die Gemeinde in Kolossea, den er besonders geliebt hatte, in seiner leblosen Hand.

Auch Archippus war tot, und mit ihm die meisten Mitarbeiter aus dem Haushalt Philemons. Nur wenige hatten überlebt. Von ihnen waren nur zwei bei Bewußtsein, der Buchhalter Theseus und der Koch Croto. Glaucon war bewußtlos, aber er lebte. Fast alle Überlebenden hatten gebrochene Arme und Beine und stöhnten vor Schmerz.

Onesimus ging von einem Toten zum anderen. Er hatte sie alle geliebt, die Angehörigen der Familie und die Brüder und Schwestern der Gemeinde. Endlich konnte er den Anblick kaum noch ertragen. Er setzte sich neben Helen und weinte. „Was wäre mein Leben ohne sie, wo doch fast alle anderen Lieben tot sind. Herr, laß sie nicht auch noch sterben", betete er.

Endlich erhob er sich und ging zu Papias und den anderen Helfern, die sich versammelt hatten, um zu überlegen, was als nächstes zu tun war. „Vielen Dank, meine Brüder und Schwestern", sagte er. „Euer Kommen hat Helen und den anderen Überlebenden das Leben gerettet. Vielen Dank!"

Papias legte ihm die Hand um die Schulter und sagte tief bewegt: „Onesimus, lieber Bruder, eine solche Katastrophe ist zuviel für einen einzelnen, um sie zu ertragen. Nur der Herr, der nur zu gut weiß, was Leiden bedeuten, kann uns die Kraft geben und helfen, solche Not zu ertragen. Der Herr ist dir auch jetzt nahe. Vertraue Ihm, und Er wird dir durch diese Hoffnungslosigkeit hindurchhelfen."

Onesimus wurde durch diese tröstenden Worte, hinter denen er die ganze Liebe seiner Brüder und Schwestern in Christus spürte, ermutigt. So stimmte er auch dem nächsten Vorschlag zu, den Papias machte. Dieser sagte: „Ich denke, es wäre das Beste, wir würden Helen, Glaucon und die anderen Überlebenden so schnell wie möglich nach Hierapolis bringen. Dort können wir besser als hier für sie sorgen."

Auch der Arzt Hymanaeus, der inzwischen ebenfalls aus Hierapolis eingetroffen war, nickte zustimmend. Er war auch ein Christ, hatte aber an diesem Sonntagmorgen nicht zum Gottesdienst kommen können, weil er zu einem dringenden Krankheitsfall außerhalb der Stadt gerufen wurde. Als er zurückkehrte und hörte, was geschehen war, hatte er sich sofort ebenfalls noch aufgemacht und nahm sich nun der Verletzten an. Sie bekamen alle gute Verbände, und Helen aus herumliegenden Holzstücken auch provisorische Schienen für die Beine.

Papias wandte sich wieder an Onesimus und schlug vor: „Onesimus, du solltest Helen und die anderen Verletzten begleiten, während wir anderen das Anwesen nochmals genau durchsuchen, ob noch jemand am Leben ist, dem wir helfen könnten. Protagoras, du und zwei oder drei andere Männer unserer Gemeinde sollten hierbleiben und die Toten und das Anwesen bewachen, damit nicht Plünderer kommen und eventuell noch vorhandene Wertsachen stehlen. Ihr könnt in der Zwischenzeit im Garten auch ein großes Grab ausheben. Morgen kommen wir anderen zurück und werden alle Toten in das gemeinsame Grab legen und eine Trauerfeier halten und dem Herrn Jesus für Seinen Sieg über den Tod danken, denn dadurch wissen wir, daß wir unsere Lieben, die auf so tragische Weise ums Leben gekommen sind, wiedersehen werden. Das gibt uns Hoffnung."

Er blickte sich nach allen Seiten um und fuhr dann fort: „Die Frauen sollten sich jetzt mit den Verletzten in den Kutschen auf den Heimweg machen. Onesimus wird euch begleiten. Ihr werdet der Verwundeten wegen vorsichtig und langsam fahren müssen, so daß ihr auch nicht viel früher daheim seid als wir. Ich und die anderen Männer bleiben noch einige Zeit. Wir wollen sehen, ob wir anderen noch helfen können, und wollen alles für morgen vorbereiten. Der Herr sei mit euch!"

18. KAPITEL

Als es dunkel wurde, lag Helen wohl versorgt im Bett in einem der Gästezimmer in Papias Haus, in dem Onesimus schon in der Nacht vorher geschlafen hatte.

Die Fahrt nach Hierapolis war ohne Zwischenfälle verlaufen. Auch der Arzt Hymanaeus war in der Zwischenzeit zurückgekehrt. Er hatte die Wunden Helens und der anderen nochmals versorgt und auch Helens gebrochene Beine nun auch ordentlich geschient. Er flößte ihr noch eine Medizin ein, damit sie in der Nacht noch ohne Aufzuwachen ruhen konnte. „Sie wird morgen früh wahrscheinlich aufwachen", sagte er. „Sie hat scheinbar auch noch eine Gehirnerschütterung davongetragen, wir wollen hoffen und beten, daß diese nicht zu schlimm ist. Doch da sie normal atmet, wird es wohl nicht zu kritisch sein. In der Zwischenzeit werden wir für sie beten, Onesimus, und ich werde weiter für ihre äußeren Wunden sorgen."

„Vielen Dank für all eure Gebete", antwortete Onesimus. „Auch ich benötige sie, denn meine Seele ist verwundet. Das alles war ein harter Schlag für mich, und mein Glaube wird wirklich auf die Probe gestellt."

„Ich kann verstehen, was du empfindest", nickte der Arzt. „Ein verwundeter Glaube ist manchmal schwieriger zu heilen als ein verwundeter Körper. Doch nach allem, was ich von dir weiß, bin ich zuversichtlich, daß du mit diesem Unheil fertig wirst und die Glaubensprüfung bestehst. Nachher wird dein Glaube noch stärker sein, als er zuvor war. Vertraue nur Gott, und du wirst sehen, daß sich alles wieder zum Guten wendet."

„Ich ... ich hoffe es", stammelte Onesimus. „Ich wünschte, ich könnte so zuversichtlich sein wie du. Denn sieh, alle bisherigen Glaubensprüfungen, die ich zu bestehen hatte, wurden mir durch Menschen aufgezwungen, die unvollkommen sind und Fehler machen können. Doch für dieses Unglück ist kein Mensch verantwortlich. Wer aber dann? Ich verstehe es nicht."

„Vertraue Gott, junger Freund", sagte der freundliche Arzt. „Auf ihn dürfen wir uns verlassen, auch wenn wir einmal nicht alles verstehen." Damit verabschiedete er sich.

Für die nächste Stunde saß Onesimus neben Helens Bett und trauerte. Zwischendurch dachte er an die anderen Lieben, die ums Leben gekommen waren. „Mutter", flüsterte er, „Philemon, Archippus!" Er kniete neben dem Bett nieder, schluchzte und versuchte zu beten. „Herr, ich danke Dir, daß Helen noch am Leben ist, auch sie hätte tot sein können", seufzte er und wurde ein wenig ruhiger. Der Sturm in seiner Seele schien sich beruhigt zu haben, aber der Nebel hatte sich noch nicht gelichtet, ihm war es innerlich immer noch so, als würde er im Dunkeln herumtappen.

Sappho, Papias Frau, betrat das Zimmer mit einer brennenden Lampe, die sie auf den Tisch stellte. „Papias und die anderen Männer sind gerade zurückgekommen", sagte sie. „Er macht sich nur ein wenig frisch und wird dann zu dir kommen. Wir sind alle so dankbar, daß Helen wieder gesund werden wird."

„Vielen Dank, Sappho! Ihr seid alle so freundlich zu mir."

In diesem Augenblick betrat Papias mit seinen Söhnen das Zimmer. „Wie geht es Helen?" fragte er besorgt.

„Hymanaeus glaubt, daß sie neben den gebrochenen Beinen und äußeren Wunden auch noch eine leichte Gehirnerschütterung hat. Doch er sagt, sie wird es überstehen und wird auch bald wieder zu Bewußtsein kommen."

„Dafür danken wir Gott!" freute sich der Bischof. „Und wie geht es dir?"

„Ich bin verwirrt und in der Seele verletzt. Mir gehen so viele Fragen und Zweifel durch den Kopf, auf die ich keine Antwort finde, daß ich gar nicht klar denken kann. Doch sage mir, sind noch einige von unseren Gläubigen in Kolossea am Leben?“

„Nicht viele“, antwortete Papias. „Ein Diakon und seine Frau überlebten wie durch ein Wunder. Glaucon, Theseus und Croton leben noch, wie du schon weißt, obwohl sie alle ziemlich stark verletzt sind. Doch sie werden wieder gesund werden. Ich freue mich mit dir, Onesimus, daß Helen überlebt hat.“

Papias schwieg einen Augenblick und fuhr dann in ernstem Ton fort: „Ich habe leider noch eine schlechte Nachricht für dich. Als wir Philemons Grundstück näher untersuchten, stellten wir fest, daß es dort doch auch einen tiefen Erdriß gegeben hat, und zwar genau über dem Büro und dem Lagerhaus. Theseus sagte mir, daß im Büro alles Geld und sonstige Wertsachen aufbewahrt wurden. Dieses alles und auch eure gesamten Stoffe und anderen Lagerbestände hat die Erde verschlungen. Es ist nichts davon übriggeblieben. Die einzigen äußeren Dinge, die du und Helen nun besitzen, sind ein paar Kleidungsstücke und einige andere Gegenstände, die wir aus den Trümmern der Häuser bergen konnten.“

Völlig verwirrt durch diesen weiteren Schlag starrte Onesimus schweigend vor sich hin. Endlich fragte er zaghaft: „Ist da überhaupt nichts übriggeblieben, womit ich unser Geschäft neu beginnen könnte?“

„Soweit wir sehen konnten, gar nichts. Der Riß in der Erde scheint unendlich tief zu sein, nahezu bodenlos. Doch das stellten wir erst fest, als wir alle Verletzten und Toten geborgen hatten, denn um die haben wir uns zuerst gekümmert. Leider ist alle Wolle und alles andere Material, alle fertigen Stoffe und euer ganzes Kapital von der Erde verschlungen worden.“ Mitfühlend legte er Onesimus eine Hand auf die Schulter.

„Aber . . . aber was können wir tun?“ stammelte Onesimus. „Wohin sollen wir gehen. Helen und ich haben nun kein Heim mehr und keine Möglichkeit, den Lebensunterhalt zu verdienen."

„Ihr habt immer noch unseren großen Gott und auch noch euch beide", tröstete Papias. „Ihr seid noch jung und könnt euch auf die Hilfe des Herrn verlassen. Und außerdem seid ihr immer in unserem Haus willkommen, es soll auch das eure sein."

„Vielen Dank, Papias."

Eine ganze Weile saßen die Männer schweigend in dem Raum. Papias betete im stillen für Onesimus, und dieser starrte bedrückt vor sich hin.

Endlich erhob sich der Bischof und sagte: „Ich glaube, es wäre auch für dich gut, Onesimus, wenn du jetzt ein wenig schlafen würdest. Arias hat in einem anderen Raum ein Bett für dich hergerichtet. Du brauchst dir keine Sorgen zu machen, Sappho und Arias werden sich die Nacht über um Helen kümmern. Erinnere dich an die Worte, die Paulus sagte und die du selbst aufgeschrieben hast. Er sagte, wir sollen allezeit im Herrn getrost sein, denn Er ist uns immer nahe, wir sollten uns um nichts sorgen, sondern alle Nöte und Sorgen Ihm überlassen, denn der Friede würde unsere Herzen und Sinne bewahren."

„Bitte, Papias, ich kann jetzt nichts mit diesen Worten anfangen", wehrte Onesimus ab. „Sie waren gestern wahr, und in einer gewissen Weise sind sie das auch heute, das weiß ich, doch ich selbst kann im Augenblick für mein Leben nichts damit anfangen. Vergib mir, wenn mein intellektueller Stolz mich jetzt hindert, zu glauben und zu vertrauen. Ich werde festhalten an meinem Glauben an Gott, den Vater, und unseren Herrn Jesus Christus, und sicher wird auch die Zeit kommen, wenn ich wieder Vertrauen fassen kann, doch im Augenblick ist es einfach zuviel für mich."

„Der Bischof umarmte ihn und sagte freundlich: „Du bist erschöpft und innerlich noch zu sehr verletzt und verwirrt, mein Freund, deshalb brauchst du dich nicht zu entschuldigen. Der Schock dieses Tages war einfach zuviel für dich. Protagoras wird dir deinen Raum zeigen. Schlafe dich aus, und morgen früh werden wir weitersehen. Sappho und Arias werden sich um Helen kümmern. Und wir alle werden für dich beten."

„Vielen Dank, lieber Freund. Es stimmt, ich brauche jetzt dringend Ruhe, das merke ich auch. Die Medizin des Arztes scheint nun auch bei Helen zu wirken, sie schläft viel ruhiger als vorher. Da kann ich mich etwas hinlegen."

Protagoras führte ihn in den Raum, in dem man für Onesimus ein Bett zurechtgemacht hatte, und wünschte ihm trotz allem eine gute Nacht.

Onesimus legte sich auf das Bett und versuchte zu beten. Doch irgend etwas blockierte ihn, so daß ihm war, als könne er keine Verbindung mit Gott bekommen. Viele Gedanken gingen ihm durch den Kopf. Plötzlich mußte er an Cerinthus und seine *gnostischen* Lehren denken, und ihm wurde klar, weshalb sie für viele so anziehend waren. Wenn man für alles Üble, was geschah, den *bösen Herrscher dieser Welt* verantwortlich machen konnte, weil Gott ja mit allen Leiden und Freuden und allen sonstigen Vorkommnissen auf dieser Erde nichts zu tun hatte, da Er sich nicht um die Menschen kümmerte, sondern viel zu weit entfernt und zu erhaben dazu war, dann kam auch der Gedanke gar nicht erst auf: *Mein Gott, warum?* Gott hatte ja mit all dem gar nichts zu tun.

Welch ein leichter, aber falscher Ausweg ist das doch, dachte er. Dabei fielen ihm die Worte des Apostels Johannes ein, die er in der Diskussion mit den *Gnostikern* gesagt hatte: *„Alles ist durch das Wort geworden, und ohne das Wort wurde nichts, das geworden ist. In Ihm war das Leben, und das Leben war das Licht der Menschen. Und das Licht leuchtet in der Finsternis, und die Finsternis hat es nicht erfaßt."*

„O Herr", stöhnte Onesimus, „Du siehst, auch ich bin in der Finsternis. Ich kann Dein Handeln nicht verstehen, und deshalb rebelliere ich. Herr, irgendwie kannst Du mir doch neu Dein Licht der Liebe und der Hoffnung leuchten lassen."

Zum erstenmal seit dem Erdbeben hatte in seinem Gebet wieder ein klein wenig Hoffnung gelegen. Doch trotzdem war er noch in der Dunkelheit. Er hoffte auf das Licht, konnte es aber noch nicht sehen.

Endlich forderten die Anstrengungen des Tages ihren Preis, und er schlief ein.

Die ersten Strahlen der Morgensonne, die durch das Fenster schienen, weckten Onesimus. Schnell sprang er aus dem Bett, warf sich die Tunika über und eilte zu Helen. Als er den Raum betrat, wurde er von Sappho und Arias mit einem Lächeln begrüßt.

„Es geht ihr viel besser", sagte Arias. „Sie hat mehrere Male ihre Hände bewegt und wird wohl bald ihr Bewußtsein wiedererlangen."

Onesimus dankte den beiden und setzte sich an Helens Bett. Eine Zeitlang beobachtete er sie, dann sagte er: „Meine Liebe, kannst du mich hören?"

Ganz langsam öffneten sich Helens Augen ein wenig. Sie blickte ihn an und stammelte: „Onesimus ... wo bin ich? ... Was ist geschehen?"

„Es ist alles in Ordnung, mein Schatz", versicherte Onesimus. „Ruhe dich nur weiter aus und schlafe noch."

„Aber irgend etwas ist mit meinen Beinen nicht in Ordnung. Was ist geschehen?"

„Es hat ein Erdbeben gegeben, und deine Beine wurden verletzt. Aber du wirst wieder gesund werden."

„Richtig! Ich erinnere mich jetzt", sagte sie angstvoll. „Vater las gerade aus der Schriftrolle des Paulusbriefes an unsere Gemeinde vor, da fing es plötzlich an laut zu dröhnen, und die Erde bebte. Ich kann mich noch erinnern, wie die Decke herabfiel und etwas mich am Kopf traf. — Es war schrecklich!"

„Du brauchst jetzt aber noch dringend Ruhe", drängte Onesimus. „Wir werden später darüber reden, wenn du dich noch etwas erholt hast."

„Aber sage mir . . . ist sonst noch jemand . . . ?“

Onesimus nahm ihre Hände und sagte: „Ja, Liebste, doch jetzt schließe deine Augen wieder und ruhe. Alles andere hat später noch Zeit.“

Sappho kam mit der Medizin, die ihr helfen würde zu schlafen. Helen nahm sie und schloß ihre Augen, sagte aber: „Ich möchte doch wissen . . . “ Doch darüber schlief sie wieder ein.

„Preis sei Gott!“ freute sich Sappho.

Onesimus blickte die beiden Frauen an, die während der Nacht für Helen gesorgt hatten. „Habt vielen Dank für all eure Mühe“, sagte er. „Doch jetzt müßt ihr ausruhen und schlafen. Ich werde bei Helen bleiben, bis sie erwacht.“

Während der nächsten Stunden an Helens Bett versuchte er verzweifelt, seine Gedanken zu ordnen und wieder Glauben zu fassen; doch es gelang ihm nicht. Als Helen dann erwachte, bestand sie darauf, zu erfahren, was geschehen war.

Onesimus erzählte ihr die ganze tragische Geschichte so schonend wie möglich. Doch Helen war tapferer, als er gedacht hatte. In Ihren Augen standen Tränen, als sie rief: „Unsere Mütter . . . und Vater und Archippus — alle tot? Ich kann es nicht glauben!“

„Mir ging es genauso!“ bestätigte Onesimus. „Gestern war der schlimmste Tag meines ganzen Lebens. Ich habe zwar davon gehört, daß es in Ionien und anderen Teilen der Provinz Asia immer wieder schreckliche Erdbeben gegeben hat, habe aber nie daran gedacht, daß es einmal uns treffen könnte.“

Er versuchte, sie zu trösten, zitierte Worte aus den Psalmen und sagte ihr ähnliches wie Papias gestern zu ihm gesagt hatte. Doch er spürte, wie leer sie ihm selbst klangen, und dachte: *Es sind wunderbare Worte, wenn sie wahr wären.*

Helen hörte ihm zu und konnte dann sogar ein wenig lächeln. *Ihr Glaube ist einfacher und deshalb stärker als meiner,* dachte er und sagte: „Heute nachmittag muß ich mit Papias und den anderen Christen nochmals nach Kolossea gehen. Wir müssen unsere Familienangehörigen und Freunde begraben und auf die Auferstehung hoffen."

Er selbst konnte das, was er sagte, im Glauben nicht fassen, doch er wußte, Helen hatte diese Worte jetzt nötig, deshalb fügte er noch hinzu: „Irgendwie und auf irgendeine Weise wird sich Gott ihrer annehmen, und Er wird auch für uns sorgen."

Der Nachmittag verging für Onesimus wie ein schwerer Traum, und seine innere Auflehnung gegen den Schicksalsschlag und seine Zweifel machten alles nur noch schlimmer. An dem im Garten von Philemons Anwesen ausgehobenen großen Grab versammelten sie sich und legten alle Toten gemeinsam hinein.

Papias sagte Worte des Trostes und ermutigte zum Vertrauen in Gott. Er bat Onesimus und alle Anwesenden, über das Sichtbare hinauszublicken auf das Unsichtbare, das ewig bleiben würde. Er zitierte die großartigen Verse des Apostels Paulus aus dem 2. Korintherbrief:

„Wir wissen: Wenn unser irdisches Zelt abgebrochen wird, dann haben wir eine Wohnung von Gott, ein nicht von Menschenhand errichtetes ewiges Haus im Himmel . . . Gott aber, der uns gerade dazu fähig gemacht hat, hat uns auch als ersten Anteil den Geist gegeben. Deshalb sind wir immer zuversichtlich, auch wenn wir wissen, daß wir fern vom Herrn in der Fremde leben, solange wir in diesem Leib zu Hause sind; denn als Glaubende gehen wir unseren Weg, nicht als Schauende."

Onesimus hörte zu, ihm war aber, als seien all diese Worte nicht für ihn bestimmt, sondern als sei er irgendwie ein Fremder. Alles, was Papias weiter sagte, rauschte an ihm vorüber, ohne ihn zu beeinflussen. Endlich schloß der Bischof mit den Worten des Apostels Paulus: *„Denn Gott, der sprach, aus Finsternis soll Licht aufleuchten, Er ist in unseren Herzen aufgeleuchtet, damit wir erleuchtet werden zur Erkenntnis des göttlichen Glanzes auf dem Antlitz Christi."*

Ja, das Licht Gottes hatte er in der Finsternis leuchten sehen, das mußte Onesimus zugeben. Er hatte es auf den Gesichtern von Paulus und Petrus gesehen und von den anderen Christen, die in Rom den Märtyrertod gestorben waren, und erst kürzlich hatte er es leuchten sehen auf dem Antlitz von Bischof Antipas in Pergamon. Er wußte um dieses Licht. Doch trotzdem war ihm, als befände er sich in der fernsten Finsternis. Für ihn jedenfalls schien nicht einmal ein kleiner Funke dieses Lichtes der Hoffnung und der Liebe zu leuchten.

Helen ging es schon viel besser. Als er an jenem Abend an ihrem Bett saß und ihr von der Beerdigung erzählte, bemerkte er, daß ihr Gesicht langsam wieder Farbe bekam. In seinen Bericht ließ er auch mit einfließen, daß alles Bargeld, die Juwelen, die Stoffe und alles Material von der Erde verschlungen wurden und daß sie nun nichts mehr besaßen.

Zu seiner Überraschung lächelte sie und sagte: „Unsere Schätze sind jetzt im Himmel, mein Lieber, wo weder Motten noch Rost sie verderben oder ein Erdbeben sie verschlingen kann."

Als Onesimus ihren Mut und Glauben sah, konnte er sich nicht mehr länger zurückhalten, sondern vertraute ihr an, welche dunklen Gedanken und Zweifel ihn seit dem Erdbeben quälten und daß er bisher damit noch nicht fertiggeworden war.

Nun war Helen doch erschrocken. „Mein lieber Onesimus", sagte sie, „du warst es doch immer, auf dessen Glauben ich mich stützen konnte. Was du nun erzählst, kann doch einfach nicht wahr sein. Du hast doch bisher alle Zweifel siegreich überwunden. Denke nur einmal an Rom. Gott ist immer noch mit uns, wir brauchen Ihm nur zu vertrauen."

„Ach, meine Liebe, ich wünschte mir, ich könnte es", stöhnte er. „Doch diesmal ist es eben anders als sonst, und das ist es, was meinem Verstand zu schaffen macht. Schau, bei allen üblen Erfahrungen in Rom, und auch jetzt in Pergamon mit Bischof Antipas und allen anderen, waren es Menschen, die das Unheil verursachten. Ich konnte sehen, und mir war klar, daß die sündige Natur des Menschen für das Böse verantwortlich ist, was da geschah. Doch diesmal kann man für die Ursache des Unheils Menschen nicht verantwortlich machen. Menschen sind nicht die Verursacher von Erdbeben. Aber wer ist es dann? Wenn ich sagen muß, Gott ist verantwortlich dafür, wie verträgt sich das dann damit, daß Er ein Gott der Liebe ist? Mein Verstand sieht hierin einen Widerspruch, und er weigert sich einfach, das zu akzeptieren. Ich wünschte, ich könnte so vertrauen wie du."

„Es hat immer Dinge gegeben, die wir nicht verstehen können, Onesimus, und das wird auch weiterhin so sein, das müssen wir akzeptieren. Doch wenn du weiter an die göttliche Liebe glaubst, die du doch in Paulus und Petrus, in Johannes und vielen anderen Christen gesehen und auch in dir selbst erfahren hast, dann kannst du Gott in dieser Seiner Liebe doch vertrauen, auch wenn du nicht alles verstehst."

„Ja, ich glaube an die göttliche Liebe, denn ich habe sie gesehen und selbst erlebt. Bitte, bete für mich, meine Liebe, daß die Zeit bald kommt, wenn ich wieder so vertrauen und glauben kann wie früher. Doch im Augenblick scheint mir diese göttliche Liebe und das, was wir erlebt haben, so widersprüchlich zu sein, daß mein Verstand sich einfach davor verschließt. Da Gott die Liebe ist, wird Er auch mir helfen, diese Liebe zu erfassen und wieder vertrauen zu können. Bis dahin muß ich einfach in der Finsternis bleiben und das Beste daraus machen."

19. KAPITEL

In der folgenden Zeit versuchte Papias mehrere Male, Onesimus aus der Nacht des Zweifels und der Depressionen herauszuhelfen. Als sie wieder einmal beisammen saßen, sagte Papias: „Ich kann dich gut verstehen, Onesimus, denn auch ich habe eine solche Zeit des Zweifels erlebt und habe mich in meinem Herzen gegen den Willen Gottes aufgelehnt, wie du es jetzt tust. Das war, als meine Frau an einer unheilbaren Krankheit litt und ich mit ansehen mußte, wie sie unter vielen Schmerzen langsam starb, ohne daß ich ihr helfen konnte. Doch Gott hat mir Gnade gegeben, daß ich aus meinen Zweifeln wieder herausfinden konnte.

Und denke daran, sogar unser Herr hatte ähnliche Gefühle, als er am Kreuz hing und die grenzenlose Verlassenheit empfand. Da schrie er in Seiner Not: *Mein Gott, mein Gott, warum hast Du Mich verlassen?* Die Gnostiker behaupten zwar, es sei gar nicht Christus gewesen, der dies gerufen hat, sondern nur der Mensch Jesus. Christus habe ihn vorher wieder verlassen, ehe die Leiden begannen, weil Gott ja nicht leiden könne."

„Aber das stimmt nicht", warf Onesimus ein. „Ich weiß genau, wie Maria von ihren Erlebnissen erzählte, als sie unter dem Kreuz unseres Herrn stand. Jesus Christus war dort beides, Mensch und Gott. Und Seine letzten Worte waren ja auch nicht Worte des Zweifels, die du eben zitiert hast, sondern Worte des Vertrauens. Zuletzt sagte Er: *Vater, in Deine Hände befehle Ich Meinen Geist.*"

„Und so habe ich es auch erlebt, Onesimus", bestätigte

Papias. „Die Zweifel quälten mich, weil meine Frau so litt und es trotz aller Gebete nicht besser wurde. Auch ich fühlte mich von Gott verlassen. Bis ich in all meiner Not erkannte, daß Gott uns dennoch liebhat, ganz gleich, ob wir uns freuen können oder ob wir leiden müssen. Da konnte ich neuen Glauben und neues Vertrauen fassen und konnte mich selbst und meine Frau in die Hände unseres Vaters im Himmel legen, wie Jesus es auch getan hat. Vertraue doch auch einfach Gott, auch wenn du Ihn nicht verstehst, und folge Jesu Beispiel und lege dich in die Hände Gottes."

Onesimus lächelte gequält. „Ich glaube, ich bin in der gleichen Lage wie Hiob, als über ihn das Unheil hereinbrach. Alles, was er tat und ich tun kann, ist, mich vor den unbegreiflichen Geheimnissen zu demütigen und zu fragen, warum?"

„Ja, auch Hiob hat nicht verstanden, warum all dieses Unheil über ihn kam", überlegte Papias. „Doch er glaubte nicht, daß seine Sünde die Ursache dafür sei, wie seine Freunde ihm einreden wollten, die sich als Ratgeber aufspielten. Doch er fand zurück zu der Liebe des allmächtigen Gottes."

„So geht es mir auch", bestätigte Onesimus. „Alles, was ich tun kann, ist, mit Hiob zu sagen: Ich weiß, daß niemand Gottes Pläne aufhalten oder verhindern kann. Deshalb weiß ich auch, daß es bei Gott Dinge gibt, die ich nicht verstehe, weil sie zu groß und zu wunderbar für mich sind."

Er schwieg einige Augenblicke und fuhr dann fort: „Ich will fortfahren, Gott zu lieben; den Gott, den Hiob schon kannte und liebte, noch ehe Jesus Christus auf die Erde kam. Und trotzdem rebelliert mein Verstand gegen mir unbegreifliche Dinge. Ich gebe meinen Glauben nicht auf, obwohl ich so in der Finsternis bin, aber im Augenblick bin ich nicht in der Lage, nach meinem Glauben zu leben und zu handeln. Wie Hiob, verachte ich mich selbst deshalb, aber weiter komme ich jetzt nicht."

„Ich kann mitempfinden, wie es in dir aussieht, Onesimus", sagte Papias. „Doch wenn du trotz aller Dunkelheit am Glauben festhältst, wird der Zeitpunkt kommen, da Gottes Liebe und Freude wieder dein Herz erfüllen. Dann wirst du wieder der mutige und frohe Zeuge sein, der du gewesen bist und wirst deinen Dienst wieder aufnehmen."

„Du bist ein wahrer Freund und Bruder für mich", erklärte Onesimus, als er den Raum verließ, um wieder zu Helen zu gehen.

Während es Helen in den nächsten Tagen immer besser ging, obwohl sie der gebrochenen Beine wegen noch fest liegen mußte, unternahm Onesimus lange Spaziergänge. Einige Male sattelte er auch sein Pferd Solon und ritt am Lycusfluß entlang, doch er brachte es nicht über sich, in die Nähe der Ruinen von Colossea zu reiten.

Einige Male suchte er die Stelle in den Bergen auf, zu der Helen und er früher immer so gern gemeinsam geritten waren. Hier saß er stundenlang und grübelte vor sich hin. Immer wieder versuchte er verstandesmäßig zu erfassen, wieso ein Gott der Liebe auf der Erde solches Unheil geschehen lassen konnte. Doch er fand keine Antwort auf seine Fragen. Das verschlimmerte seinen inneren Zustand nur noch und machte ihn immer rebellischer. Er wußte aus eigener Erfahrung, daß Gott existierte, aber er konnte einfach nicht mehr auf Sein Wort eingehen, weil er Ihn nicht verstehen konnte.

Wenn er dann zu Helen zurückkehrte, sprach er mit ihr über alle Gedanken, die ihn bewegten und mit denen er nicht fertig werden konnte.

Helen hörte ihm hilflos zu, weil all ihre Worte der Ermutigung und des Trostes nichts geholfen hatten. Immer hatte sie den überragenden Verstand ihres Geliebten bewundert. Doch nun schien es ihr, als habe dieser Verstand Onesimus stolz und dickköpfig gemacht, weil er einfach nicht mehr bereit war, Gott zu vertrauen. Alles, was sie tun konnte, war, ihm zuzuhören und für ihn zu beten, damit der Klotz hinweggeräumt wurde, der sein Glaubensleben behinderte, damit er wieder zu dem Mann den Glaubens wurde, der er früher gewesen war.

Beim Frühstück am nächsten Morgen schien Onesimus wieder tief in seine Gedankenwelt versunken zu sein, denn er sagte kaum einige Worte. Nach dem Frühstück küßte er Helen und erklärte, er brauche jetzt einen Spaziergang, um mit sich selbst allein sein zu können.

Ziellos lief er lange Zeit durch die Straßen, ohne darauf zu achten, wohin er ging. Plötzlich hörte er aus einem Haus, an dem er gerade vorüberging, lautes Lachen. Als er aufschaute, erkannte er, daß es sich bei dem Haus um eine Taverne handelte. Ein plötzlicher Impuls brachte ihn dazu, die Gastwirtschaft zu betreten und sich an einen leeren Tisch zu setzen.

Während der Wirt ihm ein Glas Wein brachte, hörte er dem fröhlichen Gespräch von drei wohlgekleideten Männern zu, die etwa in seinem Alter waren und in seiner Nähe saßen. Sie unterhielten sich über die Abenteuer einer Bande von wagemutigen Banditen, die in den Bergen hausten. Zwischendurch lachten sie laut über die Taten dieser Räuber.

Auch Onesimus hatte von dieser Räuberbande gehört. Er wußte, daß die meisten von ihnen davongelaufene Sklaven waren. Auch sein alter Freund Angell war dabei. Doch er hatte noch nie gehört, daß man ihre Taten gelobt hätte. Deshalb lauschte er voller Interesse.

Diese Männer schienen die Banditen offensichtlich zu kennen. Aus ihrer Unterhaltung erfuhr er, daß die Räuber es besonders auf Karawanen abgesehen hatten, die aus dem fernen Osten kamen und nach Rom unterwegs waren und dort hauptsächlich Nero und seinen Hofstaat mit wertvollen Gefäßen, kostbaren Gewürzen, seltenen Vögeln und wilden Tieren belieferten. Die wilden Tiger, Bären und Löwen wurden in Rom hauptsächlich für die Schaukämpfe in der Arena gebraucht.

Es sind dieselben Tiere, die dann eines Tages auf tapfere Christen losgelassen werden, dachte Onesimus. Während er weiter zuhörte, erschienen ihm die Taten dieser Räuber immer weniger verwerflich. Er dachte: *Diese Männer rauben das, was die Römer brauchen, um ihren unstillbaren Hunger nach Blut, Reichtum und Vergnügen zu befriedigen. Damit tun sie doch nichts Schlechtes. Sie leben nach dem Motto des Philosophen Epikur einfach für den heutigen Tag, damit es ihnen heute gut geht, und kümmern sich nicht darum, was in Zukunft sein wird. Vielleicht gibt es bei Epikur etwas, das ich bisher übersehen habe.*

Plötzlich wurden seine Gedanken unterbrochen, als sich einer der drei Männer direkt an ihn wandte und sagte: „Hallo, Freund mit dem einsamen Becher, komm doch herüber und setz dich zu uns."

Erleichtert, daß er aus seinen Gedanken gerissen wurde, erhob er sich und setzte sich zu den drei Männern. „Ich bin Onesimus und bin kürzlich aus Colossea nach hier gekommen", stellte er sich vor.

Die drei Männer hörten die Bitterkeit in seiner Stimme und verstanden, wie er sich fühlte. „Was du brauchst, Freund, ist einiges von diesem guten Wein. Du brauchst uns nicht zu sagen, wie es in dir aussieht. Das sieht man deinem Gesicht an. Die Götter oder das Schicksal oder wer auch immer für das, was in dieser so schönen und zugleich bösen Welt geschieht, verantwortlich ist, haben an Colossea, an dir und deiner Familie und allen, die dort wohnten, einen sehr bösen Trick ausgeübt. Ich bin Aristippus, das ist Pyrrho, und das ist Theodorous."

Als Onesimus den drei Männern die Hand schüttelte, fühlte er Erleichterung von seiner Bitterkeit, wie lange nicht mehr. „Vielen Dank für euer Willkommen", sagte er. „Aus euren Worten entnehme ich, daß ihr Epikuräer seid. Auch ich kenne die Lehre und Schriften dieser philosophischen Richtung. Ihr hättet euch keine interessantere Philosophie aussuchen können."

„Weißt du, Onesimus", antwortete Pyrrho, „vielleicht ist einiges von unserer Medizin gut für deine Bitterkeit. Oder ziehst du es etwa vor, wie die Stoiker einfach die Zähne zusammenzubeißen und die Last zu tragen?"

„Keinesfalls", wies Onesimus das von sich. „Ich gebe zu, daß ich zu Zeiten das stoische Denken vorgezogen habe. Doch in letzter Zeit neige ich mehr dem Realismus des alten Epikur zu. Ganz gewiß stimme ich ihm in der Frage zu, wie ein göttlicher Schöpfer ein Universum erschaffen konnte, in dem so viel Durcheinander von Ordnung und Unordnung, Gut und Böse, Freude und Leid und Schönheit und Häßlichkeit herrscht."

„Hört, hört!" stimmte Theodorous ihm zu. „Mein Namensvetter, Theodorous von Cyrene, würde dir für deine Aufrichtigkeit und Vernunft Beifall gespendet haben. Sicherlich ist Religion für die meisten Menschen nur schädlich. Es gibt mehr Verwirrungen und Fragen in der Religion, als ein intelligenter Verstand ertragen kann. Doch wirf deinen Trübsinn beiseite und laß uns trinken."

Onesimus wußte, daß er zu weit gegangen war. Er kannte den Glauben und die Liebe der Christen und hatte selbst erfahren, daß er durch diesen Glauben Erlösung von Furcht und vom Bösen gefunden hatte. Er hatte zu viel mit Paulus, Petrus und Johannes und all den anderen Christen erlebt und auch in seinem eigenen Leben erfahren, um daran zweifeln zu können. Doch er konnte die Fragen nicht überwinden, die ihn quälten und auf die er keine Antwort fand und die ihn in der Finsternis ließen. Und er war müde geworden, seine Gefühle immer vor den anderen Christen verstecken zu müssen. In den letzten Tagen hatte er sogar kaum noch mit Helen darüber reden können, weil er wußte, daß er ihr damit weh tat, und das wollte er nicht.

„Manchmal findet man eine bestimmte Art der Freiheit, die vorübergehend gut tun kann", gab er zu, als er seinen Becher hob und den anderen zutrank. Tief in seinem Inneren wußte er, daß diese Männer hier das wahre Leben, das in Jesus Christus war, nicht kannten und deshalb das Wichtigste vermißten. Doch er selbst hatte den Weg verloren und sich verlaufen, und da war dieser Ausweg, wenn er auch keine Antwort auf seine Fragen gab, doch angenehmer. Man mußte einfach der Wirklichkeit entfliehen und nicht mehr daran denken.

20. KAPITEL

Da Onesimus es müde war, fortwährend mit seinen eigenen Zweifeln zu kämpfen, und da er nicht bereit war, Jesus Christus wie ein Kind zu vertrauen, wie dieser es gesagt hatte, ging er immer wieder in die Taverne. Die einzige Schwierigkeit, die er mit seinem neuen Leben hatte, kam jedesmal, wenn er zu Helen oder zu Papias zurückkehrte. Er konnte ihnen nicht mehr sagen, in welchem inneren Zustand er sich befand, und natürlich erst recht nicht, wie er seine Zeit verbrachte. So wurde er zum Heuchler denen gegenüber, die er liebte und die ihn liebten.

Helens Gesundheitszustand verbesserte sich zusehends, obwohl es noch eine Zeit dauern würde, bis sie wieder richtig laufen konnte. Sie wußte, daß in Onesimus eine Veränderung vorgegangen war. Doch er wurde in diesem Punkt immer verschlossener und wollte nicht mehr darüber reden, obwohl sie ab und zu versuchten, ihn darauf anzusprechen. Deshalb ging sie mit ihren Sorgen zu Papias.

„Wir müssen ihn in die Hände unseres Herrn legen“, riet Papias ihr. „Wir können kaum die Größe der Liebe und der Möglichkeiten unseres Gottes ermessen. Onesimus’ Seele und auch sein Geist sind tief verwundet worden. Du weißt, daß er das hat, was ich einen ‚aristotelischen Verstand‘ nennen möchte. Er will sichtbare, nachvollziehbare Beweise der Liebe Gottes sehen, durch die er den Schrecken des Erdbebenerlebnisses überwinden kann. Wir müssen das verstehen, ihn so akzeptieren wie er ist und dafür beten, daß der Heilige Geist ihn über kurz oder lang wieder zurechtbringt.“

„Glaubst du denn, daß er je wieder einen so starken Glauben und so große Freude in unserem Herrn haben wird wie früher?“ fragte Helen unter Tränen. „Ich kann es kaum mehr ertragen, wenn ich mit ansehen muß, wie er sich immer weiter von uns entfernt und in seine innere Rebellion verliert.“

„Hier wird auch unser Glaube auf die Probe gestellt, Helen“, sagte Papias freundlich. „Gott rechnet damit, daß wir im Vertrauen zu Ihm für Onesimus beten und auf seine Rückkehr warten. Und der Zeitpunkt dieser Umkehr wird kommen, davon bin ich überzeugt.“

Doch in der nächsten Zeit schien es Helen eher, als wäre das Gegenteil der Fall. Eines Nachts kam Onesimus nicht zu der Zeit zurück, da man ihn sonst üblicherweise erwarten konnte. Helen rief Papias, und sie beteten gemeinsam für ihn. „Wir können im Augenblick nichts anderes tun, als warten und beten und Gott vertrauen“, sagte Papias. „Doch das ist vielleicht das Größte, was ein gläubiger Mensch in einer solchen Situation überhaupt tun kann.“

Onesimus kam nach Hause, eine ganze Zeit nach Mitternacht. Er kniete neben Helens Bett nieder, und sie umarmte ihn. Er spürte, wie sein Gesicht durch ihre Tränen naß wurde. „O mein Lieber, kannst du mir nicht sagen, was geschehen ist“, schluchzte sie. „Ich weiß, wie du innerlich kämpfst. Ich will mein Bestes tun, um dich zu verstehen. Bitte, sprich mit mir darüber!“

Onesimus setzte sich an den Bettrand und hielt ihre Hände fest. „Meine Liebe, ich möchte dir unter keinen Umständen weh tun“, sagte er.

„Aber du tust mir mehr weh mit deinem Schweigen, als wenn du mir sagst, was du fühlst, denkst und tust“, versicherte sie ihm.

„Also gut, meine Liebste“, willigte er ein. „Aber bitte verstehe, daß ich glaube, daß alles, was ich tue, zum Besten für uns ist. Ich mache mir um uns und unsere Zukunft Sorgen. Es kann nicht so weitergehen, daß wir uns für unseren

Lebensunterhalt auf Papias verlassen. Ich habe keine Möglichkeit, das, was wir verloren haben, durch unser früheres Geschäft wieder aufzubauen. Das ist der Grund, weshalb ich letztlich viel Zeit mit einigen Freunden verbracht habe. Ich habe mich entschlossen, in die Berge zu gehen und mich für einige Zeit Angell und den anderen entflohenen Sklaven anzuschließen, die dort eine Bande gegründet haben, die sich damit beschäftigt, die Karawanen zu überfallen, die die Reichtümer des Ostens nach Rom zu Kaiser Nero und seinen Hofstaat bringen."

Helen blickte ihn entgeistert an. „Was . . . was willst du tun?" rief sie entsetzt. „Das hast du doch nicht ernst gemeint? Du wirst doch nicht fortgehen?"

„Doch, meine Liebe, doch! Es mag dir im Augenblick seltsam vorkommen und wird dir sicher auch Kummer bereiten. Doch ich bin überzeugt, es ist jetzt das Richtige für mich. Sie überfallen nur solche Karawanen, die Waren für den kaiserlichen Hof in Rom transportieren, damit der Kaiser und seine Gesellschaft damit ihre Lust an Blut, Zerstreuung und Vergnügungen stillen können. Ich habe genug von diesen blutdürstigen Vergnügungen in der Arena in Rom gesehen, wenn Menschen mit wilden Tieren kämpfen müssen, die von diesen Kaufleuten herbeigebracht werden, oder wenn man christliche Märtyrer vor diese hungrigen wilden Bestien treibt und sie von ihnen zerfleischen läßt. In dieser Zeit meiner inneren Verwirrung und Zweifel kann ich nichts Besseres tun, als mich diesen davongelaufenen Sklaven anzuschließen und ihnen zu helfen. Ich glaube, ich habe dann dabei das Gefühl, wenigstens noch etwas Gutes zu tun, indem ich den schrecklichen Nero und seine grausamen Anhänger schädige."

„Ach, Onesimus", schluchzte Helen verzweifelt. „Überlege doch, was du tun willst. Du wirst dann als Verbrecher gesucht und bringst dein und mein Leben in Gefahr."

„Soweit es mich betrifft, stimmt das", gab Onesimus zu. „Doch du bist hier in Sicherheit. Ich aber bin irgendwie überzeugt davon, daß ich das jetzt tun sollte. Ich kann mir im Augenblick nichts Besseres vorstellen, als mich diesen tapferen Männern anzuschließen, die auf ihre Weise gegen Rom kämpfen. Vielleicht ist es mir sogar möglich, diesen davongelaufenen Sklaven etwas von Christus zu erzählen, wie damals den Banditen auf unserer Reise nach Smyrna.

Außerdem bin ich selbst zur Zeit innerlich so mit Zweifeln und Rebellion erfüllt, daß ich es kaum mehr wage, noch in die Gemeinschaft der Christen hier in Hierapolis zu gehen. Ich komme mir wie ein Heuchler vor. Auch andere Gemeinden kann ich in diesem gegenwärtigen Seelenzustand nicht besuchen, obwohl sie sagen, sie wollen Sammlungen zu unserer Unterstützung vornehmen. Die Christen von Laodizea, von Magnesia und von anderen Gemeinden haben uns Grüße gesandt und ihre Unterstützung angeboten, wenn ich zu ihnen komme, dort von meinen Erlebnissen berichte und ihnen das Evangelium verkündige. Gestern erst habe ich einen Brief von dem Apostel Johannes erhalten, der mir in bewegenden Worten die Liebe Gottes sowie die seine, die von Maria und der ganzen Gemeinde in Ephesus versichert. Er schlägt mir vor, ich solle wieder nach Ephesus kommen. Doch in meinem gegenwärtigen Zustand kann ich das nicht. Ich muß erst selbst zurechtkommen."

„Ich verstehe, daß du dich im Augenblick nicht in der Lage fühlst, die wunderbaren Wahrheiten des Evangeliums von Jesus Christus anderen zu predigen", sagte Helen verständnisvoll. „Doch mußt du deshalb fortgehen? Kannst du nicht auch hier, bei den Menschen, die dich lieben, wieder zu Jesus Christus und zu dir selbst finden?"

Onesimus schwieg eine Weile und antwortete dann: „Ich habe lange darüber nachgedacht. Doch ich meine, ich muß mich aus dieser Umgebung lösen und mich der Herausforderung stellen, die das Leben unter den Räubern mit sich bringen wird. Ich denke, ich kann dort besser wieder zurechtfinden. Erinnerst du dich daran, als ich dir erzählte, welche Zweifel mich plagten, als ich mich von dem Apostel Paulus verabschieden mußte, weil die Prätorianer ihn zur Hinrichtung führten? Als ich gleich darauf Marcia begegnete, die eine Heidin war und mich und meinen Glauben herausforderte, da mußte ich mich auf alles besinnen, was ich mit Christus und den Christen erlebt hatte, um Marcia zu erklären, warum ich selbst ein Christ geworden war. Das hat mir damals geholfen, meine eigenen Zweifel zu überwinden. Und ich hoffe, daß es diesmal genauso geht.

Ich glaube sicher, meine liebe Helen, daß ich wieder zu meinem früheren zuversichtlichen Glauben zurückfinden werde, ja, daß er vielleicht noch fester und tiefer wird als vorher. Wenn ich zurückkehre, hoffe ich, mit Gottes Gnade alle Probleme überwunden zu haben. Aber bitte, verstehe mich, für jetzt muß ich gehen. Ich habe alles schon vorbereitet und werde noch in dieser Nacht das Haus verlassen, damit die anderen, die ich alle liebe, nicht erst versuchen, mich zurückzuhalten."

Helen machte keinen Versuch mehr, Onesimus umzustimmen. Lange hielten sich die beiden Liebenden in den Armen und küßten sich immer wieder. Endlich löste sich Onesimus aus der Umarmung, erhob sich und ging zur Tür. Dort drehte er sich nochmals um und sagte: „Wenn ich zurückkehre, werde ich wieder der sein, der ich vor dem Erdbeben war, Helen. Ich bin voller Zuversicht, daß unser Herr das in mir bewirken wird." Leise öffnete er die Tür. Ehe er sie von außen schloß, sagte er noch: „Und höre nie auf, für mich zu beten."

Helen sank leise weinend in die Kissen zurück. Doch in ihrem Herzen erwachte ein neues kleines Licht der Hoffnung.

Am nächsten Morgen erzählte sie Papias, wozu Onesimus sich entschlossen hatte. Lange hatte sie in der Nacht noch geweint und gebetet, ehe sie eingeschlafen war. Doch nun hatte sie wieder Zuversicht gefaßt und konnte dem Bischof ruhig die Geschehnisse der Nacht berichten.

„Ich bin nicht überrascht", meinte Papias. „Er ist nicht ein Mensch, der die Unordnung in seinem Leben einfach so weitergehen läßt, sondern er muß damit klarkommen. Doch wie kommt er gerade dazu, sich den davongelaufenen Sklaven anzuschließen?"

„Er ist jetzt nicht in der Lage, die Einladungen der verschiedenen Gemeinden anzunehmen", erklärte Helen, und Papias nickte zustimmend. „Doch er erinnerte sich an die guten Erfahrungen mit den Banditen am Berg Mimas und daran, wie es ihm in Rom in seinen Zweifeln damals half, als er Marcia begegnete und sich ihr gegenüber zu seinem christlichen Glauben bekennen mußte. Deshalb glaubt er, die Begegnung mit diesen Räubern wird ihm ebenfalls helfen. Er versprach, mit neugewonnenem Vertrauen in den Herrn wieder zurückzukehren."

Helen mußte nun doch wieder weinen. Papias legte ihr die Hand auf die Schulter und tröstete: „Ich weiß, Helen, daß es dir weh tut. Doch vielleicht ist dies tatsächlich der Weg, mit dem er seine Depressionen und Zweifel durchbrechen kann. Was er tut, ist zwar andererseits auch gefährlich, und das weiß er. Wir wollen nicht aufhören, für ihn zu beten."

21. KAPITEL

Der Himmel war voller Sterne, und der Halbmond spendete genug Licht, als Onesimus auf seinem treuen Pferd Solon aus Hierapolis ritt. Seine Bettrolle und alles andere Gepäck, das er meinte, für seinen Aufenthalt bei den Banditen zu brauchen, hatte er vorher schon zurechtgemacht und hatte es nur noch hinter den Sattel seines Pferdes zu schnallen brauchen.

Langsam ritt er durch die nächtlichen Gassen, an dem schläfrigen Wächter am Tor vorbei, der nichts dagegen hatte, wenn jemand die Stadt verließ. Draußen nahm er die galatische Straße nach Osten, die in die Berge und zu den Pässen führte, über die die Karawanen aus dem Osten kommen mußten, wenn sie nicht riesige und kaum mögliche Umwege machen wollten.

Dort in den Bergen mußten die Banditen ihr Versteck haben, denn dort überfielen sie immer wieder die aus dem Osten kommenden Karawanen. Doch sie mußten auch weiter im Osten noch Mittelsmänner und Verbindungen besitzen, von denen sie Nachricht erhielten, wenn eine Karawane mit Waren für Rom und hauptsächlich für den Kaiser und seinen Hof vorüberkam. Denn diese Karawanen wurden immer wieder überfallen, während die meisten anderen unbehelligt das wilde Bergland durchziehen konnten.

Während er in der Dunkelheit dahinritt, mußte er daran denken, wie er vor einigen Jahren in Ephesus in der Dunkelheit davongeschlichen war, um das Schiff nach Rom im Hafen zu erreichen, nachdem er Archippus, dem Sohn seines Herrn, einen großen Teil des Gewinns an Geld und Juwelen gestohlen hatte. Damals war er ein Sklave Philemons gewesen, dessen Tochter nun seine Frau war. Heute ritt er auch davon, weil er vor etwas floh. Aber heute floh er als freier Mann. Heute war er ein *Sklave Jesu Christi* geworden.

Wovor floh er eigentlich? fragte er sich und kam sich wie ein Narr vor. Wenn er ehrlich mit sich selbst war, mußte er sich zugeben, daß er eigentlich versuchte, vor sich selbst davonzulaufen. Wie sollte ihm das wohl gelingen? Er erinnerte sich an die Worte, die Paulus den Römern geschrieben hatte, mit denen er sagte, daß er wohl wußte, was richtig war, aber in seinem armseligen alten Zustand nicht in der Lage war, das Richtige zu tun, sondern daß er statt dessen das tat, was falsch, was böse war, obwohl er wußte, daß es böse und nicht richtig war.

Er dachte aber auch daran, daß Paulus weiter geschrieben hatte, er habe dann durch die Erlösung in Jesus Christus den Sieg über das alte böse Wesen in ihm errungen und dürfe es nun in der Gnade und Kraft dieser Erlösung täglich überwinden. Er dachte: *Mit diesem, meinem alten Wesen, das mich immer wieder einmal packt, habe ich jetzt auch zu kämpfen, und ich kann selbst damit nicht fertig werden. Doch ich danke Gott, unserem Vater im Himmel, denn wie Paulus werde auch ich durch unseren Herrn Jesus Christus damit fertig werden und das Alte überwinden und meine Freiheit in Christus wiederfinden. Ich werde in Christus Sieger bleiben, das werde ich erleben!*

Laut sagte er: „Das ist es! Das ist der Grund, weshalb ich nun in die Berge gehe. Ich will mit der Hilfe des Herrn meinen stolzen Verstand überwinden und besiegen und neu wie ein Kind vertrauen lernen! Ich werde mit neuem Glauben zu Helen zurückkehren und meinen Dienst in den Gemeinden wieder aufnehmen!"

So ritt er in die Dämmerung des kommenden Tages hinein. Er betete für Helen und dankte Gott für die neue Hoffnung, die in seinem Herzen zu wachsen begann.

Als es hell geworden war, blickte sich Onesimus nach einem Platz um, an dem er mit seinem Pferd einige Stunden ungesehen ausruhen konnte. Bald fand er eine solche Gelegenheit hinter einem großen Felsen, vor dem eine dichte Gruppe von Kiefern wuchs, ein wenig seitab von der Straße. Er lud sein Gepäck ab, band Solon an einen Baum und legte sich die Bettrolle zurecht. Als er sich niedergelegt hatte, betete er noch für Helen und für seine eigene Bewahrung und war bald darauf eingeschlafen.

Als er erwachte, stellte er am Sonnenstand fest, daß es schon in der Mitte des Nachmittags war. Nachdem er sich ein wenig umgeschaut hatte, fand er ein schmales Wasserrinnsal. Dorthin führte er sein Pferd zum Trinken. Auch er selbst trank davon und setzte sich auf einen Stein, um von den mitgebrachten Vorräten zu essen.

Neu erfrischt ritt er weiter in die Berge hinein. Er wollte die verbliebenen Stunden des Tageslichts ausnutzen, um einen guten Platz für die Nacht zu finden, da er jetzt in die Gegend kam, in der auch die Banditen oft Überfälle ausführten. Deshalb mußte er nun vorsichtiger sein.

Als er sich in der Abenddämmerung dem Paß über die Cadmusberge näherte, stieg seine Spannung, da er wußte, daß er nun jeden Augenblick Angell und den anderen geflohenen Sklaven begegnen konnte. Andererseits konnte es auch noch Tage dauern, bis er auf sie stieß. Er fragte sich, ob sie ihn aufnehmen würden oder zu mißtrauisch waren.

Es würde besser sein, die Räuber bei Tageslicht zu treffen als in der Dunkelheit, überlegte er. Deshalb hielt er wieder nach einem Platz Ausschau, wo er gut versteckt die Nacht verbringen konnte. Bald hatte er eine solche Stelle gefunden, wo es in der Nähe auch wieder Wasser gab und spärliches Gras für Solon. Außerdem konnte er von hier aus den Paß selbst und ein ganzes Stück der Paßstraße übersehen. Eine weitere Nacht verbrachte er so unter freiem Himmel.

Zeitig am nächsten Morgen erwachte er, holte Wasser für sich und das Pferd herbei und frühstückte. Er hatte sich entschlossen, den Tag über hier zu bleiben, weil er hier einen guten Überblick hatte. Im Schatten eines Felsens machte er es sich so bequem wie möglich und beobachtete die Straße.

Während des Vormittags zogen in beiden Richtungen einige Karawanen vorüber, ohne daß sich etwas ereignete. Am frühen Nachmittag bemerkte er, wie auf der anderen Seite der Straße, direkt am Paß, ein Mann einen hohen Felsen bestieg und von da aus aufmerksam nach Osten spähte. Bald darauf gab er mit der Hand Zeichen zu anderen Männern, die Onesimus nicht sehen konnte.

Wenige Minuten später tauchte am Paß ein Reiter auf, der aufmerksam um sich blickte und dem im kurzen Abstand eine Reihe Kamele folgten, die von braunen Männern geführt wurden. Es war keine sehr große Karawane, doch der Anführer war der Kleidung nach ein reicher römischer Kaufmann.

Gerade als die Karawane den Paß überquert hatte und sich an den Abstieg machen wollte, winkte der Mann auf dem Felsen mit einem gelben Tuch und stieß einen lauten Ruf aus. Wie aus dem Nichts sprengten plötzlich von allen Seiten Banditen herbei, die ihre Speere und Schwerter schwangen. Es mochten zwölf bis fünfzehn Räuber sein. Zwei von ihnen griffen den Anführer auf dem Pferd an, und die anderen bedrohten mit ihren Waffen die Kameltreiber.

Es gab keinen Widerstand von der Karawane, was wohl auch zwecklos gewesen wäre und unnötiges Blutvergießen heraufbeschworen hätte. Der Anführer der Räuber schien es offensichtlich eilig zu haben. *Vielleicht ist ja eine weitere Karawane im Anmarsch,* überlegte Onesimus. Er machte sich nun auch schnell auf den Weg, damit die Räuber mit ihrer Beute nicht erst verschwanden. Er wollte sie ja treffen. Mit einem letzten Blick sah er gerade noch, wie die Banditen mit ihren Gefangenen und den Kamelen in einer schmalen Felsspalte verschwanden, die er sich genau merkte.

Eiligst begab sich Onesimus hinunter auf die Paßstraße, schwang sich dort auf sein Pferd und ritt im Trab das letzte Stück bis zu der Felsspalte, in der die Räuber mit der Karawane verschwunden waren. Er hatte unter den Räubern auch Angell bemerkt, der noch immer das weiße Pferd ritt, auf dem er damals geflohen war. Das freute Onesimus besonders, denn nun gab es unter den Gesetzlosen doch wenigstens einen, den er schon kannte.

Die Felsspalte schien nach etwa dreißig Metern zu enden, so sah es aus. Doch Onesimus wußte, daß dies nicht der Fall sein konnte. Als er ganz an die hohe Felswand, an der die Spalte scheinbar endete, herangeritten war, erkannte er, daß sie hinter einem Vorsprung scharf nach links abknickte und dahinter sogar etwas breiter wurde. Vor sich hörte er das protestierende Grunzen der Kamele, das Hufgeklapper der Pferde und die Rufe der Banditen, die ihre Gefangenen antrieben.

Als er so nahe gekommen war, daß er das Ende des Zuges erkennen konnte, sah er, daß Angell der letzte Mann war. Durch den Lärm, den die Tiere verursachten, konnte er nahe genug heranreiten. Dann rief er: „Hallo Angell, hier ist dein alter Freund Onesimus!"

Angell fuhr im Sattel herum und starrte überrascht auf seinen früheren Mitsklaven. „Bei allen Göttern, bist du das wirklich, Onesimus!" rief er. „Was tust du denn hier?"

„Ich wollte dich besuchen und mich euch anschließen, um mitzuhelfen, Rom und dem Kaiser Nero Schaden zuzufügen."

„Ich freue mich, dich zu sehen", sagte Angell. „Warte ein wenig, wir sind gleich am Ziel, dann stelle ich dich den anderen vor."

Nach wenigen Minuten erreichten sie einen Felsenkessel, aus dem es scheinbar keinen Ausweg gab. Onesimus blickte sich aufmerksam nach allen Seiten um, doch er konnte nicht erkennen, wie es weitergehen sollte. Hier warteten noch drei weitere Banditen mit etwa zwanzig Eseln. Die Räuber machten sich sofort daran, die Waren von den Kamelen auf die Esel umzuladen und dem Kaufmann und allen anderen ihr Geld, Gold und Juwelen, die sie bei sich trugen, abzunehmen.

Angell rief einen hochgewachsenen, muskulösen Mann an: „Diocletus, komm doch bitte einen Augenblick zu mir!" Zu Onesimus fügte er hinzu: „Er ist unser Anführer."

Diocletus bemerkte erst jetzt den Fremden, der bei Angell stand, und kam sofort. Stirnrunzelnd fragte er: „Wer ist das?"

Angell erklärte kurz, wer Onesimus war und was ihn hierher geführt hatte. Diocletus' Miene wurde zusehends freundlicher. Dann sagte er: „Wir freuen uns, daß du zu uns gekommen bist, Onesimus. Sei willkommen! Wir sind eine rauhe Horde von Männern, doch wir erfreuen uns unserer Freiheit. Außerdem setzen wir ein Zeichen gegen die Unterdrücker aus Rom, indem wir nur solche Karawanen überfallen, die Ware nach Rom bringen sollen. Doch wir können später weiterreden, zuerst wollen wir unsere Arbeit tun."

Es dauerte nicht lange, da war das Umladen beendet. Auch Onesimus hatte eifrig mit zugegriffen. Nun wurde die Karawane wieder zur Paßstraße zurückgeführt. Der Beobachter auf dem Felsen teilte ihnen durch Zeichen mit, daß keine andere Karawane im Anmarsch war. Daraufhin befahl Diocletus dem römischen Kaufmann, so schnell wie möglich weiterzuziehen. Der Befehl wurde befolgt. Der Kaufmann und seine Begleiter waren erleichtert, daß ihnen nichts geschehen war, und wollten so schnell wie möglich fort, damit die Banditen es sich nicht noch anders überlegten.

Erst als die Karawane außer Sichtweite war, kamen die anderen mit den Eseln aus der Felsspalte. In nur etwa fünfzig Meter Entfernung räumten einige der Männer Gebüsch beiseite, das dort nur aufgestellt war. Onesimus erkannte dahinter eine weitere Felsspalte, in der nun die Esel und nach ihnen die Männer verschwanden. Die letzten von ihnen stellten die Büsche wieder sorgfältig auf, so daß die Felsspalte nicht zu erkennen war.

„Wir führen die überfallenen Karawanen immer in diesen Felsenkessel, um dort umzuladen, weil wir ja nie zu lange auf der Paßstraße bleiben können. Wir könnten sonst entdeckt werden", erklärte Angell. „Doch dort können wir auch nicht bleiben, denn die Überfallenen kennen ja nun den Weg und haben schon ein paarmal Soldaten nach dort geführt. Die kamen immer bis zu dem Felsenkessel, und dann ging es nicht weiter. Denn es gibt von dort aus tatsächlich kein Weiterkommen. Wir wenden dann immer den Trick mit dem durch die Büsche verborgenen Weg an, und das hat bisher noch niemand erkannt."

„Das ist äußerst raffiniert", lachte Onesimus.

Nach etwa einer halben Stunde kamen sie in einen anderen Felsenkessel, der aber nach der anderen Seite noch einen Weg hatte, so daß immer eine Fluchtmöglichkeit offen blieb. Sonst ähnelte er sehr dem Versteck der Banditen am Berg Mimas. Auch hier gab es eine Quelle, die aus dem Felsen sprudelte, und mehrere Höhlen in den Felswänden. Außerdem wuchs rundum genug Gras und andere Pflanzen für die Esel.

„Ihr habt hier wirklich einen schönen Platz gefunden", staunte Onesimus.

„Ja", nickte Diocletus, „wir fühlen uns hier ganz wohl und können es noch eine Weile aushalten. Sei also nochmals willkommen!"

An diesem und an einigen folgenden Abenden erzählte Onesimus seinen neuen Freunden die Geschichte seines Lebens. Und diese Männer lauschten ebenso aufmerksam wie damals die Banditen am Berg Mimas. Sie waren fasziniert von den Berichten der Apostel Paulus, Petrus und Johannes über diesen Mensch und Gott Jesus von Nazareth.

Angell fügte einiges zu der Geschichte hinzu. „Ich und alle anderen in Urbanas Haushalt wußten, daß erstaunliche Veränderungen in Philemons Familie vorgegangen waren", erzählte er. „Wir waren alle sehr verwundert, als wir hörten, daß du, Onesimus, mit einem Brief von Paulus zu Philemon zurückgekehrt warst. Noch mehr staunten wir darüber, daß du und nach und nach die anderen Sklaven Philemons die

Freiheit erhielten. Wir hofften deshalb, unser Herr würde auch ein Christ werden und genauso handeln.

Doch das war ein Irrtum. Im Gegenteil, Urbanus verbot uns allen Umgang mit den Angehörigen von Philemons Haushalt und war zornig über Philemon. Doch wir Sklaven wurden immer unruhiger. Und als Horace, der Sohn von Urbanus, mich wegen einer Kleinigkeit schlug, wurde ich so wütend, daß ich die Pferdepeitsche nahm und sie ihm über das Gesicht schlug. Dann ging ich mit Fäusten auf ihn los und schlug ihn zu Boden. Als mir klar wurde, daß nun mein eigenes Leben in Gefahr war, sprang ich auf das Pferd, das ich für Horace gesattelt hatte, und ritt im Galopp davon. Hier in den Bergen fand ich diese Männer, die mich bei sich aufgenommen haben. Ich wünschte mir, ich hätte deinen Paulus und Petrus auch kennengelernt und hätte eine Chance, auch frei zu werden."

An einem der Abende stellte Diocletus die Frage, über die alle schon nachgedacht hatten: „Wenn diese *Gute Botschaft* so viel für dich und für die anderen Menschen, von denen du uns erzählst, wie zum Beispiel Philemon, seine Familie und die freigelassenen Sklaven, getan hat, warum bist du dann hier und nicht daheim bei deiner schönen Helen?"

Onesimus öffnete seinen neuen Freunden daraufhin sein ganzes Herz. Er erzählte von dem traumatischen Erlebnis bei dem Erdbeben in Kolossea und von den Fragen und Zweifeln, die seither seinen Verstand und seine Seele quälten, und auf die er keine Antwort finden konnte. Nur wenige der Männer verstanden ihn wirklich. Diocletus, der selbst einmal Philosophie studiert hatte, war einer von ihnen.

„Du bist also nicht nur hier, um Rom zu schaden, so gut du kannst, sondern auch, um mit deinen eigenen Gedanken und Problemen wieder ins reine zu kommen und das verlorene Vertrauen zu diesem Gott der Liebe wiederzufinden", stellte Diocletus fest.

„So ist es", bestätigte Onesimus.

„Wir sind trotzdem froh, dich bei uns zu haben", fuhr Diocletus fort. „Denn deine Berichte von diesem Jesus von Nazareth und dem Gott der Liebe und von Menschen wie Paulus, Petrus und Johannes haben uns sehr interessiert. Was mich angeht, so möchte ich noch mehr von diesem Jesus wissen; und ich werde wohl ein Nachfolger von Jesus Christus werden, wenn du mir noch einige Fragen beantworten kannst."

Einige der anderen Männer schlossen sich mit ähnlichen Worten dem an, was Diocletus gesagt hatte.

„Vielen Dank", sagte Onesimus bewegt. „Wenn ihr mein Zeugnis annehmen wollt, obwohl mich derzeit selbst viele Zweifel plagen, dann will ich euch gern noch mehr von Jesus und seinem *Königreich des Himmels,* wie Er es nennt, erzählen." Die nächsten Stunden am abendlichen Feuer vergingen wie im Flug, denn die Männer waren voller Interesse und stellten viele Fragen. Onesimus staunte selbst, daß es ihm möglich war, sie alle mit großer Gewißheit zu beantworten.

Als er sich schlafen legte, überlegte er: *Im Herzen von Diocletus, Angell, Hermas, Donatus und einigen anderen geschieht etwas, sie könnten dadurch selbst die wunderbare Erlösung und Freiheit in der Liebe Jesu finden. Und während ich heute mit diesen Männern gesprochen habe, verspürte ich, wie auch in mir wieder Vertrauen zu wachsen beginnt.*

An jenem Abend betete er noch ernstlicher als in der letzten Zeit zu Gott, Er möge ihm sein früheres Vertrauen und seine Zuversicht wiederschenken. Und zum ersten Mal spürte er, wie ein leiser Friede wieder in seine Seele einziehen wollte.

Als sie eines Abends wieder ums Lagerfeuer saßen, wurde Onesimus durch Diocletus' Worte überrascht. Dieser sagte: „Onesimus, du bist mit Worten und auch mit dem Verstand viel besser als ich. Du kannst denen, die wir berauben, in einer solchen Weise erklären, warum wir es tun, daß sie es besser verstehen werden. Wer weiß, vielleicht finden wir sogar einige Freunde unter ihnen, die uns zu unserer äußeren Freiheit verhelfen. Deshalb solltest du die Führung unserer Schar übernehmen."

Onesimus weigerte sich. Doch da all die anderen ebenfalls zustimmten und ihn bedrängten, willigte er endlich ein. „Aber ich kann niemanden berauben, um mich persönlich zu bereichern", sagte er. „Darum dürfen wir nur noch für uns behalten, was wir unbedingt brauchen. Alle andere Beute muß an die Armen und Bedürftigen der ganzen Gegend, vor allem an die, die unter dem Erdbeben gelitten haben, weitergegeben werden."

Alle willigten ein, und so kam es, daß Onesimus zum Anführer der Gesetzlosen wurde. Er achtete noch genauer darauf als bisher, daß nur Karawanen, die für Rom und vor allem für den Kaiserhof bestimmt waren, überfallen wurden. Alle anderen durften ungeschädigt ihres Weges ziehen.

Onesimus hatte sich auch mit der Gruppe der jungen Epikuräer in Hierapolis heimlich in Verbindung gesetzt. Diese hatten eingewilligt, die Beute der Räuber zu verkaufen und zu Geld zu machen. Mit diesem Geld wurde nun vielen armen Leuten, vor allem aber den Opfern des Erdbebens in Kolossea geholfen. Und die Beschenkten rühmten überall im Land die Großzügigkeit ihrer Helfer, so daß man die Bande der geflohenen Sklaven bald nicht mehr anders nannte als die *barmherzigen Banditen.*

22. KAPITEL

Papias und Helen wurden sehr ermutigt, als sie hörten, was Onesimus und die anderen Räuber taten. Die meisten Christen in Hierapolis wußten zwar nicht, daß Onesimus der Führer der *barmherzigen Banditen* war, doch auch sie dankten Gott für die veränderte Verhaltensweise, die man in diesen geflohenen Sklaven sehen konnte.

„Ich glaube, Onesimus ist auf dem Weg, wieder zu dem Herrn und damit auch zu sich selbst zu finden", sagte Papias eines Tages zu Helen. „Ich glaube, er wird sein Vertrauen wiederfinden. Doch ein Gesetzloser ist er dann trotzdem noch."

„Ich weiß", bestätigte Helen. „Doch ich vertraue unserem Herrn, daß Er auch da einen Ausweg finden wird. Die Briefe jedenfalls, die ich von Onesimus erhalte, werden immer zuversichtlicher."

Es kam der Tag, an dem der Apostel Johannes von Ephesus zu Besuch nach Hierapolis kam, wie er es schon längst versprochen hatte. Durch Probleme in der Gemeinde in Ephesus, die vor allem mit Cerinthus und den Gnostikern zu tun hatten, war es ihm so lange nicht möglich gewesen.

Papias hieß den alten Mann herzlich willkommen. Auch Helen war außer sich vor Freude, den Apostel zu treffen, der auf Onesimus so großen Eindruck gemacht hatte. Johannes brachte sein tiefes Mitgefühl über den Verlust ihrer Familie bei dem Erdbeben zum Ausdruck.

„Ich habe deinen Onesimus lieben gelernt wie meinen eigenen Sohn", sagte er, „und ich kann verstehen, wie tief der Schmerz ist, den ihr beide empfindet. Doch wo ist er eigentlich?"

Papias blickte von Johannes zu Helen. Er verstand wohl, wie schwer es ihr werden würde, von Onesimus' Zweifeln und dem Verlust seines Vertrauens in die Liebe und Fürsorge des Vaters im Himmel zu reden. Deshalb ergriff er das Wort und versuchte Johannes vorsichtig klarzumachen, wie schwer es für Onesimus mit seiner philosophischen Erziehung und seinem intellektuellen Stolz gewesen war, die Tragik des Erdbebens zu akzeptieren und wie die Zweifel ihn ergriffen hatten.

Johannes nickte. „Ich kann das gut verstehen", stimmte er zu. „Ich habe ähnlich empfunden, als unser Herr am Kreuz starb, als die Erde bebte und der Vorhang im Tempel zerriß. Auch ich verstand Gott nicht mehr. Doch wo ist Onesimus jetzt?"

„Er ist der Anführer der Banditen in den Cadmus-Bergen", antwortete Papias einfach.

Nach dieser Eröffnung blieb Johannes einige Minuten still und starrte vor sich hin. Endlich sagte er: „So ist das! Das erklärt wohl auch den Namen, den man diesen Räubern gegeben hat. Ich habe gehört, man nennt sie seit einiger Zeit die *barmherzigen Banditen.* Darin ist wohl Onesimus' Hand zu sehen. Doch sagt mir, was habt ihr getan, um ihn wieder zurückzubringen und seinen Glauben zu stärken?"

„Wir warten seither auf seine Rückkehr und beten für ihn", erklärte Papias. „Es gibt eine Gruppe junger Epikuräer hier in Hierapolis, die mit den Banditen Verbindung haben. Durch sie lassen wir ihm Briefe zukommen, versichern ihm immer wieder unsere Liebe und drängen ihn, zurückzukehren. Was könnten wir sonst tun?"

„Nun, ich weiß es nicht", meinte der Apostel. „Vielleicht ist das wirklich alles, was ihr tun konntet. Jedenfalls aber ist es nicht alles, was ich tun kann. Ich werde mich aufmachen und zu ihm gehen."

Johannes hatte diese Worte mit soviel Mut und Nachdruck gesprochen und seine Augen hatten dabei einen so brennenden Ausdruck angenommen, daß Papias begriff, warum man dem Apostel den Beinamen *der Sohn des Donners* gegeben hatte.

„Bringe mich mit diesen jungen Epikuräern in Verbindung. Sie sollen mir erklären, wie ich Onesimus am besten finden kann. Dann gib mir einen oder zwei junge Männer aus der Gemeinde mit und zwei oder drei Esel, und ich werde mich aufmachen und zu Onesimus gehen.

Helen staunte zwar sehr, war aber tief ergriffen und dankbar über diesen Entschluß des alten Apostels. „Das Wunder beginnt", sagte sie immer wieder zu Papias.

Die kleine Karawane zog langsam die Paßstraße hinauf, bis sie die Höhe erreicht hatte. Johannes ritt auf dem Pferd, das er von Tyrannus erhalten hatte und mit dem er von Ephesus gekommen war. Seine beiden jungen Begleiter saßen auf Eseln und führten noch einen weiteren Esel mit Verpflegung, warmen Decken und anderen notwendigen Dingen mit sich.

Johannes und seine Begleiter stiegen ab und schlugen gerade vor dem schmalen Felsspalt, in welche die Räuber immer die überfallenen Karawanen führten, ein Lager auf. Es dauerte auch gar nicht lange, da kamen einige wild aussehende Gesellen mit erhobenen Speeren und Schwertern auf sie zugeritten.

„Warum lagert ihr hier am Paß und genau an dieser Stelle, alter Mann?" fragte einer von ihnen barsch. „Ihr könnt doch weiterziehen. Es ist noch früh am Tage. Wohin wollt ihr eigentlich?"

„Junger Mann, ich bin Johannes, ein Diener Jesu Christi und ein Freund eures Anführers. Bringe mich sofort zu ihm", forderte der Apostel.

Etwas im Auftreten dieses alten Mannes beeindruckte den Banditen so sehr, daß er keinen Widerspruch wagte. „Wenn dies dein Wunsch ist, dann komme mit mir", antwortete er. „Du mußt dieser alte Leiter der Christen sein, von dem unser Anführer so oft gesprochen hat. Ich bin sicher, daß er mit dir reden wird."

Er wandte sich an die anderen Räuber und befahl: „Führt die Begleiter des alten Mannes und ihre Esel in ein sicheres Versteck. Dort wartet ihr mit ihnen, bis ihr Nachricht erhaltet."

Johannes folgte dem Räuber an den Büschen vorüber, die den Eingang in den schmalen Felspfad verdeckten, bis zu dem versteckten Lager der Bande.

„Wen bringst du da, Diocletus?" rief einer der Banditen.

„Einen alten Mann, der von sich sagt, er sei der Freund unseres Anführers. Er möchte mit ihm sprechen", war die Antwort.

Onesimus sprang auf. Er erkannte in dem weißhaarigen Mann Johannes und stand wie erstarrt. Er liebte den Apostel sehr. Doch jetzt wurde er von Schuld und Scham so überwältigt, daß er sich nicht in der Lage sah, ihm gegenüberzutreten. Er spürte, wie sein Herz schneller schlug und ihm das Blut ins Gesicht trieb, so daß sein von der Sonne gebräuntes Gesicht noch dunkler wurde. Als Johannes näher kam, konnte Onesimus es nicht mehr ertragen. Zur Überraschung seiner Gefährten drehte er sich um und rannte davon, dem zweiten Ausgang aus dem Felsenkessel zu. Er war einfach nicht in der Lage, dem Jünger des Herrn in die Augen zu schauen. Doch was nun geschah, hätte er nie erwartet.

Der alte Apostel ließ die Zügel seines Pferdes los, von dem er schon abgestiegen war, und rannte mit wehenden weißen Haaren hinter dem Flüchtenden her. „Warum läufst du davon, mein Kind ... vor deinem alten Vater ... Habe Erbarmen mit mir, Sohn, und fürchte dich nicht! ... Jesus Christus ist immer noch dein Leben. Ich werde selbst vor Christus für dich eintreten ... "

Onesimus hatte nun auf der anderen Seite des Lagers den Anfang des Pfades erreicht. Doch hier blieb er stehen, da er erkannte, daß der Apostel sich nicht abhalten ließ, ihm zu folgen. Er konnte ja wenigstens zuhören, was dieser liebe alte Mann, der sein Leben riskiert hatte, ihm sagen wollte. Kalte und heiße Schauer schienen abwechselnd über seinen Rücken zu laufen. All die verdrängten Fragen und Ängste der letzten Wochen schienen mit Wucht auf ihn einzustürzen.

Nun stand Johannes schwer atmend vor ihm. Er brachte zunächst kein Wort heraus und mußte sich an die Felswand lehnen, weil das schnelle Laufen ihn überanstrengt hatte. Endlich hatte er sich erholt und sagte flehend: „Onesimus, mein Sohn, Christus hat mich gesandt, damit du mit mir zurückkehrst. Wenn es nötig ist, will ich die Strafe für dich auf mich nehmen, sogar die Todesstrafe, wie es der Herr für uns getan hat."

Onesimus sah, daß dem Apostel Tränen in die Augen traten. Da zerbrach in ihm der aufgehäufte Damm aus Zweifel und Rebellion. Er lief die letzten Schritte auf Johannes zu. Dieser breitete die Arme aus, in die sich Onesimus hineinwarf. Und die beiden weinten zusammen. Dabei war es Onesimus, als würden alle Einsamkeit, Selbstverachtung, Bitterkeit und Rebellion der letzten Monate hinweggespült.

Die anderen Banditen hatten voller Erstaunen der Szene zugeschaut, die da vor ihren Augen ablief. Nachdem der alte und der junge Mann sich aus ihrer Umarmung lösten, schaute Onesimus kurz zu ihnen hinüber. Er winkte ihnen zu und bedeutete ihnen, sie sollten im Lager bleiben. Dann nahm er den Apostel bei der Hand und führte ihn um die Biegung des Pfades, so daß die im Lager Bleibenden die beiden Männer nicht mehr sehen konnten.

Der alte Apostel und der junge Rebell gingen noch ein wenig weiter, bis sie zu einer Stelle kamen, wo der Pfad ein wenig breiter war. Hier setzten sie sich hinter einigen Büschen auf einen großen Stein.

Nach einer Weile, während der beide schwiegen und nur das Gezwitscher von Vögeln zu hören war, begann Onesimus sein Herz auszuschütten. Er beschrieb die Erlebnisse und schrecklichen Geschehnisse, als er nach dem Erdbeben nach

Kolossea kam, und versuchte den Schock und die tiefen Erschütterungen zu beschreiben, die davon in seiner Seele zurückgeblieben waren. „Vielleicht hat mich nur die Tatsache, daß ich Helen noch lebend unter den Trümmern fand und ich alle meine Kraft und Aufmerksamkeit darauf konzentrierte, sie zu befreien, davor bewahrt, in jenen furchtbaren Stunden völlig durchzudrehen", meinte er endlich.

„Es muß für dich schrecklich gewesen sein", meinte Johannes mitfühlend. „Ich kann sehr wohl verstehen, was du empfunden hast."

„Irgendwie fühlte ich tief in meinem Inneren, daß ich Christus trotzdem noch vertrauen konnte", fuhr Onesimus fort. „Doch es war ein nur unter Seelenschmerz und Verzweiflung verschütteter Hoffnungsfunke. Als ich versuchte zu beten, war mir, als würde sich eine schwarze Wolke des Zweifels und der Rebellion auf mich legen. Ich war einfach nicht vorbereitet auf den Schicksalsschlag jener schrecklichen Stunde."

Er brach in Tränen aus und fühlte, wie der Apostel ihm den Arm um die Schulter legte. Onesimus brauchte eine Zeit, bis er sich wieder beruhigte; und dann mußte er sich innerlich noch einen Ruck geben, um die Frage aussprechen zu können, die ihn in den letzten Wochen immer wieder gequält hatte:

„Vater Johannes, wie kann der Herr Jesus, der so viel für mich gelitten hat, mir je meine Zweifel vergeben, die mich ergriffen haben? Und wie könnt ihr, du, Helen, Papias und die anderen Mitchristen mir mein Versagen vergeben, weil ich nicht mehr in der Lage war, Christus zu vertrauen, sondern so feige und voller aufrührerischer Gedanken davongelaufen bin?"

„Wir vergeben dir in derselben Weise, Onesimus, wie unser Herr Jesus Christus uns und dir vergeben hat", versicherte Johannes ihm. „Darum ja gerade hat der Vater Seinen Sohn gesandt, um uns zu vergeben und uns freizumachen von aller Schuld und Angst. Das ist doch die gute Botschaft unseres Evangeliums, die Paulus, Petrus, Lukas, ich und auch du selbst schon und viele andere Christen mit uns der Welt verkündigen können. Jeder von uns hat diese Vergebung vom Vater im Himmel durch Jesus Christus nötig gehabt. Wir Jünger alle haben unseren Herrn in jener schwersten Stunde in Gethsemane, als er den Weg zum Verrat, Gericht und Kreuz antreten mußte, auch verlassen und sind geflohen. Und Simon Petrus hat den Herrn nachher auch noch verleugnet. Und Er hat uns allen vergeben."

Onesimus war tief bewegt von diesen Worten. Ehe er etwas antworten konnte, fuhr Johannes fort. „Nachdem der Leichnam des Herrn vom Kreuz abgenommen war und wir Ihn begraben hatten, überfielen uns Jünger so viele Zweifel und soviel Mutlosigkeit, daß wir zu nichts anderem mehr fähig waren, als uns in einem Raum zu verstecken, den wir aus Angst verschlossen und verriegelt hatten. Und weißt du, was der Herr uns, den Mutlosen und Zweiflern, als erstes sagte, als Er am Ostertag in unsere Mitte trat?"

Onesimus blickte fragend auf, und Johannes erklärte: „Der Herr sagte: *Friede sei mit euch!*"

Da war es Onesimus, als würde ein eiserner Reifen platzen, der bisher um seine Brust gelegen hatte. „O, Vater Johannes!" rief er, „vielen Dank für dieses Wort! Ich kann nun neu sehen, daß nach Kreuz und Tod die Auferstehung und der Sieg unseres Herrn Jesus Christus folgt! Es war mein stolzer Verstand, der an der Liebe Gottes zweifelte und Antworten von Ihm forderte, die ich doch nicht hätte begreifen können. Ich wollte verstehen, statt zu vertrauen! Wie töricht bin ich doch gewesen!"

„Du hast recht, mein Sohn", nickte Johannes. „Oft finden wir in der Torheit dieser Welt die verborgene Weisheit Gottes, doch unser stolzer Verstand verleugnet es. Gott möchte zwar, daß wir auch unseren Verstand benutzen, denn auch ihn haben wir von Ihm erhalten, doch wenn wir einmal an den Punkt kommen, an dem unser Verstand nicht mehr weiter kann, dann müssen wir im Vertrauen auf den Herrn den Sprung des Glaubens wagen und werden so stets in den ewigen Armen der Liebe Gottes landen."

Onesimus erhob sich. Mit nachdenklichem Gesichtsausdruck meinte er: „Und doch bin ich auch dankbar für diese dunklen Stunden, die ich erlebte. Ich verstehe Paulus jetzt noch viel besser, als er von dem Geheimnis des Planes und der Liebe Gottes sprach. Ich sehe nun, daß unser Herr Sein Versprechen, uns nie allein zu lassen, auch diesmal gehalten hat. Er war mit mir in dieser dunklen Zeit und auch hier bei diesen gesetzlosen Männern und hat mich bewahrt. Ich erkenne nun neu und noch viel besser als vorher, daß der Weg des Glaubens nicht der Weg der Resignation vor dem Unheil ist, das uns trifft, wie es die Stoiker verstehen und hinnehmen. Aber es ist auch nicht der Weg der Zweifel und Auflehnung der Zyniker oder der Weg des leichtfertigen Vergessens der Epikuräer. Sondern der Weg des Glaubens ist einer, der uns auch in den dunklen Stunden des Lebens offen sein läßt für die Liebe Gottes und das Wirken des Heiligen Geistes, so daß auch in solchen Zeiten unser Glaube und unser Vertrauen zu unserem Vater im Himmel wächst. Ich habe nun erleben dürfen, wie das Licht des Lebens, das in Jesus Christus ist, auch in meine Finsternis hineingeleuchtet und mir neuen Mut, neue Hoffnung und neuen Glauben gebracht hat!"

„Wir wollen Gott danken für Seine große Gnade und Liebe", sagte der Apostel und erhob sich ebenfalls. Die beiden Männer hoben ihre Hände zum Himmel empor und priesen Gott.

Als sie geendet hatten, sagte Onesimus: „Ich will sogleich damit beginnen, Zeugnis von der Vergebung und der noch größeren Freiheit, die ich nun in Christus gefunden habe, abzulegen, und zwar meinen Gefährten gegenüber. Sie werden überrascht sein, und viele werden mich nicht verstehen. Doch einige, so hoffe ich, werden begreifen, was ich meine, und werden auch beginnen, diese Vergebung und Freiheit in Jesus Christus zu suchen."

Onesimus nahm den alten Apostel beim Arm und führte ihn zurück in den Kreis der Banditen. Hier sprach er mit einfachen Worten, aber voll tiefer Überzeugung zu ihnen. Er erinnerte sie an ihre Sklaverei und Flucht, um die Freiheit zu finden, die aber wieder einer anderen Gefangenschaft glich, weil sie dadurch in diesen wilden und rauhen Bergen festgehalten wurden. Er bekannte offen, daß seine Flucht zu ihnen der Versuch gewesen war, der Gefangenschaft seiner Zweifel und seines stolzen Verstandes zu entkommen. Daran schloß er ein glühendes Zeugnis von der Erlösung zur wahren Freiheit in der Wahrheit durch Jesus Christus.

Anschließend dankte er ihnen für die verständnisvolle Aufnahme und Kameradschaft, die er bei ihnen gefunden hatte, und verabschiedete sich noch von jedem einzelnen. An der Reaktion und den Worten mancher von ihnen erkannte er, daß sie tief bewegt waren und den Weg zu Jesus Christus suchen würden.

23. KAPITEL

Auf seinem treuen Pferd Solon neben Johannes reitend, gefolgt von den beiden jungen Christen, zog Onesimus wieder in Hierapolis ein. Als sie im Hof von Papias' Anwesen von den Pferden stiegen, rannten von allen Seiten die Freunde herbei. Papias umarmte Onesimus, und genauso taten Protagoras, Gorgia und alle anderen. Man wollte ihn fast nicht mehr loslassen.

„Bitte, laßt mich jetzt zu Helen gehen", bat Onesimus endlich. Alle verstanden ihn, als er mit schnellen Schritten auf das Haus zuging und darin verschwand.

Als Onesimus ihr Zimmer betrat, erhob sich Helen von einem Stuhl, der am Fenster stand, und kam ihm mit ausgebreiteten Armen langsam einige Schritte entgegen. Sie konnte zwar schon aufstehen, doch das Gehen bereitete ihr noch viel Mühe.

Onesimus zog sie an sich, und lange verharrten sie in dieser schweigenden Umarmung. Dann setzten sie sich nebeneinander auf das Bett, und Onesimus begann zu erzählen. In allen Einzelheiten berichtete er die Erlebnisse der vergangenen Monate. Als er seine Überraschung und Beschämung schilderte und seine kopflose Flucht, als Johannes im Lager der Räuber eintraf, mußte Helen leise lachen, als sie sich vorstellte, wie der alte Apostel hinter dem fliehenden jungen Mann hergelaufen war.

Endlich war Onesimus am Ende seines Berichts angelangt. Beide saßen eine Zeitlang schweigend nebeneinander. Dann sagte Helen: „Liebster, du hast noch umfassendere

Freiheit, tieferen Glauben und größeres Verständnis für die Liebe und die Wege Gottes gefunden als je zuvor. Ich glaube, dein Dienst und Zeugnis wird in den Christengemeinden nun noch wirksamer sein als bisher schon."

Als sie am nächsten Morgen alle gemeinsam am Frühstückstisch saßen, unterhielten sie sich über die Zukunft. Onesimus war besorgt der Rechenschaft wegen, die die Behörden von ihm fordern konnten, weil er eine Zeitlang zu den Banditen gehört hatte und sogar ihr Anführer gewesen war. „Ich bin ein Räuber und Dieb und habe nach dem Gesetz Strafe verdient", sagte er.

„Aber du bist nun kein Räuber und Dieb mehr", erklärte Papias.

„Es gibt ein höheres Gesetz als das Gesetz der Strafe", stimmte Johannes zu, „und das ist das Gesetz der Liebe und Vergebung. Wir vergeben dir, so wie Gott dir vergeben hat."

„Und hier ist noch eine andere Vergebung, die ich hinzufügen kann", sagte Papias lächelnd. „Es ist die volle Begnadigung für dich vom Statthalter Lintullus von Hierapolis, der auch ein Christ ist. Ich war gestern nachmittag noch bei ihm und habe ihm deine ganze Geschichte erzählt. Er war tief bewegt. Ohne daß ich ihn darum gebeten hatte, rief er einen Schreiber herbei und diktierte ihm einen vollen und bedingungslosen Gnadenerlaß für dich, den er zum Schluß siegelte. Hier ist der Erlaß, Onesimus, bewahre ihn gut auf." Damit überreichte Papias dem Heimkehrer eine kleine Papirusrolle.

Papias fuhr fort: „Der Statthalter trug mir noch auf, dir seinen Segen und seine Grüße zu übermitteln. Er möchte von dir selbst mehr von deinen vielfältigen Erfahrungen und Glaubenserlebnissen hören."

Als Onesimus die Rolle entgegennahm, spürte er, wie ihm Dankestränen in die Augen traten. Aufmerksam las er das Geschriebene und rief dann: „Dies ist wiederum eine

Begnadigung! Mein Herr und Erlöser vergab mir meine Schuld, begnadigte mich und gab mir die wahre Freiheit, Philemon vergab mir meine Schuld und gab mir die Freiheit, und nun hat mich auch Statthalter Lintullus begnadigt und mir meine Schuld den Gesetzen gegenüber vergeben. Nie mehr will ich mich von den Bindungen des Zweifels, des Unglaubens und der Sünde gefangenehmen lassen!"

Alle brachten ihre Freude für die wunderbare Lösung auch dieses Problems zum Ausdruck und redeten einige Augenblicke aufgeregt durcheinander. Als wieder Ruhe einkehrte, ergriff Johannes das Wort.

„Onesimus, auch ich hätte noch etwas hinzuzufügen", sagte er. „Ich möchte dich und Helen einladen, mit mir nach Ephesus zurückzukehren. Wir möchten dich dort zum Ältesten ordinieren, und du könntest mein Mitarbeiter sein. Die Gemeinde hat mir ganz dringend ans Herz gelegt, dir diese Einladung weiterzugeben. Auch Tyrannus läßt dir ein besonders warmes Willkommen ausrichten und bittet dich dringend, Ephesus zu deinem Hauptquartier zu machen.

Von Ephesus aus kannst du am besten die Gemeinden in der Provinz Asia und darüber hinaus besuchen, wie du das schon vor dem Erdbeben getan hast. Viel Zeit solltest du aber auch in Ephesus sein, denn dort ist viel Arbeit im Zeugendienst und in der Lehre zu tun. Gerade in letzter Zeit haben wir in Ephesus eine besonders große Offenheit für das Evangelium verspürt.

Mit dieser Einladung verbindet die Gemeinde in Ephesus das Angebot, dir dort ein Haus zu beschaffen, in dem ihr wohnen könnt, und dir einen regelmäßigen festen Betrag für deinen Lebensunterhalt zu zahlen. Ich glaube, wir gemeinsam, und du mit Helen zusammen, in der Freiheit des Geistes haben noch einige wunderbare Jahre vor uns. Was sagst du dazu?"

Onesimus war überwältigt von diesem Angebot und brauchte einige Zeit, um sich zu fassen. Verstohlen blickte er zu Helen, die ihm leicht zunickte. „Was kann ich da schon noch anderes sagen“, antwortete er. „Durch die Gnade Gottes scheint die Zukunft wirklich für uns voller Hoffnungen offenzustehen. Helen und ich werden mit dir gehen in die Aufgaben und die Arbeit, für die Christus uns haben will.“

TEIL V

DER LEHRER

24. KAPITEL

Die Rückkehr von Johannes mit Onesimus und Helen nach Ephesus veranlaßte die Gemeinde, dieses Ereignis mit einem besonderen Festgottesdienst in der Halle von Tyrannus zu feiern. Viele erinnerten sich noch an Onesimus' frühere Besuche und seinen Bericht von der Befreiung aus der inneren Unfreiheit der Sünde und der äußeren Sklaverei. Besonders in Erinnerung der Gemeinde waren noch die Berichte vom Tod der Apostel Paulus und Petrus und der tapferen Haltung der Christengemeinde in Rom und aller Erlebnisse, die Onesimus dort gemacht hatte.

Außerdem hatte sich mittlerweile einiges von dem herumgesprochen, was Onesimus in der letzten Zeit widerfahren war. Die schmerzlichen Verluste der Angehörigen und des Besitzes durch das Erdbeben sowie der Verlust des Vertrauens zu Gott und Seiner Liebe, seine Zweifel und die Flucht zu den *barmherzigen Banditen.* Einige meinten sogar, gehört zu haben, Onesimus sei einige Zeit ihr Anführer gewesen.

Jedenfalls war die Spannung groß, als sich die Angehörigen der wachsenden Gemeinde zusammen mit vielen Freunden, die noch keine Glieder der Gemeinde waren, versammelten. Tyrannus' Halle war kaum in der Lage, allen Platz zu bieten, die gekommen waren. Auch die Tatsache, daß Onesimus' Frau Helen nun zum ersten Mal in der Gemeinde in Ephesus sein würde, trug zu dem großen Interesse bei, denn manches hatte man schon von ihrer Treue und Schönheit gehört.

Erwartungsvolle Stille lag über der Versammlung, als Bischof Johannes mit Onesimus und Helen die Halle betrat. Die Anwesenden erhoben sich und hießen das junge Paar mit herzlichem Applaus willkommen.

Johannes erhob Ruhe erbittend seine Hand. Als wieder Stille eingekehrt war, sagte er bewegt: „Kinder der Familie Gottes in Ephesus, einer, der verloren war, ist wiedergefunden. Onesimus ist heimgekehrt zu uns!"

Ein lauter, dankbarer Freudenschrei erhob sich aus der Versammlung. Wieder hob Johannes die Hand. „Mit ihm ist seine schöne Frau Helen gekommen", fuhr er fort. „Durch Gottes Hilfe ist sie fast völlig wieder hergestellt von den vielen schweren Verwundungen, die sie durch das große Erdbeben in Kolossea erlitten hat, in welchem ihre ganze Familie den Tod fand. Die beiden sind heute mit uns im Glauben an unseren gemeinsamen Herrn vereinigt, der in die Dunkelheit ihrer Trübsal das Licht Seiner Liebe scheinen ließ. In wenigen Minuten wird Onesimus uns von dem berichten, was ihnen in den letzten Monaten begegnet ist, von seinem Kampf mit den Zweifeln und von seinem Sieg durch Jesus Christus. Doch vorher wollen wir noch gemeinsam miteinander beten und dem Vater im Himmel danken für die großen Wunder, die Er tut, und für Seine Liebe."

Alle erhoben sich wieder, und die Gläubigen begannen Gott zu preisen. Nach dem gemeinsamen Gebet erklärte der Apostel: „Nun präsentiere ich euch meinen Sohn und euren Bruder in Christus, Onesimus!"

Onesimus erhob sich und begann mit bewegter Stimme: „Liebe Brüder und Schwestern in Christus, die Liebe, die ihr uns entgegenbringt, überwältigt uns. Verdient habe ich sie sicherlich nicht, denn ich bin in der letzten Zeit in meiner Nachfolge Jesu nicht treu gewesen, sondern bin meinen eigenen Weg gegangen. In meiner Verzweiflung und dem Schmerz über unseren großen Verlust habe ich mich von Jesus abgewandt. Monatelang war ich nicht in der Lage, Seinen Sieg, Seine Liebe und die Wahrheit Seines Wortes zu bezeugen, wie es hier in Ephesus und in den anderen Städten der Provinz Asia, wo es Christengemeinden gibt, so dringend nötig gewesen wäre. Ich habe zwar meinen Glauben an den Herrn Jesus Christus nie ganz aufgegeben. Irgendwo in meinem Inneren habe ich immer daran festgehalten. Doch ich verlor mein Vertrauen in unseren Herrn.

Unser geliebter Bischof Johannes ist dem Beispiel Jesu gefolgt und hat sein Leben aufs Spiel gesetzt, um mich zurückzubringen zu noch tieferem Glauben und zu noch größerer Hingabe an den Herrn. Ich habe mich schuldig gefühlt und habe mich geschämt, weil ich zuließ, daß die Zweifel mich überwältigten und ich kein Vertrauen in Jesus mehr hatte, denn ich habe ja die siegreiche Liebe Gottes selbst miterlebt, wie ich sie in Paulus und Petrus, in Tavia, in Antipas und in vielen anderen Christen, die ich kennenlernen durfte, gesehen habe. Doch durch die vergebende Gnade Jesu ist meine Schuld nun hinweggewaschen.

Ich bin dankbar für das Vorrecht, euch nun über die Erfahrungen dieser letzten Monate berichten zu dürfen, wie ich in meinen Zweifeln verlorenging und wie mich unser guter Hirte Jesus Christus mit Seiner Liebe und mit der Hilfe unseres Vaters Johannes wiedergefunden hat. Ich hoffe, mein Zeugnis wird vielen von euch eine Hilfe und Ermutigung sein, denn ich weiß, daß wir alle Zeiten der Anfechtung und des Zweifels erleben, die wir nur durch unser Vertrauen in Jesus überwinden können, denn unser Glaube ist der Sieg, der die Welt überwindet. Doch nun will ich von meinen Erfahrungen berichten."

Onesimus begann zu erzählen, wie sie am Ende des Gottesdienstes in Hierapolis das Erdbeben verspürten, wie er die große schwarze Wolke über Kolossea entdeckte und so schnell er konnte zurückritt. Er schilderte die furchtbaren Bilder der Zerstörung und Verzweiflung, die ihm in Kolossea begegneten, seine verzweifelten Versuche, Helen zu retten, und die Hilfe durch Bischof Papias und die anderen Männer der Gemeinde aus Hierapolis.

Die Anwesenden waren tief ergriffen, als er nun von seinem Kampf mit Verzweiflung und Unglaube berichtete und wie er dadurch zu den Banditen in den Bergen getrieben wurde, wo er langsam wieder zu der Wahrheit und Liebe Gottes zurückfand. Freudenrufe wurden hier und da in der Versammlung laut, als er das Erscheinen von Johannes im Lager der Räuber beschrieb und seine Überraschung und Beschämung, die ihn ergriff, und seine Flucht. Fast alle lachten mit, als sie hörten, wie der alte Apostel den jungen Flüchtling verfolgt hatte. Und in den Augen vieler schimmerten Tränen, als er von der anschließenden Unterhaltung mit dem Apostel erzählte, durch die der Damm der Rebellion, der Verzweiflung und des Unglaubens, den er sich selbst in seinem Inneren aufgebaut hatte und hinter dem er sich mit seinem intellektuellen Stolz versteckte, zusammenbrach und wie er seine Schuld vor Jesus bekannte und neu Glauben in die vergebende Liebe fassen durfte.

Alle lauschten aufmerksam. Manche, die selbst in inneren Kämpfen standen, wurden neu ermutigt. Etliche von denen, die noch keine Christen waren, wurden so ergriffen von dem, was sie hörten, daß sie Glauben faßten und ihr Herz der vergebenden Liebe Gottes in Jesus Christus öffneten. Es wurde eine Stunde der Entscheidungen für Christus und tieferer Übergabe der Gläubigen an ihren Herrn.

„Ich bin nun einer von euch“, schloß Onesimus. „Durch die Gnade Gottes und die Liebe unseres Bischofs darf ich als euer Pastor und als ein Diener Gottes unter euch sein. Jeden unter euch, der ebenfalls mit Problemen und Zweifeln zu kämpfen hat, möchte ich ermutigen, zu mir zu kommen und mir ganz offen davon zu berichten, so wie ich euch jetzt von meinen Kämpfen und Nöten erzählt habe. Vielleicht kann ich euch aus eigener Erfahrung heraus Rat und Hilfe geben. Christus allein sei die Ehre, der in der Lage ist, unendlich viel mehr zu tun, als wir von Ihm bitten und erwarten können! Amen!“

Nach diesen Worten forderte Johannes die Gemeinde

noch zum Gebet auf, und anschließend wurde der Gottesdienst mit einem Lied, das den Sieg Christi rühmte, endgültig geschlossen.

Viele der Gläubigen kamen dann noch zu Onesimus und Helen, um sie persönlich zu begrüßen und ihre Freude auszudrücken, daß die beiden nun unter ihnen waren. Alle verspürten sie den Geist der Gemeinschaft, der *Koinonia,* der Gemeinde Jesu Christi.

Später am Abend saß die Hausgemeinschaft noch im Atrium des Tyrannushauses beisammen. Johannes sprach von seinen großen Hoffnungen für die Christengemeinden in Ephesus und der ganzen Provinz Asia.

„Onesimus, dein Zeugnis heute abend und die Reaktion der Zuhörer darauf hat mir gezeigt, daß Gott dich zu einem wunderbaren Werkzeug der Verkündigung des Evangeliums gemacht hat", sagte er. „Deine Kämpfe, die zuerst so sinnlos erschienen, haben dem Heiligen Geist Gelegenheit gegeben, deinen Glauben noch zu vertiefen und dich zu einem noch besseren Zeugen der großen Taten Gottes zu machen als vorher. Ich bin überzeugt, daß dein Leben und Dienst als mein Mitarbeiter, mit Helen an deiner Seite, überaus gesegnet und fruchtbar sein wird. Du wirst so viel Gelegenheit bekommen, das Evangelium zu verkündigen und im Reich Gottes zu arbeiten, daß deine Zeit dazu nicht ausreichen wird."

Alle anderen stimmten eifrig und mit ermutigenden Worten zu. „Du und Helen, ihr seid in unserem Haus herzlich willkommen, bis ihr ein passendes Haus oder eine entsprechende Wohnung für euch selbst gefunden habt", sagte Joanna. „Unser Haus ist groß genug, und es ist noch reichlich Platz vorhanden."

„Vielen Dank, ihr lieben Freunde", rief Helen. „Dieser Tag ist einer der glücklichsten meines Lebens. Onesimus hat mir ja auch schon so viel von euch erzählt."

Am nächsten Abend trafen sich Onesimus und Bischof Johannes mit Tyrannus und einer Anzahl anderer Ältester und

Diakone der Gemeinde. Der Diakon Euplus war anwesend, der damals Cerinthus und seine Freunde in sein Haus eingeladen hatte und der die gnostischen Ansichten über Christus, die Cerinthus ihm darlegte, zurückgewiesen hatte. Außerdem waren die Ältesten Crocus und Fronto anwesend und der Diakon Burrhus, auf dessen Treue Johannes sich verlassen hatte, als er ihn ermutigte, gegen die falschen Lehren der jungen alexandrinischen Gnostiker anzugehen.

Die Männer hatten sich im Studierzimmer des Bischofs eingefunden, und Johannes eröffnete die Versammlung mit einem inbrünstigen Gebet um die Leitung des Heiligen Geistes in der Krise, in der sich die Gemeinde wegen der *gnostischen* Lehren befand und durch sie eine Spaltung drohte. Nach dem Gebet bat Johannes die Männer, zu berichten, was während seiner Abwesenheit geschehen war. Euplus, der die meiste Verbindung zu Cerinthus hatte, ergriff das Wort.

„Bischof Johannes, es tut mir leid, berichten zu müssen, daß Cerinthus und Michael sich nun offen mit den Priestern des Artemistempels und den Silberschmieden und den Kaufleuten, die gegen dich sind, zusammengetan haben. Sie lehnen ganz offen deine Lehren über die christliche Moral ab, die auf der Liebe Gottes aufbaut und alle Vergnügungen ablehnt, durch die andere Menschen geschädigt werden. Cerinthus und Michael predigen überall von dieser Vision von Chisti Königreich der irdischen Vergnügungen und beschreiben dieses Königreich als ein neues Zeitalter der ausschweifenden Feste, bei denen man sich an übermäßigem Essen und Trinken und allen möglichen sexuellen Vergnügungen frei und offen erfreuen kann, weil sie ein Zeugnis des Sieges Christi über den bösen Herrscher dieser Welt seien. Cerinthus verkündigt diese Lehren fast jeden Tag von der Rednerplattform in der *Agora* aus, und die Anzahl seiner Zuhörer wird mit jedem Tag größer."

Hier ergriff Burrhus das Wort. „Und es tut mir leid, sagen zu müssen, daß sich unter diesen Zuhörern auch eine ganze Anzahl junger Christen befinden. Offensichtlich finden seine Argumente, daß Selbstverleugnung und die Annahme des Kreuzes Christi nur Torheiten seien und daß man auf einem viel leichteren und vergnüglicheren Weg Erlösung vom Tod und ewiges Leben empfangen kann, so daß man sich durchaus auch als Christ an den Fruchtbarkeitsritualien im Tempel der Artemis beteiligen könnte, bei vielen Leuten großen Beifall. Einige unserer jungen Christen sind mit Cerinthus und Michael in den Tempel der Artemis gegangen und haben sich an den erotischen Tänzen und den sexuellen Vereinigungen mit den Priesterinnen des Tempels beteiligt."

Johannes schüttelte schockiert und bekümmert den Kopf, als er diese betrüblichen Neuigkeiten vernahm. „Was meintest du damit, Euplus, als du sagtest, Cerinthus und Michael haben sich mit den Tempelpriestern zusammengetan?" fragte er.

„Das kann ich erklären", antwortete Burrhus. „Die Silberschmiede und Kaufleute, die aus dem Verkauf der Artemis-Statuen, der Amulette und anderer heidnischer Zauber- und Schmuckgegenstände viel Gewinn ziehen, verkündigen überall, wie sehr unsere christlichen Lehren ihren Geschäften Abbruch tun. Und da die Anzahl der Christen in Ephesus immer mehr zunimmt, fühlen sie ihren Gewinn bedroht wie damals, als sie einen Aufruhr gegen Paulus anzettelten, bei dem er fast ums Leben gekommen wäre. Deshalb freuen sie und die Tempelpriester sich über die Lehren, die Cerinthus in der *Agora* verkündigt, unterstützen ihn und ermutigen die Menschen, ihm zuzuhören."

Onesimus erkannte ganz klar die Gefahr, die in dem lag, was er hier zu hören bekam. Er sagte: „Das bedeutet also, das diese Leute die *gnostischen* Christen unterstützen, weil durch deren Lehren ihre Geschäfte wieder zu blühen beginnen. Doch wenn Christsein bedeutet, daß wir die korrupte Kultur der Artemisanhänger und des Heidentums akzeptieren, dann ist die Basis unseres Christentums bedroht, die auf der Nachfolge Jesu Christi beruht."

„Du hast den Nagel auf den Kopf getroffen, Onesimus", sagte Johannes seufzend. „Erinnerst du dich noch, als

Cerinthus und seine Freunde die ersten Male zu uns kamen? Damals haben wir wiederholt viele Stunden mit ihnen diskutiert, um sie von ihren Irrlehren abzubringen, daß Christus nicht gelitten hätte, sondern daß dies nur der Mensch Jesus gewesen sei, und daß sie, statt ein heiliges Leben zu führen, regiert von der göttlichen Liebe, der *Agape,* sich als Christen auf alle möglichen sinnlichen und sexuellen Vergnügungen einlassen könnten. Ich war bereit, mit ihnen die zweite Meile zu gehen, ja sogar die zehnte, und ihr habt mich darin unterstützt, indem ich ihnen gestattete, an unserer Gemeinschaft teilzunehmen und mit uns das Abendmahl zu feiern. Wir beteten darum, daß ihre Herzen sich für die Wahrheit öffnen sollten, statt dessen verschlossen sie sich in ihrem stolzen Intellektualismus und in ihren Philosophien immer mehr. Nun stehen wir vor der Tatsache, daß sie dabei sind, eine üble Spaltung anzurichten, die dem Leib Christi in unserer Stadt großen Schaden zufügen kann."

Alle schwiegen und dachten über die Worte ihres Bischofs nach. Dann stellte Johannes die Frage, an die im stillen alle dachten: „Was sollen wir jetzt tun? Onesimus, was meinst du? Du weißt, wie sehr ich mich immer und immer wieder um sie bemüht habe, um barmherzig zu sein."

„Ja, Vater Johannes, ich erinnere mich gut an deine Liebe für sie und an deine vielen Gebete", bestätigte Onesimus. „Ich glaube, du hast alles getan, was menschenmöglich war, um sie von ihrem Irrweg abzubringen. Ich glaube, daß es nun an der Zeit ist, daß wir unseren Standpunkt öffentlich klarmachen, und zwar durch dich, denn du bist unser Bischof und der allseits anerkannte Führer und Sprecher der Christengemeinden in der Provinz Asia. Wenn du sagst, daß Gott die Liebe ist, dann sprichst du von einer Liebe, die zugleich stark und weise ist und die uns dazu führt, den Weg des Kreuzes Christi zu wählen. Wir haben die Wahrheit zu verkündigen, auch wenn uns das bei den Priestern und Händlern Feindschaft einbringt, weil sie von den unsittlichen Orgien der Tempelgottesdienste der Artemis profitieren. Wir können diese heidnische Göttin genausowenig göttlich verehren, wie wir den Kaiser in Rom nicht als Gott anerkennen können. Und das können wir auch dann nicht tun, wenn wir einen teuren Preis für diese Haltung bezahlen müssen."

Alle Anwesenden stimmten diesen Worten zu. „Onesimus hat recht! Je früher wir unsere Haltung offen erklären, um so besser ist es", bestätigte Euplus.

„Gut", nickte Johannes, „dann werde ich das mit Hilfe der Gnade Gottes und mit eurer Unterstützung tun. Wir wollen ganz Ephesus und Asia wissen lassen, daß wir, als die Nachfolger Jesu Christi, die Irrlehren von Cerinthus und seiner Anhänger mit allem Nachdruck zurückweisen. Ich werde dazu eine öffentliche Erklärung abgeben, und zwar so bald wie möglich. Wann spricht Cerinthus das nächste Mal? Wir werden dann vor ihm auf der *Agora* sein, und ich werde allen, die kommen, um ihn zu hören, unsere Überzeugung klarmachen."

„Du weißt, lieber Bischof, daß dies gefährlich werden kann?" fragte Euplus besorgt. „Cerinthus hat fanatische Anhänger, und auch die Tempelpriester können das Volk leicht aufwiegeln."

„Wir wollen dem Herrn vertrauen. Wenn ich angegriffen werde, dann wollen wir es ertragen. Ich bin damals in Gethsemane einmal mit den anderen Jüngern geflohen, doch seither habe ich meinen Herrn nie wieder verleugnet oder mich geweigert, Sein Kreuz zu tragen, und ich werde das auch diesmal nicht tun. Ich suche die Verfolgung nicht, aber ich werde auch nicht vor ihr davonlaufen."

„Wir werden mit dir gehen und an deiner Seite stehen", sagten Onesimus und Tyrannus fast wie aus einem Mund. Auch alle anderen erklärten sich bereit dazu.

„Ich danke euch für eure Ermutigung und Unterstützung, meine Brüder, denn ich werde sie brauchen. Onesimus, willst du zum Schluß noch mit uns beten?"

Onesimus brachte alles, was die Männer bewegte, mit brennendem Herzen im Gebet vor den Herrn. Er dankte dem

Herrn für den Mut und die Liebe des Apostels Johannes und bat um Kraft und Weisheit, zu tun und zu sagen, was nötig war.

„Der Herr sei mit euch allen", sagte Johannes, als er zum Abschied jeden von ihnen umarmte.

Einige Zeit vor zehn Uhr am nächsten Vormittag machte sich Johannes auf den Weg zur *Agora.* Onesimus und die Ältesten und Diakone der Gemeinde begleiteten ihn. Außerdem waren die Glieder der Christengemeinde von Ephesus noch am gestrigen Abend und am heutigen Morgen von dem Vorhaben ihrer Leiter unterrichtet worden, so daß viele von ihnen ebenfalls anwesend waren. Auch eine ganze Anzahl von Artemisanbetern versammelten sich schon mit ihnen, weil sie auf die Ansprache von Cerinthus warteten.

Bald erschien auch Cerinthus mit einer Anzahl seiner eifrigsten Anhänger. Als er den Apostel sah, ergriff ihn eine leichte Verlegenheit, weil er ahnte, was geschehen konnte. Er hatte vor diesem letzten der Jünger Jesu immer noch so etwas wie Ehrfurcht, obwohl er so oft während der letzten Monate seiner Lehre widersprochen und sie verurteilt hatte.

Sein Unbehagen dauerte jedoch nur einige Augenblicke. Seine fanatische Überzeugung von seiner eigenen Vision von Christus und seine Bemühungen der letzten Zeit, sich mit seinen Anhängern mit den Priestern und Priesterinnen der Artemis zu verbünden, machten es nicht nötig, eine öffentliche Auseinandersetzung mit dem Mann zu suchen, der sich bemüht hatte ihm zu helfen. Deshalb ging er mit erhobenem Haupt auf den Bischof zu und begrüßte ihn lächelnd.

„Guten Morgen, Bischof Johannes, es ist eine Ehre für mich, daß du zu der Zeit, zu der ich gewöhnlich den Herrn Christus verkündige, gekommen bist, um mir zuzuhören. Ich sehe, daß du auch meinen Freund Onesimus mitgebracht hast."

„Cerinthus, ich fürchte, du hast den Grund, weshalb ich gekommen bin, mißverstanden", antwortete Johannes fest, aber zurückhaltend.

„Ich bin nicht hier, um dich und deine Irrlehren zu ehren. Als erwählter Bischof und durch Jesus Christus berufener Hirte der Christengemeinde zu Ephesus bin ich mit den Leitern der Gemeinde gekommen, um klarzumachen, daß wir keinerlei Gemeinschaft mit dir und deinen Irrlehren haben. Ich werde nie aufhören, dich zu lieben und für dich zu beten. Aber weil du durch deine falschen Lehren großen Schaden auf den Namen unseres Herrn und auf seine Gemeinde bringst, muß ich hier öffentlich erklären, daß Jesus von Nazareth im Gegensatz zu deinen Irrtümern auch der Christus Gottes ist. Jesus Christus ist beides zugleich in Seiner Person, der Gottessohn und der Menschensohn, und als solcher ist Er unser Erlöser, der am Kreuz gelitten hat und durch Seinen Tod für uns die Erlösung erwirkte. In Ihm ist die Wahrheit des ewigen Vaters, der das Universum erschaffen hat. Durch Ihn und in Ihm und zu Ihm ist alles geschaffen, was da existiert. Wir, die wir Jesus in Seinem Erdenleben gekannt haben, sahen auch Seine Herrlichkeit, nämlich die Herrlichkeit des eingeborenen Sohnes vom Vater im Himmel. In Ihm haben wir die Gnade und die Wahrheit Gottes erfahren.

Das, Cerinthus, ist das Fundament unseres Glaubens, die wir wahre Nachfolger Jesu Christi sind. Weil wir treu zu Seinem Wort und Seinem Geist stehen, können wir deine lüsternen und verderblichen Lehren nicht akzeptieren, die da sagen, Christi Reich sei die Herrschaft aller möglichen sinnlichen und sexuellen Vergnügungen, und es seien in diesem Reich keine moralischen Grenzen gesetzt, ganz gleich, ob andere Menschen oder unsere Familien darunter leiden. Deine Lehren stehen im Gegensatz zu dem Geist Jesu Christi, der unser Herr ist und der alle Gebote in der einfachen Forderung zusammenfaßte, wir sollten Gott lieben über alle Dinge und unseren Nächsten wie uns selbst."

Johannes wandte sich nun an die große Menge Menschen, die sich inzwischen angesammelt hatten und die bisher erstaunlich still geblieben waren. „Die Liebe Christi ist die Liebe Gottes!" rief der Apostel. „Und diese Liebe wird niemals etwas ermutigen, was die Würde und den Wert eines Menschen verletzt. Cerinthus' persönliche Teilnahme im Namen der christlichen Freiheit an den Fruchtbarkeitsriten im Tempel der Arthemis und die Tatsache, daß er junge Christen ermutigt, dies ebenfalls zu tun, ist eine Verlästerung und Verhöhnung des reinen und sündlosen Lebens Jesu Christi und Seiner Liebe! Das muß aufhören!"

Die Würde, die von der Persönlichkeit des alten Apostels ausging, und die Kraft seiner Rede beeindruckten die Menschen zunächst. Vor allem die jungen Christen, die gekommen waren, um Cerinthus zu hören, senkten beschämt ihre Köpfe. Doch als Johannes begann, die Fruchtbarkeitsritualien ihrer geliebten Göttin Artemis als Sünde zu bezeichnen, wurden viele Zuhörer ärgerlich. Angeführt von den Priestern und einigen anwesenden Silberschmieden begannen sie erst leise und dann immer lauter zu rufen, und bald wurde der Aufruhr so groß, daß Johannes nicht mehr zu hören war.

„Stopft diesem törichten alten Mann das Maul!" schrie einer mit einer besonders kräftigen Stimme.

„Er soll von hier verschwinden!" forderten andere.

„Groß ist die Artemis von Ephesus!" schrie eine ganze Gruppe immer wieder, angefeuert von einem Priester. „Sie ist die Hoffnung für unsere Söhne und Töchter, und ihre Priesterinnen bereiten uns viel Vergnügen!"

Onesimus und Tyrannus standen neben ihrem alten Bischof, dem nun der Schweiß von der Stirn lief und dem man die Erschöpfung ansah.

„So ähnlich war es damals bei dem Aufruhr, der Paulus zwang, Ephesus zu verlassen und der ihn fast das Leben gekostet hätte", sagte Tyrannus leise zu Onesimus. „Wir müssen zusehen, daß wir Johannes hier herausbekommen, sonst wird er noch geschlagen und vielleicht schlimm verletzt."

Doch ehe sie noch etwas unternehmen konnten, wurde die Menge durch eine andere Stimme beruhigt, die nun von der Plattform her redete. Es war Cerinthus, der mit seiner großen Redebegabung das Wort ergriffen hatte und zunächst einmal ihren Glauben an die Göttin und die Rituale des Tempels lobte.

Dann fuhr er fort: „Meine Freunde, die ihr mir schon so oft zugehört habt, ihr wißt, daß die Anschuldigungen dieses alten Mannes falsch sind!"

„Ja, ja!" erscholl es von allen Seiten.

„Doch obwohl seine Lehren von Christus, den auch ich anbete und dem ich diene, falsch sind, so ist er doch der letzte der Jünger, die Jesus persönlich gekannt haben und mit Ihm über diese Erde gegangen sind. Er ist ein Mann, der mir stets mit großer Freundlichkeit begegnet ist. Deshalb bitte ich euch nun, laßt ihn gehen, ohne ihm Schaden zuzufügen. Er ist wirklich ein großer Mann, der voller Liebe ist. Laßt ihn gehen, und ich werde weiter zu euch sprechen!"

„Du magst mit deinen falschen Lehren fortfahren, mein Sohn", sagte Johannes in die Ruhe hinein, die nach Cerinthus' Worten eingetreten war, so daß alle ihn hören konnten. „Doch du und alle hier Versammelten, ihr sollt wissen, daß nicht ein einziger von uns, die wir Jesus selbst gekannt haben, das, was du lehrst, als das Evangelium von Jesus Christus anerkennen kann. Ich gehe jetzt, doch vergiß nicht, daß ich nicht aufhören werde, für dich zu beten, mein Sohn. Ich kann aber keine Gemeinschaft mit dir und den falschen und schädlichen Lehren haben, und auch nicht mit dem Beispiel deines Lebens."

Die Menge hatte schweigend und fasziniert zugehört. Noch mehr aber staunten sie, als der alte Apostel seine Arme über Cerinthus erhob und laut sagte: „Ich segne dich trotzdem, mein Sohn!"

Sie hatten gehört, daß man diesen alten Bischof den „Apostel der Liebe" nannte, doch nun sahen sie selbst etwas davon. Verwundert und schweigend verharrten sie, als Onesimus und Tyrannus den alten Mann bei den Armen faßten und mit ihm, gefolgt von den anderen Leitern der Christengemeinde, die Plattform verließen und davongingen. Bereitwillig und schweigend machten die Menschen Platz, um die Gruppe hindurchzulassen.

Johannes stützte sich schwer auf die Arme von Onesimus und Tyrannus, als sie davongingen.

„Wir sind stolz auf dich, Johannes", sagte Onesimus, als sie ein Stück gegangen waren und Cerinthus' Stimme nicht mehr vernehmen konnten. „Du hast alles gesagt, was nötig war, und du hast es in großer Liebe getan. Der Heilige Geist hat wirklich durch dich geredet."

„So ist es", bestätigte Tyrannus. „Drehe dich einmal einen Augenblick um, und du wirst sehen, wie deine Worte gewirkt haben. Eine ganze Anzahl unserer jungen Christen, die sich von Cerinthus' Worten verführen ließen, verlassen gerade die *Agora* und gehen davon."

„Der Heilige Geist hat in dieser Stunde einen großen Sieg für unseren Herrn Jesus Christus errungen!" rief Euplus voller Freude. „Ich hatte damit gerechnet, daß die Anhänger der Artemis gewalttätig werden könnten, deshalb bin ich Cerinthus dankbar, daß er seinen Einfluß geltend gemacht hat. Einige wenige unserer Christen werden vielleicht bei ihm bleiben. Doch an den Gesichtern der anderen, die jetzt auch die *Agora* verlassen haben, konnte ich erkennen, daß Jesus Christus durch dein Zeugnis den Sieg errungen hat. Die Christengemeinde in Ephesus wird keine oberflächliche und vergnügungssüchtige Schar von Anhängern der sogenannten christlichen *Gnostiker* werden."

„Dafür sei Gott gepriesen!" sagte Johannes mit schwacher Stimme, aber mit freudigem Herzen.

25. KAPITEL

Die folgenden Wochen, in denen Onesimus und Helen begannen, sich in ihrem neuen Leben in Ephesus einzurichten, waren für die beiden fleißig und glücklich zugleich. Helen begleitete Joanna oft zu Frauengruppen, die sich hin und her in den Häusern christlicher Familien trafen, zusammen beteten und die Evangelien des Matthäus, Lukas und Markus sowie die Briefe des Apostels Paulus studierten. Auch Onesimus war an den Abenden der Wochentage oft in Häusern, wo sich Gruppen von Gläubigen versammelten, und lehrte sie aus den Evangelien und den Briefen von Paulus und Petrus, deren Bedeutung er viel besser verstand als die meisten seiner Zuhörer, hatte er doch viele dieser Briefe selbst nach dem Diktat der Apostel geschrieben.

Helen fand sich schnell in die Gemeinschaft der Gläubigen hinein und wurde freudig und mit Liebe aufgenommen. Ihr freudiger Geist und ihr humorvolles Wesen wurden überall willkommen geheißen. Ihr philosophischer Unterricht bei Onesimus und vor allem das, was sie bei ihrem Gatten und bei Papias schon von den Lehren des Apostels Paulus gelernt hatte, sorgten dafür, daß sie den Frauen der Gemeinde in vielen Fragen eine große Hilfe sein konnte.

Manchmal wurden Helen und Joanna auch von Maria, der Mutter Jesu, begleitet. Doch Maria war meist still und sprach sehr wenig, doch wenn sie es tat, lauschte man ihr mit großer Ehrerbietung.

Zu Onesimus' anderen Aufgaben kam noch hinzu, daß eine ganze Anzahl junger Christen zu ihm kamen, um mit ihm zu sprechen. Sie hatten sich von Cerinthus' Lehren anstecken lassen. Doch an dem Tag, an dem Johannes mit den anderen Leitern der Gemeinde zur *Agora* gekommen war, um Cerinthus zurechtzuweisen, hatten sie ihren Irrtum erkannt und suchten nun bei Onesimus Rat und Hilfe.

Eine Anzahl anderer jüngerer Gemeindeglieder hatten sich durch eine Gruppe jüdischer Christen verwirren lassen, die behaupteten, die hebräischen levitischen Gesetze seien bindend für alle Christen. Diese Judaisten, wie Johannes sie nannte, versuchten den christlichen Eltern, denen ein Junge geboren wurde, einzureden, sie müßten das Baby nach jüdischer Praxis beschneiden lassen. Sie legten auch viel Gewicht auf den Unterschied zwischen reinem und unreinem Fleisch und solchem, das von Tieren war, die man vorher auf den Altären der heidnischen Götter geopfert hatte und deren Fleisch nun auf dem Markt häufig billiger als anderes Fleisch verkauft wurde.

Viele der jungen Christen wußten nicht, was sie von solchen Lehren zu halten hatten. Doch in den Hausbibelkreisen unterrichtete Onesimus sie darüber, was der Apostel Paulus zu diesen Fragen zu sagen hatte, so daß sie besser zu verstehen lernten, was die Freiheit bedeutete, zu der Christus sie befreit hatte.

Eines Abends während des Essens wandte sich Johannes an Onesimus und Helen.

„Ihr beiden tut einen großartigen Dienst in den Hausbibelkreisen, den Frauengruppen und in der persönlichen Seelsorge", sagte er. „Ich sehe darin immer wieder, daß euer Kommen nach Ephesus der Wille des Herrn war. Nun möchte ich dich, Onesimus, als meinen ersten Mitarbeiter, bitten, eine Reihe von Vormittagsstunden zu übernehmen, in denen du die ganze Gemeinde unterweisen sollst über dein Verständnis der Briefe des Apostels Paulus an die Galater und die Korinther. Vor allem sollst du dann auch über die Stellung der Christen zu den jüdischen Gesetzen reden. Du weißt ja, welchen Druck die Judaisten auf viele unserer Gemeindeglieder ausüben. Es gibt darüber fast genausoviel Unsicherheit wie über die Lehren der *Gnostiker,* obwohl die einen das genaue Gegenteil von den anderen sind. Doch diese Fragen sind so wichtig, daß du darüber vor der ganzen Gemeinde Unterweisungen erteilen solltest, und nicht nur vor einzelnen oder kleinen Kreisen. Unter uns ist keiner, der das besser könnte als du, da du ja mit dem Apostel Paulus eine ganze Zeit verbracht hast."

Eifrig meinte Tyrannus: „Ich stimme dir völlig zu, Bischof Johannes. Deine großartigen Lehren von der Liebe Gottes und dem Leben in der Liebe Jesu Christi durch den Heiligen Geist bedürfen immer wieder der Auslegung im Blick auf die einzelnen Fragen, die sich im Leben daraus ergeben. Und ich glaube, Onesimus ist durch seine eigenen Erfahrungen und sein großartiges Verständnis der Evangelien und der Briefe der Apostel der richtige Mann dafür."

„So ist es", bestätigte Johannes. „Onesimus ist ein äußerst fähiger Lehrer unseres christlichen Glaubens und dazu auch noch ein überaus guter Redner."

Während der nächsten Versammlung der Ältesten und Diakone brachte Johannes diesen Vorschlag vor. Alle stimmten von ganzem Herzen zu, da sie wußten, wie nötig solche Unterweisungen für die Gemeinde waren. Burrhus wies darauf hin, daß der Einfluß der Judaisten in der letzten Zeit noch zugenommen hatte, weil viele christliche Juden nach Ephesus gekommen waren. Durch den erbitterten Krieg, der zwischen Juden und Römern in Palästina tobte, waren besonders viele jüdische Christen aus Palästina geflohen und suchten in vielen Teilen des Römischen Reiches einen neuen Wohnplatz. Eine große Gruppe von ihnen war auch nach Ephesus gekommen und hatte sich hier der Gemeinde angeschlossen.

Burrhus sagte: „Ich bin sicher, in den nächsten Monaten werden noch eine ganze Anzahl von ihnen kommen und sich uns anschließen. Es sind alles aufrichtige Nachfolger Jesu Christi und feine Brüder und Schwestern. Doch sie bringen ihre jüdischen Traditionen mit und machen dadurch in der Gemeinde viel Unruhe. Ich bin sicher, daß auch sie bei richtiger Belehrung die Wahrheiten erkennen, die Paulus über diese Fragen niedergeschrieben hat."

Die Leiter der Gemeinde fanden diese Unterweisungsstunde so wichtig, daß sie beschlossen, dafür einen regelmäßigen Tag in der Woche festzusetzen und sie zu einer dauernden Einrichtung zu machen.

„Onesimus, ich denke, du bist der beste Lehrer unter uns", schloß Johannes die Beratung ab. „Wir werden mit allen reden und einen Tag festsetzen; ich glaube, Mittwoch wäre der beste Tag dafür, an dem die ganze Gemeinde zusammenkommt, um deinen Unterweisungen zu lauschen. Ich denke, wir sollten dabei auch Gelegenheit geben, daß die einzelnen Gläubigen Fragen stellen können. Wir alle werden dich unterstützen und für dich beten, damit diese Lehrstunden unsere Gemeindeglieder im Glauben wieder festigen, wo sie durch manche irrigen Lehren unsicher geworden sind. Es darf nicht geschehen, daß die Gemeinde dadurch zerteilt wird."

Onesimus ergriff noch einmal das Wort: „Bischof Johannes, du hast davon gesprochen, ich sollte in diesen Lehrstunden die Briefe des Apostels Paulus an die Galater und an die Korinther behandeln und auslegen. Mir scheint aber, daß ich auch den Brief mit verwenden sollte, den Paulus damals an alle Gemeinden in der Provinz Asia schrieb und in dem er zu diesen Dingen auch sehr wichtige Wahrheiten sagte. Gerade wenn ich an unsere jungen Männer denke, die sich von Cerinthus verführen ließen, an den Ritualen im Artemistempel teilzunehmen, denke ich an verschiedene Stellen, wie zum Beispiel diese:

‚Ihr Männer, liebt eure Frauen, wie Christus die Gemeinde geliebt und sich für sie hingegeben hat, um sie im Wasser und durch das Wort rein und heilig zu machen. So will Er die Gemeinde herrlich vor sich erscheinen lassen, ohne Flecken, Falten oder andere Fehler; heilig soll sie sein

und makellos. Darum sind die Männer verpflichtet, ihre Frauen so zu lieben wie ihren eigenen Leib. Wer seine Frau liebt, liebt sich selbst. Keiner hat je seinen eigenen Leib gehaßt, sondern er nährt und pflegt ihn, wie auch Christus die Gemeinde. Denn wir sind Glieder Seines Leibes. Darum wird der Mann Vater und Mutter verlassen und sich an seine Frau binden, und die zwei werden ein Fleisch sein. Dies ist ein tiefes Geheimnis; ich beziehe es auf Christus und die Gemeinde.'

Ich weiß, daß man in der Gemeinde zu Ephesus diesen Brief des Apostels Paulus immer in erster Linie als an sich selbst gerichtet betrachtet hat, doch Paulus sah darin mehr einen Rundbrief, der in allen Gemeinden Kleinasiens gelesen werden sollte. Natürlich ist in Ephesus die erste Christengemeinde der Provinz Asia entstanden, und Ephesus ist seither auch stets so etwas wie die Zentralgemeinde der ganzen Provinz geblieben. Doch der Apostel Paulus hat diesen Brief nicht nur an die Gemeinde in dieser Stadt, sondern eben an alle Gemeinden dieses Landes gesandt."

Er blickte sich fragend in der Runde um. Als keiner sofort das Wort ergriff, fuhr er fort: „Paulus hat über die Themen, die uns im Augenblick besonders am Herzen liegen, auch in einigen anderen Briefen manches Gute geschrieben, was auch mit gesagt werden könnte. Ich habe ja viele dieser Briefe nach seinem Diktat geschrieben und mir Kopien davon angefertigt, so daß ich Abschnitte daraus ebenfalls mit einbringen könnte. Ich denke zum Beispiel an die Briefe das Apostels an die Gemeinden in Lystra, Ikonium, Derbe, Athen und Antiochien."

Johannes antwortete nun: „Ich spüre, daß du schon mit deinem ganzen Herzen bei deiner neuen Aufgabe bist und daß du dir schon Gedanken darüber machst. Ich denke, du kannst bei deinem Unterricht in der Gemeinde sicherlich alles, was du im Laufe der Zeit von den Schriften der Apostel gesammelt hast, mit verwenden, das kann nur zur Bereicherung dieser Stunden beitragen. Ich habe die Briefe an die

Korinther und Galater nur erwähnt, weil sie besonders ausführlich auf die Fragen eingehen, die für uns jetzt brennend sind."

Alle nickten zustimmend, und Burrhus meinte: „Ich denke, daß unsere Gemeinde davon großen Gewinn haben wird. Ich muß sagen, ich freue mich auch schon persönlich auf diese Stunden."

Johannes schloß: „Onesimus, Gott hat dir wirklich eine besondere Gabe als Lehrer der Wahrheiten des Evangeliums gegeben. Du kannst in diesen kommenden Stunden mit der Hilfe des Heiligen Geistes dazu beitragen, die Wunden zu heilen und die Gegensätze zu überbrücken, die sich auftun wollen und die der Gemeinde nur schaden können."

Die Männer verabschiedeten sich und machten sich auf den Heimweg.

Der Frühling meldete sich mit einer Reihe von warmen Tagen an. An einem von diesen saß Onesimus mit einem jungen Christen im Schatten eines Pfirsichbaums im Garten des Tyrannushauses. Der junge Mann bekannte ihm, daß er sich von den Lehren des Cerinthus hatte verführen lassen, der ihn ermutigt hatte, an den Fruchtbarkeitsritualien im Artemistempel teilzunehmen. Seine Frau, die schwanger war, hatte von ihrer Nachbarin davon gehört und war sehr zornig geworden.

„Als ich erkannte, wie sehr ich meine liebe Frau damit verletzt hatte, daß ich Cerinthus' Lehren und Beispiel gefolgt war und seinem Evangelium der sinnlichen Vergnügungen geglaubt hatte, wurde mir klar, daß ich dadurch eigentlich auch die Ehe gebrochen hatte. Ich ging zu meiner Frau und bat sie um Verzeihung."

„Und wie hat sie darauf reagiert?" forschte Onesimus.

„Sie sagte, sie wolle mir vergeben, aber unsere eheliche Gemeinschaft könne von nun an nie mehr so sein, wie sie vorher gewesen war. Sie sagte, um des Kindes willen, das in ihr heranwuchs, wollte sie dafür beten, daß mein Verkehr mit den Priesterinnen und meine Lieblosigkeit ihr gegenüber keinen bleibenden Schaden für das Kind verursachten. Als ich ihr sagte, ich hätte einfach Cerinthus' Lehren geglaubt und gemeint, ich täte nichts Böses, fing sie an zu weinen und sagte, es sei keinesfalls die Liebe Christi gewesen, aus der heraus ich solche Dinge getan hätte. Seitdem bin ich sehr bekümmert und komme nicht mehr klar. Was ich tat, schien mir damals richtig zu sein, aber nun sehe ich, daß es wohl doch falsch war. Hilf mir bitte und zeige mir den rechten Weg. Ich weiß nicht mehr, was ich tun soll."

Onesimus begann dem jungen Mann zu erklären, wie sehr er durch seine Handlungsweise seine Frau verletzt, die Liebe Gottes mißachtet und das göttliche Gebot, die Ehe nicht zu brechen, übertreten hatte. „Cerinthus' Lehren sind nicht von Gott, sondern er hat sich vom Satan, dem großen Verführer, verwirren lassen und bereitet nun der Gemeinde Jesu Christi großen Schaden. Wir als Christen sollten uns von solchen Menschen fernhalten, sollen ihnen nicht zuhören und dürfen schon gar nicht ihren Lehren folgen."

„Ich sehe ein, wie falsch ich gehandelt habe", gab der junge Mann zu. „Doch die Lehren der *Gnostiker* sind so verführerisch, weil sie uns ohne das Kreuz Christi und ohne Drangabe des eigenen Lebens einen Weg voller irdischer Vergnügungen zeigen, der uns angeblich das Wohlgefallen Gottes und das ewige Leben bringt, wenn wir nur an ihren Christus glauben. Bete für mich, Onesimus, daß mir meine Sünden und Irrtümer vergeben werden und daß auch meine Ehe wieder völlig hergestellt wird."

Die beiden jungen Männer wandten sich im ernsten Gebet zu Gott, und Onesimus flehte: „Vergib meinem Bruder seine Sünde, o Herr, und hilf ihm, daß er in Zukunft allen Versuchungen nach den verderblichen Lüsten dieser Welt widerstehen kann. Hilf ihm, daß er seiner Frau noch liebevoller begegnen kann als bisher, damit die Verletzungen in ihrer Seele, die er durch sein Verhalten verschuldet hat, wieder heilen, damit sie beide unter Deinem Segen und in ehelicher

Harmonie das Kind erziehen können, das Du ihnen schenken wirst."

Solche und ähnliche Gespräche führte Onesimus in der kommenden Zeit mit manchen Christen, die ihr Herz den Lehren von Cerinthus geöffnet hatten. Auch die meisten der jüdischen Christen erkannten, daß sie ihren Brüdern und Schwestern aus den anderen Völkern nicht ihre jüdischen Gesetze, Traditionen und Überlieferungen auferlegen konnten, nur weil diese nun Christen geworden waren.

Onesimus tat mit seinen Unterweisungen einen so fruchtbaren Dienst in der Gemeinde, daß es den *Gnostikern* nicht gelang, eine Spaltung unter den Gläubigen herbeizuführen. Auch die jüdischen Christen fügten sich in die Gemeinde ein. Und obwohl die meisten von ihnen an ihren jüdischen Gesetzen und Traditionen festhielten, forderten sie doch von ihren Brüdern und Schwestern aus den anderen Völkern nicht mehr, diese ebenfalls anzunehmen.

Die Lehren der Evangelien und der Apostelbriefe, die Onesimus so treffend und klar auszulegen verstand, bewahrten die Gemeinde vor Spaltungen, vertieften ihren Glauben und die enge Gemeinschaft untereinander und trugen sehr viel dazu bei, daß die Gemeinde weiter wuchs und sich ausbreitete.

Während einer Versammlung im Herbst des Jahres sagte der Apostel Johannes zur Gemeinde: „Wir sind unserem großen Gott besonders dankbar für den guten Dienst, den Onesimus in unserer Mitte als Lehrer getan hat. Der Heilige Geist hat ihn gebraucht und uns durch seinen Dienst geholfen, die Einheit zu bewahren, die in Gefahr war. In manchen anderen Gemeinden in ganz Ionien haben unsere Brüder und Schwestern mit ähnlichen Irrlehren zu kämpfen wie wir. Und da sie von dem so guten und hilfreichen Dienst von Onesimus in unserer Mitte gehört haben, erreichen mich von überall Bitten, ihn für einige Zeit in ihre Gemeinde zu senden, damit er mit seiner großen Begabung auch dort hilft, daß die Lehren der Apostel besser verstanden werden.

Ich denke, wenn unsere Brüder und Schwestern aus den anderen Gemeinden uns um Hilfe bitten, werden wir uns um der Liebe Christi willen diesen Bitten nicht entziehen können. Ich habe mit Onesimus schon darüber gesprochen. Er ist bereit, die Gemeinden eine nach der anderen zu besuchen und jeweils eine Zeitlang dort zu bleiben und solche Stunden der Unterweisung und Lehre einzurichten, wie wir sie bei uns durch seinen Dienst schon längere Zeit haben dürfen.

Wir werden ihn zwar in unserer Mitte vermissen, aber er kommt zwischendurch immer wieder für längere Zeiten zu uns zurück, um auch bei uns seinen Dienst weiter zu tun."

Die Gemeinde stimmte dem zu, was ihr Bischof ihnen vorschlug. Und wenn sie es auch auf der einen Seite bedauerten, den Dienst von Onesimus immer wieder einmal entbehren zu müssen, so sahen sie doch ein, daß auch die anderen Christengemeinden solche Unterweisungen nötig hatten. Sie versprachen, eifrig für diesen neuen Dienst von Onesimus beten zu wollen und, wenn dies nötig sein sollte und die anderen Gemeinden es nicht tun konnten, auch für die Kosten seiner Reisen aufzukommen.

So kam es, daß Onesimus seine Reisen von früher wieder aufnahm und noch weiter ausdehnte, so daß er nach und nach alle Gemeinden in Kleinasien besuchte und ihr Lehrer wurde. Helen begleitete ihn auf manchen dieser Reisen, wenn ihr körperlicher Zustand es zuließ, und der Segen, der von Onesimus' Dienst ausging, verbreitete sich immer mehr.

TEIL VI

DAS JOHANNES-EVANGELIUM

26. KAPITEL

Die Zeit verging schnell für Onesimus und Helen, während sie die Kämpfe und Freuden der wachsenden christlichen Bewegung in Ephesus und ganz Ionien teilten. Ihre Liebe zueinander wurde immer tiefer, war aber auch mit Kummer überschattet. Obwohl Helen noch einige Male schwanger wurde, kam es doch jedesmal wieder zu einer Fehlgeburt, die auch ihrer Gesundheit schwer zusetzte. Um weitere Gefahren für Helen und auch neue Enttäuschungen zu vermeiden, beschloß das Ehepaar, auf den Wunsch auf Kinder zu verzichten und sich ganz dem Dienst an den Christengemeinden zu widmen.

Dreißig Jahre waren so vergangen, seit sie nach Ephesus gekommen waren. In all diesen Jahren hatte Onesimus in unwandelbarer Treue als Mitarbeiter an der Seite des Apostels Johannes gestanden. Ihr Leben war oft schwierig gewesen, da sie immer wieder der Drohung von Verfolgungen und dem Problem neuer Spaltungen in der Gemeinde gegenüberstanden. Doch das Ehepaar hatte den alternden Apostel immer mehr schätzen und lieben gelernt.

Für einige Jahre hatte Onesimus sogar die Aufgabe zu übernehmen, den Apostel Johannes in der Leitung der Gemeinde in Ephesus zu ersetzen, da Johannes ja während einer Christenverfolgung, die auch auf die Provinz Asia übergriff, als Führer der Christen dieser Provinz zur Verbannung auf die Insel Patmos verurteilt wurde, wo er mehrere Jahre zubringen mußte. Die Gemeinde hörte während dieser Zeit nie auf, voller Eifer für ihren Bischof zu beten, und Onesimus füllte in aller Treue den Platz ihres Leiters und Hirten aus. Als der Apostel dann aus der Verbannung zurückkehrte, bereitete es Onesimus keine Mühe, wieder den zweiten Platz einzunehmen, vielmehr freute er sich, noch einige Jahre an der Seite dieses Mannes arbeiten zu können, der Jesus selbst noch gekannt hatte.

Trotz der körperlichen Schwächen seiner neunzig Jahre war Johannes in seinem Verstand und auch geistlich noch voll aktiv und machte auch seinem Zunamen als *Apostel der Liebe* noch alle Ehre. Er war der allseits geliebte Bischof und Vater, nicht nur für Ephesus, sondern für alle Gemeinden Kleinasiens, und außerdem der einzige noch lebende Jünger Jesu, der den Herrn noch gekannt hatte, als dieser als Mensch auf der Erde war.

Wann immer er noch zur Gemeinde sprach, begann er mit den Worten: *„Liebe Kinder, laßt uns einander lieben, denn die Liebe ist von Gott, und Gott ist die Liebe!“*

Die Christen aus ganz Ionien blickten auf ihn als ihren geistlichen Leiter und Lehrer. Sie kamen nach Ephesus von Smyrna, Pergamon, Hierapolis, Laodizea, Magnesia, Philadelphia, Sardes, Tralles und sogar von den noch entfernter liegenden Antiochien, Derbe und Lystra und brachten ihre Probleme und Meinungsverschiedenheiten zu Johannes und auch, um ihm zuzuhören, wenn er von seinen Erfahrungen mit Jesus sprach.

Doch seine Autorität als Bischof kam nicht nur daher, daß er selbst noch ein Jünger Jesu gewesen war, sondern auch aus der Geistlichkeit seines ganzen Wesens. Er war ein Mensch, dessen Leben völlig von der Liebe Gottes regiert wurde. Sogar jene Christen, die nicht mit seinen Lehren übereinstimmten, wie die *Gnostiker* und viele Judaisten, respektierten doch das Zeugnis seines geistlichen Lebens, seine Liebe und seinen Glauben. Bischöfe von so weit entfernten Gemeinden wie Rom, Alexandria, Korinth, Athen und Philippi kamen gereist, um einige Tage zuhören zu können, wenn Johannes von Jesus, von Seinem Leben und Seinen Lehren erzählte.

Doch trotz der Autorität, die Johannes unter den Gemeinden darstellte, gab es an vielen Orten leider auch Meinungsverschiedenheiten. Das war in Ephesus genauso wie in vielen anderen Städten.

In Ephesus versammelte sich im Haus des Theatus immer noch eine Gruppe *gnostischer* Christen, die vor 28 Jahren einmal mit Cerinthus begonnen hatten. Cerinthus selbst und Michael waren zwar drei Jahre, nachdem sie nach Ephesus gekommen waren, wieder nach Alexandria zurückgekehrt. Doch die Gruppe der *Gnostiker* war bestehen geblieben. Sie waren zwar nicht weiter gewachsen, ihr Einfluß hatte statt dessen abgenommen, aber trotzdem bereiteten sie der Gemeinde noch manche Schwierigkeit. Claudius und Heracles, die damals auch mit Cerinthus gekommen waren, blieben in Ephesus und waren treue Mitglieder der Gemeinde, deren Bischof Johannes war.

Die Führer der *Gnostiker* waren Theatus und Sophorus, die beiden Diakone, die damals von der Gemeinde gegangen waren und sich Cerinthus angeschlossen hatten. Allerdings beteiligten sich auch die *Gnostiker* nicht mehr an den Ritualen des Artemiskultes, da die meisten der *gnostischen* Christen mittlerweile diese sexuellen Ausschweifungen auch als abstoßend betrachteten. Doch sonst hielten sie an den Lehren fest, die Cerinthus ihnen gebracht hatte.

„Ab und zu kommen sie zwar zu unseren Gottesdiensten und hören meiner Predigt zu“, sagte Johannes eines Morgens bekümmert zu Onesimus, als sie sich über die immer noch fortdauernde Spaltung der christlichen Gemeinde unterhielten. „Doch sie hören nur, und dann gehen sie wieder weg und lehren genau das Gegenteil von dem, was ich gesagt habe.“

Der alte Apostel redete sich darüber fast in Zorn. Frustriert schüttelte er dann den Kopf und setzte hinzu: „Und es gibt nichts, was wir da unternehmen könnten.“

„Das stimmt“, bestätigte Onesimus. „Ihre Irrlehren sind sehr ernst zu nehmen, doch ich glaube schon, das es etwas gibt, was du dagegen tun könntest. Wenn du uns helfen würdest, einen Bericht niederzuschreiben über das Leben und die Lehren Jesu, über Seinen Tod und Seinen Sieg, so wie du alles selbst erlebt und verstanden hast, das wäre eine große Hilfe gegen die *Gnostiker,* die das Evangelium immer wieder verdrehen.

Außerdem könnten wir dann das, was du über Jesu Leben und Lehre zu sagen hast, auch den jüdischen Christen vorlegen, die sich ja mittlerweile unter Rabbi Ben Jakob in einer eigenen Gemeinde versammeln und sehr unter den Judaisten zu leiden haben. Wie du weißt, gibt es solche Gemeinden der jüdischen Christen nun auch in einer ganzen Reihe anderer Städte."

Onesimus hatte einen wunden Punkt bei Johannes berührt. Der Apostel explodierte förmlich, als er ausrief: „Es ist eine Schande, wenn man jüdische Christen so reden hört, als sei Jesus nur ein weiterer weiser Rabbi, ein Lehrer und Prophet gewesen. Die herrlichste Wahrheit, daß Jesus Menschensohn und Gottessohn zugleich war, der uns ewiges Leben durch die Erlösung erworben hat und ohne den wir Gott nie als unseren Vater im Himmel kennenlernen können, übersehen sie!"

„So ist es", stimmte Onesimus zu. „Und aus diesen und noch einer Reihe anderer Gründe können wir erkennen, wie sehr nötig es ist, von dir einen vollständigen Bericht über das Leben Jesu, über Seine Lehren, Seinen Tod und Seine Auferstehung zu erhalten. Bitte, denke einmal darüber nach, ob es nicht gut wäre, die Bischöfe und Ältesten zusammenzurufen, die dir helfen könnten, ein Evangelium nach Johannes niederzuschreiben, das dann allen Christen in die Hand gelegt werden kann. Sicher, wir haben nun schon die Evangelien des Markus, des Lukas und des Matthäus; aber ich glaube, keiner von ihnen hat dem Herrn so nahe gestanden wie du."

Die Zeit kam früher, als er erwartet hatte. Eines Abends, als er mit Helen beim Abendbrot saß, erschien ein junger Christ in der Tür. Er schien sehr schnell gelaufen oder sogar gerannt zu sein, denn er war atemlos und ganz rot im Gesicht. Er stürzte ins Zimmer und rief: „Onesimus, komm schnell! Es ist etwas Schreckliches geschehen, und der Bischof braucht deine Hilfe!“

„Was ist?“ fragte er besorgt, während er seine Tunika zurechtrückte und dem jungen Mann auf die Straße folgte.

Immer noch mit dem Atem ringend, antwortete der junge Mann stoßweise: „Rabbi Ben Joseph ist gesteinigt worden. Er ist dem Tod nahe.“

„Wo ist er jetzt?“

„Einige unserer jüdischen Christen brachten ihn in das Haus von Tyrannus, zu Bischof Johannes. Dort liegt er im Atrium. Er ist schwer verletzt und blutet aus vielen Wunden.“

„Ist er bei Bewußtsein?“

„Vorhin war er es nicht.“

Sie waren am Tyrannushaus angekommen und gingen in das Atrium. Der verletzte Rabbi lag auf einer Couch. Sein Kopf und die Kleider waren voller Blut, im Gesicht und auf den Schultern sah man Wunden, die durch die Steinigung verursacht waren. Joanna und ihre Helferinnen wuschen die Wunden aus. Johannes und Tyrannus standen dabei und schauten besorgt zu.

Als Onesimus eintrat, sagte Johannes: „Ich bin froh, daß du gekommen bist. Menelaus, unser Arzt, muß auch jeden Augenblick eintreffen.“

Unruhig begann Johannes hin und her zu gehen. Er seufzte bekümmert: „Nun haben wir ein trauriges Zeugnis für die Auseinandersetzungen vor uns, die nicht nur hier, sondern in vielen Synagogen des Römischen Reiches vor sich gehen. Ben Joseph ist das Opfer einer Gruppe radikaler Juden, meistens sind es Pharisäer, die durch die Zerstörung des Tempels in Jerusalem, den Tod so vieler Juden in Palästina und die Vertreibung einer großen Anzahl in die ganze Welt beunruhigt und gereizt sind. Seit der Zerstörung des Tempels befürchten die Pharisäer und andere jüdische Eiferer, die Einheit und Idendität des jüdischen Volkes könnte verloren gehen, und sie werden immer fanatischer in ihrem Kampf, dies nicht geschehen zu lassen."

Er seufzte wieder und wies dann auf eine Bank. „Wir können uns ebensogut hinsetzen. Ben Joseph ist noch bewußtlos, und wir können im Augenblick doch nichts tun."

„Wie ist es geschehen?" fragte Onesimus.

„Alles, was wir wissen, ist, daß er von der jüdischen Tempelpolizei, den *Chazzan,* gesteinigt wurde", antwortete Tyrannus. „Sie wurden unterstützt von einer Gruppe jüdischer Fanatiker. Sie haben den Rabbi vor die Stadtmauer geschleppt und dort gesteinigt. Zwei jüdische Christen, die gerade von Smyrna kamen, sahen, was geschah. Sie versteckten sich hinter einigen Büschen und beobachteten alles, bis die Juden davongingen und den Rabbi liegenließen. Dann haben sie den Bewußtlosen aufgehoben und nach hier gebracht, so schnell sie konnten."

Onesimus dachte einige Augenblicke nach und meinte dann: „Ich bin zwar schockiert, aber nicht überrascht. Vor einigen Tagen hatten der Rabbi und ich eine lange Unterhaltung. Er sagte mir, daß er als jüdischer Rabbi, der glaubt, daß Jesus der Christus ist, das Schlimmste von einigen radikalen Pharisäern zu erwarten habe, die kürzlich von der jüdischen Akademie in Jamnia gekommen seien. Nach dem Fall von Jerusalem haben einige jüdische Lehrer, die meisten von ihnen Pharisäer, die dem Blutbad entronnen waren, in Jamnia begonnen, eine Akademie aufzubauen, die das Ziel verfolgt, die Einheit des zerstreuten jüdischen Volkes zu fördern. Die Akademie wird von vielen als der Nachfolger des Sanhedrin angesehen.

Ben Joseph sagte mir, eines ihrer wichtigsten Ziele sei es, alle Irrlehren auszurotten. Vor allem gehen sie ganz hart gegen Rabbis vor, die glauben und lehren, Jesus sei der Christus, die aber trotzdem, so wie Ben Joseph auch, in der Synagoge bleiben wollen. Er sagte, wenn er fortfahren würde, dies zu lehren, würde er wohl aus der Synagoge ausgestoßen und vielleicht sogar gesteinigt werden, wie es nun leider auch geschehen ist."

Der Arzt Menelaus betrat das Atrium, nickte allen zu und begab sich sofort zu dem Rabbi. Nach einer gründlichen Untersuchung erklärte er dankbar: „Ben Joseph hat eine schwere Gehirnerschütterung und viele Wunden am Körper. Doch zum Glück ist nichts weiter gebrochen. Er wird wieder gesund werden. Doch es kann noch mehrere Stunden dauern, bis er sein Bewußtsein wiedererlangt."

„Andreas, hilf mir, den Rabbi in eines unserer freien Gästezimmer zu tragen", bat Tyrannus den jungen Boten, der Onesimus geholt hatte. „Dann geh bitte und hole die Frau des Rabbis."

Als das geschehen war, sagte Johannes besorgt: „Die Lage der jüdischen Christen ist wirklich ernst. Ich erinnere mich, daß man dieselben Beschuldigungen Jesus gegenüber vorbrachte, als Er lehrte, daß niemand den Vater wirklich kennenlernen kann, als nur durch den Sohn. Die Pharisäer nannten das Gotteslästerung. Nachdem Er dann den lahmen Mann am Sabbath geheilt hatte, waren ihre Führer entschlossen, Ihn zu töten. Jetzt erwartet die jüdischen Christen ein ähnliches Schicksal, wenn sie an Jesus als den Messias glauben und gleichzeitig ihren jüdischen Traditionen treu sein und in den Synagogen bleiben wollen."

Onesimus hatte aufmerksam zugehört, als Johannes das, was Ben Joseph widerfahren war, mit der Verfolgung Jesu durch die Pharisäer verglich. Nun legte er Johannes die Hand auf den Arm und sagte voller Eifer: „Das ist einer der Hauptgründe, weshalb ich dich immer wieder bitte, uns die ganze Geschichte von Jesu Leben, Tod und Auferstehung und von Seinen Lehren zu erzählen, damit wir alles niederschreiben und allen Christen in der Welt zugänglich machen können. Wie dringend sie alle noch mehr von der erstaunlichen Liebe Jesu wissen müssen, der sein Leben aus Liebe zu dem Vater und zu den Menschen gegeben hat, weißt du selbst. Es wird wahrscheinlich noch viele geben, die so für das Evangelium leiden müssen wie Ben Joseph. Sollten sie nicht alle deinen Bericht über Jesu Leben erhalten?"

Johannes hatte lächelnd zugehört und nickte nun bestätigend: „Du hast recht, Onesimus. Tyrannus, du und viele andere haben mich oft schon gedrängt, die Dinge aus dem Leben Jesu zusammenzufassen und niederzuschreiben, die von Matthäus, Markus und Lukas noch nicht erzählt wurden. Es gibt auch eine ganze Reihe kostbarer Lehren und Gleichnisse, die noch hinzugefügt werden sollten. Ich denke, wir sollten die Bischöfe und Ältesten der benachbarten Städte einladen, damit sie sich ein bis zwei Wochen Zeit nehmen und zu uns nach Ephesus kommen. In euer aller Gegenwart werde ich dann das berichten, was in den anderen Evangelien noch nicht gesagt wurde. Ihr könnt mir dabei helfen, es zu ordnen und in die richtige Reihenfolge zu bringen."

Onesimus und Tyrannus klatschten begeistert in die Hände, als sie diese Worte vernahmen.

„Wir haben lange darum gebetet, daß du endlich diese Entscheidung treffen möchtest!" rief Onesimus voller Freude. Deine Sicht von dem Leben, den Taten und den Lehren Jesu wird von nicht zu überschätzender Hilfe nicht nur für die jüdischen Christen sein, die zur Zeit verfolgt werden, sondern für alle, die um des Evangeliums willen leiden müssen. Und genauso wichtig wird das Evangelium nach Johannes in der Auseinandersetzung mit den gefährlichen Lehren der *Gnostiker* sein."

„Auch ich danke dem Herrn für deinen Entschluß!" meldete sich nun Tyrannus. „Ich bin gern bereit, alles an Hilfe beizutragen, was ich irgendwie kann."

„Ich danke euch beiden", sagte Johannes bewegt. „Ihr seid mir schon immer eine große Hilfe gewesen. Wir wollen mit der Arbeit beginnen, sobald sich die Bischöfe und Ältesten der Gemeinden versammelt haben. Auch von ihnen haben mich schon viele gebeten, meine Erlebnisse mit Jesus niederzuschreiben. Onesimus, sende Boten zu ihnen und lade sie ein. Sie sollen sich so schnell wie möglich versammeln. Tyrannus, du und Joanna, ihr könnt euch schon darum kümmern, bei welchen unserer christlichen Familien unsere Gäste untergebracht werden können."

Erst nach vier Tagen wachte Rabbi Ben Joseph aus seiner Bewußtlosigkeit auf. Johannes, Onesimus und Tyrannus betraten den Raum und begrüßten ihn und seine Frau Deborah, die bei ihm geblieben war.

„Wir sind dem Herrn dankbar, daß es dir viel besser geht", sagte Johannes mitfühlend. „Die ganze Gemeinde hat für dich gebetet."

„Ich danke euch, ihr lieben Freunde", antwortete Ben Joseph mit schwacher Stimme. „Eure Fürsorge zeigt mir wieder einmal die Realität der Liebe Christi. Bischof Johannes, ich kann gar nicht stark genug betonen, wieviel mir deine Lehren über Jesu letztes Passahmal mit den Jüngern im Obersaal bedeuteten und mir halfen, als ich vor dem Gericht der Pharisäer stand und dann gesteinigt wurde. Mir war, als würden die Worte Jesu, die du uns gesagt hast, in dieser schweren Stunde vom Herrn selbst auch zu meinem Herzen gesprochen: *Frieden hinterlasse Ich euch, Meinen Frieden gebe Ich euch; nicht einen Frieden, wie die Welt ihn gibt, gebe Ich euch. Euer Herz beunruhige sich nicht und verzage nicht.* Dann war mir, als würde Er ganz deutlich zu mir sagen: *In dieser Welt habt ihr viele Bedrängnisse; aber seid getrost, Ich habe die Welt überwunden.* Diese Worte waren für mich eine ungeheure Stärkung, als ich in der Synagoge vor der Versammlung stand."

Der Rabbi schwieg einige Augenblicke, weil ihn das Sprechen sehr anstrengte. Dann fuhr er fort: „Der neue Vorsteher der *Gerousia,* der Leitung der Synagoge, Rabbi Ben Thomas, prüfte mich. Er wollte wissen, ob ich die achtzehn Gebete und Lehrsätze nachsprechen könnte, die in der Akademie von Jamnia für unsere Zeit ausgearbeitet wurden. Natürlich konnte ich diese Gebete alle aussprechen, mit Ausnahme des zwölften, in dem ich hätte sagen müssen: *Lasse die Nazarener und die Minim in einem Augenblick vernichtet werden und tilge sie aus dem Buch des Lebens aus!* Damit wird auf die Christen und die Irrlehrer Bezug genommen. Nachdem ich die ersten elf aufgesagte hatte, erklärte ich, ich würde das zwölfte nicht aussprechen. Da erhob sich lautes Protestgeschrei in der Synagoge. Sie schrien, ich sei ein Nazarener, und forderten, ich solle ausgeschlossen und gesteinigt werden."

„Wir verstehen, was du in diesen Augenblicken empfunden haben mußt", sagte Onesimus.

„Mir war klar, was jetzt kommen würde", erzählte der Rabbi weiter. „Ich betete und fühlte, wie Christi Friede mein Herz erfüllte, während Rabbi Ben Thomas zur Abstimmung darüber aufrief, ob ich ausgeschlossen und gesteinigt werden sollte. Die Gegenwart unseres Herrn und Sein Friede waren mir spürbar nahe, als man mir die Augen verband, mich in den geschlossenen Karren setzte und zur Stadt hinausfuhr. Dann konnte ich ihre Schreie und Flüche hören, als sie begannen, Steine nach mir zu werfen. Das letzte, woran ich mich erinnern kann, war die innere Stimme des Heiligen Geistes, der flüstert: *Fürchte dich nicht! Ich bin bei dir!*"

„Welch großartiges Zeugnis!" erklärte Onesimus. „Wir sind dankbar, daß du nicht getötet wurdest. Ich möchte dir noch etwas sagen, was dich sicher freuen wird: In Kürze wird unser Bischof Johannes eine ganze Reihe von Leitern der Gemeinden in Ionien hier in Ephesus versammeln, um in ihrer Gegenwart seinen Bericht über das Leben Jesu niederzuschreiben. Dabei werden sicher auch die Worte mit aufgeschrieben, die du vorhin erwähntest. Und all das wird dann zu unzähligen Gemeinden gehen und die Christen unterweisen und stärken."

Die kleine Gruppe Christen am Bett des Rabbis feierte gemeinsam das Abendmahl, das Johannes ihnen austeilte. Anschließend vereinigten sie sich im Gebet für Ben Josephs Genesung und für viele andere ihrer Brüder und Schwestern in Christus, die wie er verfolgt wurden und leiden mußten.

27. KAPITEL

„Welch eine inspirierende Sache ist es doch, mit so vielen Bischöfen und Ältesten der Gemeinden Ioniens zusammenzusein", bemerkte Onesimus zu Johannes.

Der Apostel saß in einem großen bequemen Stuhl, den Tyrannus für ihn hatte anfertigen lassen. Er antwortete dankbar: „Ja, ich bin glücklich, so viele liebe Brüder hier zu sehen. Welch eine Freude, von ihren Problemen und von ihren Siegen zu hören."

Die Bischöfe und Ältesten schienen diese Gemeinschaft offensichtlich auch zu genießen, denn unter ihnen waren eifrige Gespräche im Gange. Endlich hob Johannes die Hand, bat um Ruhe und hieß alle herzlich willkommen.

„Ihr lieben Kinder der Familie Gottes, Gnade und Friede unseres Herrn Jesu Christi sei mit euch", begann er. „Ich habe euch eingeladen, um mit mir gemeinsam meine Erinnerungen an jene Zeit zu teilen, als ich noch als Jünger und Nachfolger Jesu mit Ihm und den anderen Jüngern durch Galiläa, Judäa und manchmal auch durch Samaria ging. Es geht um die Zeit, in der ich für fast drei Jahre eng mit Jesus zusammenlebte, Seine Worte und Lehren hörte und die wunderbaren Taten sah, die er vollbrachte, Kummer und Not litt bei Seiner Verurteilung und Seinem Tod, und überschäumende Freude bei Seiner Auferstehung erfuhr und als der Heilige Geist kam und uns erfüllte."

Man konnte den Gesichtern der Anwesenden ansehen, daß ihre Erwartungen auf einem Höhepunkt angekommen waren.

„Die meisten von euch haben von mir schon vieles gehört von dem, was Jesus lehrte und tat, oder in den Evangelien von Markus, Lukas und Matthäus darüber gelesen. Doch es gibt noch andere wichtige Ereignisse und kostbare Lehren und Aussprüche unseres Herrn, und nur ich von Seinen Jüngern lebe noch, um sie zu erzählen. Ich werde sie euch nun in allen Einzelheiten berichten, obwohl manche von euch in den vergangenen Jahren darüber schon etliches gehört haben. Ich werde euch auch, so gut ich kann, erklären, was diese Worte und Ereignisse bedeuten. Für viele Jahrzehnte habe ich über alles, was ich mit meinen Augen gesehen, mit meinen Ohren gehört und was ich miterlebt habe, nachgedacht. Ich werde dabei immer wieder auf wichtige Dinge hinweisen, die uns klar zeigen, wer Jesus ist und zu welcher Aufgabe der Vater Ihn in diese Welt gesandt hat."

Während Johannes sprach, betrachtete Onesimus voller Freude die Versammelten. Sie würden alle an einem geschichtlichen Ereignis teilnehmen. Aufmerksam lauschte er, als Johannes fortfuhr:

„Ich bete darum, daß alles, was wir jetzt niederschreiben und dann allen Christen zusenden wollen, falsche und törichte Mißverständnisse korrigieren wird, die sich hier und da breitgemacht haben. Ich hoffe auch, daß dadurch bei vielen der Glaube und die Liebe Christi noch zunimmt und gestärkt wird. Ich denke besonders an die *Gnostiker,* die sich von der bizarren Vision und den schönklingenden Worten des Cerinthus und anderer *gnostischer* Führer völlig haben verführen lassen."

Zustimmendes Gemurmel war rund um den Tisch zu hören, und viele nickten mit den Köpfen.

„Ich denke auch an die jüdischen Christen, die in ihren Synagogen bleiben möchten, aber ausgestoßen, verfolgt und sogar gesteinigt werden. Viele von ihnen meinen, Jesus sei nur ein großer Lehrer und Prophet und nehmen Ihm Seine wichtigste Eigenschaft als Gottes Sohn, Offenbarer des Willens Gottes und Erlöser. Diese falschen Ansichten wollen wir korrigieren, und Gottes ganzes Volk soll gestärkt werden im Glauben."

Die Anwesenden klatschten begeistert Beifall.

„Nun wollen wir beginnen", erklärte der Apostel voller Freude. „Tyrannus hat allen Papyrus besorgt. Darauf könnt ihr niederschreiben, was euch besonders wichtig erscheint und in welche Reihenfolge wir es bringen sollten. Onesimus hat sich bereit erklärt, die Hauptarbeit zu tun und den Bericht in die endgültige Form zu bringen, ehe er an alle christlichen Gemeinden gesandt wird. Seine Erfahrungen mit Petrus, Paulus und auch Markus und Lukas werden für uns alle dabei besonders wertvoll sein."

„Vielen Dank für dein Vertrauen, Bischof Johannes", antwortete Onesimus. „Ich werde mein Bestes tun, bin aber sehr dankbar, daß alle mithelfen werden, um das neue Evangelium nach Johannes in der rechten Weise niederzuschreiben."

Von allen Seiten erntete er beifällige Worte und zustimmendes Kopfnicken. Bischof Tavius sagte: „Wir sind sehr dankbar, Onesimus, daß du diese Aufgabe übernommen hast, denn keiner von uns könnte sie so gut erledigen wie du. Wir sind alle froh, bei dieser so wichtigen Arbeit ein wenig helfen zu können, und werden unser Bestes tun."

„So ist es", bestätigten die anderen. „Und wir sind sicher, daß der Heilige Geist uns allen, aber vor allem Johannes und dir, helfen wird."

Es wurden kostbare Stunden und Tage für die Bischöfe und Ältesten, währenddem sie mit dem Apostel Johannes und Onesimus zusammensaßen. Auch sie alle erfuhren vieles von Johannes, was sie bisher noch nicht gewußt hatten. Dadurch wurde ihr Glaube gestärkt und ihre Erkenntnis vertieft. Oft waren Johannes selbst und auch die anderen so von dieser Arbeit gepackt, daß sie darüber die Zeit vergaßen und bis weit in die Nacht beieinander blieben.

Alle wunderten sich darüber, wieviel Kraft und Ausdauer Johannes selbst aufbrachte, was man bei seinem hohen Alter kaum noch hätte erwarten können. Auch Onesimus staunte über das Erinnerungsvermögen des Apostels. Auch er erfuhr während dieser Zeit noch manche neue Begebenheit aus der Zeit des Erdenlebens ihres Herrn.

Es war an einem Spätnachmittag, als Onesimus die Feder aus der Hand legte, nachdem er den Bericht der Unterhaltung zwischen Jesus und Simon Petrus am See in Galiläa nach der Auferstehung des Herrn niedergeschrieben und die Schlußworte noch hinzugefügt hatte. Alle waren tief bewegt von dem, was Jesus mit Petrus gesprochen hatte, und fragten sich im stillen, ob auch sie die Frage ihres Herrn mit den Worten des Petrus, *ja Herr, Du weißt, daß ich Dich liebhabe,* hätten beantworten können.

Am nächsten Morgen würde jeder wieder den Heimweg antreten, das wußten sie. Damit war auch die Zeit der kostbaren Gemeinschaft, die sie mit dem Apostel und miteinander gehabt hatten, wieder vorüber. Am Abend feierte Johannes noch das Abendmahl mit ihnen, und gemeinsam verbrachten sie noch eine lange Zeit im Gebet.

Als sie sich am nächsten Morgen nach einem zeitigen Frühstück verabschiedeten, segnete der greise Apostel sie noch und sagte: „Vergeßt nie, daß die Liebe Gottes, die durch den Heiligen Geist in eure Herzen ausgegossen ist, uns allezeit regieren soll. Der Friede unseres Herrn Jesu Christi sei mit euch!“

Eine ganze Zeit saßen anschließend Johannes, Onesimus und Tyrannus noch im Atrium beieinander. Schweigend hing jeder der drei seinen eigenen Gedanken nach, bis Onesimus endlich sagte: „Was du uns in den vergangenen Tagen erzählt hast, Vater Johannes, und was wir dadurch aufschreiben konnten, wird in alle Welt gehen und noch reichen Segen verbreiten, wenn wir längst bei unserem Herrn sind. Es wird zu den kostbarsten Besitztümern der Gemeinde Jesu gehören und die Gläubigen werden, solange die Gemeinde auf dieser Erde ist, daraus schöpfen und lernen.“

„Amen!“ sagte Johannes. „Mag der Herr es schenken.“

TEIL VII

BISCHOF VON EPHESUS

28. KAPITEL

Onesimus und Helen beobachteten besorgt, daß die Kräfte des Apostels nun scheinbar rapide nachzulassen schienen. Der Eifer und die Begeisterung, mit denen er in den vergangenen zwei Wochen von seinen Erfahrungen mit Jesus berichtet hatte, schienen ihn doch mehr Kraft gekostet zu haben, als zunächst zu bemerken gewesen war.

Es kam noch dazu, daß bald darauf eine nahezu ebenso anstrengende Zeit folgte, denn die große Christenverfolgung unter Kaiser Domitian begann. Es war die erste große allgemeine Christenverfolgung seit Neros Zeiten. Unter Vespasian, dem Nachfolger Neros, hatte es nur sporadisch an jeweils einzelnen Orten Christenverfolgungen gegeben, aber die unter Domitian ausbrechende betraf das ganze Römische Reich und wurde zum Teil noch härter als jene unter Nero.

Auch in ganz Kleinasien hatten die Christen nun bald unter Verfolgungen zu leiden, und aus vielen Gemeinden kamen die Leiter, um sich bei Johannes Ermutigung und Rat zu holen. Und trotz der abnehmenden Kräfte ließ Johannes es sich nicht nehmen, jedem, der kam, mit aller Hingabe Rat und Trost zuteil werden zu lassen.

In Ephesus selbst hatte die Gemeinde länger Frieden, als in den meisten anderen Städten Kleinasiens. Der Apostel Johannes und auch Onesimus wurden von dem römischen Statthalter Marius und auch von den meisten Nichtchristen der Stadt so sehr geachtet, daß man hier zögerte, die von Domitian befohlene Christenverfolgung zu beginnen. Auch die Christengemeinde genoß mittlerweile hohes Ansehen, weil die anderen Bürger der Stadt die Ehrlichkeit und Zuverlässigkeit der Christen schätzen gelernt hatten. Während der vergangenen Jahre hatte der Statthalter Marius manchmal lange Gespräche mit Johannes und Onesimus geführt.

Doch nun war diese schreckliche Verfolgung ausgebrochen. Eine von Kaiser Domitian herausgegebene Verordnung war an alle Provinzen des Reiches gesandt worden. In ihr wurde Domitian als Herr und Gott proklamiert, und es wurde verlangt, daß man ihm überall öffentliche Anbetung als *Dominus und Deus* zuteil werden lassen müsse.

Der Kult der Kaiseranbetung wurde rasch populär. Der römische Statthalter Marius, nun auch schon ein alter Mann, lud deshalb Johannes und Onesimus zu sich in den Palast, um sie vor der Feindschaft und Verfolgung zu warnen, die bald auf sie zukommen würde, und sich und die Gemeinde darauf vorzubereiten.

„Wahrscheinlich wird bald ein neuer Statthalter meinen Platz einnehmen", informierte Marius sie. „In der kurzen Zeit, die mir noch bleibt, werde ich tun, was ich kann, damit die neue kaiserliche Verordnung euch und eurer Gemeinde so wenig wie möglich schadet. Doch in anderen Städten muß jetzt schon damit gerechnet werden, daß einige eurer Leiter dort geschlagen, gefangen oder ausgewiesen werden. Und in einigen Städten hat es, wie ihr wißt, schon angefangen. Mich selbst betrachtet man voller Mißtrauen, weil ich hier noch nichts gegen die Christen unternommen habe."

Bischof Johannes war tief erschüttert durch diese Nachricht. Als er mit Onesimus auf dem Heimweg war, machte er seinem Herzen Luft und erklärte, wie sehr ihn die Angriffe, die ihre Brüder und Schwestern in anderen Städten schon erdulden mußten, bekümmerten.

Als Onesimus und Helen beim Abendessen mit Johannes, Tyrannus und Joanna saßen, kam der Apostel auf das Thema zurück: „Mein Herz ist schwer", sagte er bedrückt und den Tränen nahe. „Da ich nichts tun kann für unsere Brüder und Schwestern, die schon leiden müssen, fühle ich die Sorge um sie wie eine drückende Last auf meinen Schultern ruhen. Mir ist auch klar, daß mir selbst hier auf Erden nur noch wenig Zeit bleibt, deshalb seid ihr, meine Lieben, meine Hoffnung und meine Freude. Ich denke, daß meine Pilgerzeit hier bald endet und ich einziehen werde in einen der vielen Räume, die unser Herr in Seines Vaters Haus für uns vorbereitet hat. Was auch immer kommt, ich freue mich darauf, obwohl ich euch nicht gern in der kommenden Verfolgungs- und Leidenszeit allein zurücklasse. Doch andererseits bin ich getrost, denn ihr werdet nicht allein sein, denn der Heilige Geist, unser großer Helfer und Tröster, den unser Herr Jesus Christus uns gesandt hat, wird immer bei euch sein, euch führen und euch Kraft geben."

Johannes schien neue Zuversicht zu fassen, als er nun mit leichtem Lächeln und festerer Stimme fortfuhr: „Was immer auch kommen mag, ich bin bereit! Mein Körper ist müde und gebrechlich. Diese alten, schwachen Knochen, die mich so oft schmerzen, werden nun bald Ruhe haben."

Stille herrschte rund um den Tisch, als die anderen verarbeiteten, was der alte Bischof ihnen mit diesen Worten sagen und sie darauf vorbereiten wollte. Doch dann schien das alte Feuer wieder in den Augen des greisen Apostels brennen zu wollen, als er erklärte:

„Für mehr als sechzig Jahre ist die Liebe Gottes mein Lied, meine Stärke und meine Freude gewesen! Ich halte Ausschau nach dem Augenblick, da ich meinen Herrn, der mich so liebt, und den ich liebe, wieder von Angesicht zu Angesicht schauen darf. Ich freue mich, unserem Herrn in Seiner Auferstehungsherrlichkeit begegnen zu dürfen. Doch wir wollen nicht aufhören, für all jene zu beten, die schon unter der Verfolgung leiden und die vielleicht für ihren Glauben mit dem Leben bezahlen müssen. Und mag Jesu beständige Gegenwart durch den Heiligen Geist auch euch leiten, trösten und allezeit stärken, ihr meine liebe Familie!"

Mit großer Ehrfurcht und Tränen in den Augen hatten alle am Tisch zugehört. Und da sie sicher waren, der Apostel meinte, was er sagte, machte auch niemand Bemerkungen wie, *wir hoffen, du wirst noch lange Zeit bei uns bleiben*, oder *sicher wird der Herr dir noch einige Jahre zulegen, denn du wirst noch gebraucht* oder ähnliches. Als sie vom Tisch aufstanden, drückte jeder dem greisen Bischof besonders bewegt die Hand.

Johannes bat Onesimus, ihn noch zu seinem Raum zu geleiten. Er nahm den Arm des Jüngeren und stützte sich schwer darauf. An der Tür seines Raumes blickte er Onesimus tief in die Augen und sagte: „Mein Sohn, du bist in all diesen Jahren dem Herrn und mir treu gewesen. Auf deine Schultern lege ich nun die Verantwortung als Bischof der Gemeinde. Es tut mir leid, daß es gerade in einer besonders schweren Zeit geschieht, da ernste Verfolgungen drohen. Sei der Herde Christi ein guter Hirte, denn alle Gläubigen, die dich kennen, lieben dich und blicken schon erwartungsvoll zu dir, als ihrem zukünftigen Leiter. Lehre sie stets, sich einander zu lieben, denn die Liebe ist von Gott und hört niemals auf. Amen!"

Nachdenklich und mit schwerem Herzen kehrten Onesimus und Helen anschließend in ihr eigenes Haus zurück. Sie fragten sich, wie lange Johannes noch bei ihnen auf dieser Erde sein würde. Als sie daheim noch zusammen beteten, dankten sie Gott dafür, daß sie für rund dreißig Jahre die Gemeinschaft mit Seinem Apostel und Diener Johannes hatten erfahren dürfen. Gerade wollten sie sich anschicken, zu Bett zu gehen, da klopfte es an die Tür. Draußen stand ein Bote von Tyrannus, der ihnen mitteilte, daß Johannes seine Augen nun für immer geschlossen hatte.

Mit Windeseile breitete sich die Nachricht innerhalb der Christengemeinde aus. Am nächsten Morgen war ihre Versammlungshalle voll von trauernden Gliedern der Gemeinde, die sich zu einem Gedenkgottesdienst versammelten. Statthalter Marius und viele andere nichtchristliche Einwohner der Stadt sandten Botschaften zu Onesimus, in denen sie ihr mitfühlendes Bedauern über den Tod des Apostels ausdrückten.

Der Gottesdienst wurde mit einer Abendmahlsfeier geschlossen, und die Gemeinde dankte, wenn auch trauernd, so doch siegesgewiß, ihrem Herrn für das großartige Leben und Sterben ihres Bischofs und für die glorreiche Gewißheit der Auferstehung.

Nach Beendigung des Gottesdienstes wurde der Sarg mit dem Leichnam des Apostels auf einem Wagen durch die Stadt gefahren hinaus zu der Felswand des Berges, wo auch Maria, die Mutter Jesu, ihre Grabstätte gefunden hatte. Sie war schon fünfzehn Jahre früher in die Ewigkeit gegangen.

Onesimus, gefolgt von den Ältesten und Diakonen und vielen anderen Gliedern der Gemeinde, ging hinter dem Wagen her. Manche Bürger der Stadt blieben stehen und bekundeten ihr Mitgefühl, während andere höhnisch lachten und ihre Genugtuung über den Tod des Mannes, der so lange der Führer der Christen gewesen war, offen zeigten.

Am Grab betete Onesimus nochmals, und die Gemeinde sang ein Lied, in der die Hoffnung auf die Auferstehung und das Leben mit Jesus Christus in Ewigkeit klar zum Ausdruck kam.

Am ersten Tag der nächsten Woche, vier Tage nach der Beerdigung von Johannes, versammelte sich die Christengemeinde von Ephesus, um Onesimus als ihren neuen Bischof zu begrüßen. Aus den nähergelegenen Gemeinden waren Abgesandte erschienen. Tyrannus gab zunächst einen Rückblick auf die letzten Stunden des Apostels und auf die kurz vorher noch beendete Fertigstellung seines Evangeliums.

Alle Anwesenden brachten zum Ausdruck, daß Onesimus nun der Bischof der Gemeinde sein sollte, so, wie es auch Johannes gesagt hatte. Bischof Tavius von Smyrna, der Seniorbischof unter den Anwesenden, übernahm die Einsetzung von Onesimus in diese Aufgabe. Anschließend wurde Onesimus von ihm und den Ältesten der Gemeinde unter Handauflegung für sein Amt gesegnet.

Onesimus war tief bewegt, als er vor der Gemeinde kniete und die anwesenden Bischöfe und Ältesten sich um ihn scharten und ihm die Hände auflegten. Bischof Tavius forderte die ganze Gemeinde auf, sich mit ihnen im Gebet zu vereinigen, damit der Heilige Geist neu in mächtiger Weise das Leben und den Dienst ihres neuen Bischofs und seiner Frau Helen erfüllen möge.

Anschließend sprach Onesimus noch kurz, aber in ergreifender Weise zur Gemeinde und forderte sie auf, ihrem Herrn und dem Vorbild von Johannes allezeit treu zu bleiben, vor allem auch in der vor ihnen liegenden Verfolgungszeit, die zu erwarten war.

Als er gemeinsam mit den Ältesten noch das Abendmahl ausgeteilt hatte, schloß er mit den Worten, die sie so oft von Johannes gehört hatten: „Erinnert euch dabei an die Liebe Gottes, die Er uns in Seinem Sohn Jesus Christus entgegengebracht hat. Meine Lieben, laßt uns untereinander lieben, denn die Liebe ist von Gott, und Gott ist die Liebe!“

TEIL VIII

DER MÄRTYRER-ZEUGE

29. KAPITEL

„Nun ist es soweit, Helen“, seufzte Onesimus besorgt. Er war tief bewegt von der Nachricht, die er soeben von einem reisenden christlichen Kaufmann erhalten hatte, der ihm eine Botschaft von dem seit langer Zeit mit ihm befreundeten Kollegen, Bischof Ignatius von Antiochien, überbrachte. „Die befürchtete Verfolgung hat begonnen.“ Er legte seine Toga ab, ging zu Helen und umarmte sie.

Beide Gatten waren gealtert. Seine 77 Jahre hatten Onesimus auch physisch einen Preis gekostet, der sichtbar war. Doch mit all seinen grauen Haaren und vielen Falten war seine Erscheinung noch sehr beeindruckend. Er hielt sich noch sehr aufrecht, hatte freundliche Augen und entschlossene Gesichtszüge.

Sie waren nun 48 Jahre verheiratet. Doch auch Helen sah man ihre Schönheit noch an. Besorgt und doch voller Liebe blickte sie in das bekümmerte Gesicht ihres Gatten. Seit dem Tod von Joanna und Tyrannus vor zehn Jahren waren sie in deren Anwesen gezogen, das die Freunde ihnen großzügig vermacht hatten, und lebten nun in den Räumen, in denen sie so viele gesegnete und inspirierende Stunden mit den früheren Besitzern sowie Johannes, Maria und anderen Gliedern der Gemeinde und Gästen verbracht hatten.

„Ja, meine Liebe“, nickte Onesimus, „Kaiser Trajan hat wieder eine allgemeine Christenverfolgung ausgerufen. Nachdem damals die Verfolgungszeit unter Kaiser Domitian, die am Ende des Lebens unseres geliebten Apostels Johannes begann, Ephesus nur sehr schwach getroffen hat, dank des damaligen Statthalters, fürchte ich, wir werden diesmal Härteres durchstehen müssen. Petronius, du kennst ihn, er war früher einmal einer von uns *barmherzigen Banditen,* er ist jetzt Kaufmann und hat seine eigene Karawane, brachte die Nachricht mit, daß der Statthalter von Antiochien unseren Freund, Bischof Ignatius, verhaften und verurteilen ließ.

Einige Denunzianten, diese verachtenswerten bezahlten Spitzel, haben Ignatius angeklagt, er sei ein bekennender Christ und vor allem der Leiter der Christengemeinde in Antiochien. Petronius war bei der öffentlichen Verhandlung anwesend, als der Statthalter Ignatius fragte, ob er ein Christ sei. Der Bischof antwortete ruhig, doch nachdrücklich, er glaube an Jesus Christus, der sein Herr und Erlöser sei. Er fügte hinzu, er wisse, daß dieses Bekenntnis seinen eigenen Tod bedeuten könne, doch er sei bereit dazu. Auch wenn er sterben müsse, könne er doch nur in den Armen seines Herrn enden.“

Onesimus schwieg einige Augenblicke und blickte nachdenklich vor sich hin. Dann fuhr er fort: „Als Petronius mir dies erzählte, mußte ich an die letzten Worte unseres jungen Bischofs Antipas von Pergamon denken, der vor dem römischen Statthalter ebenso mutig Zeugnis ablegte und dann in Gegenwart der wütenden Volksmenge lebendig verbrannt wurde. Petronius sagte, Ignatius' Worte würden wie Feuer in seinem Gedächtnis brennen. Und ich weiß genau, was er damit sagen wollte. Er erzählte, daß der Statthalter bei diesen Worten von Ignatius vor Zorn rot wurde und sofort anschließend das Urteil verkündete. Er nannte Ignatius einen Atheist und Verräter am Kaiser und an Rom und verurteilte ihn dazu, nach Rom gebracht zu werden, um dort zum Vergnügen des Kaisers und seiner Hofschranzen in der Arena mit wilden Tieren zu kämpfen.“

Onesimus schüttelte besorgt den Kopf. Doch Helen bat ihn, auch noch den Rest der Geschichte zu erzählen.

„Bischof Ignatius wurde von den Soldaten abgeführt. Er ist nun als Gefangener, bewacht von zehn Legionären, die unter dem Befehl eines Centurios stehen, auf seinem Weg nach Rom. Der Centurio hat den Befehl, unterwegs in jeder Stadt, in der es eine Christengemeinde gibt, anzuhalten, um den Christen, und vor allem ihren Führern, zu demonstrieren, welche Strafen sie erwarten, wenn sie sich weiterhin öffentlich zu ihrem Christentum bekennen."

Onesimus setzte sich. Er zwang sich zu einem leichten Lächeln, als er noch hinzufügte: „Etwas Gutes ist bei dieser tragischen Geschichte dabei, Helen. Etliche der Bischöfe aus Ionien beabsichtigen, Ignatius auf seinem Weg über Troas nach Rom in Smyrna zu treffen. Auch ich werde dort sein und nehme Burrhus, Crocus, Fronto und Euplus mit. Ich denke, es ist ein großes Vorrecht und wird eine gesegnete Zeit sein, wenn wir dort mit unserem Märtyrer-Bischof, dem ersten seit Antipas, diese Gemeinschaft haben können. Wir wollen uns dann auch gemeinsam auf jede Verfolgung, die kommen mag, vorbereiten und über die Schriften von Paulus, Johannes und Petrus nachdenken, die uns bei unseren Auseinandersetzungen mit den *Gnostikern* und den *Judaisten* helfen. Ich bin immer wieder dankbar, daß wir diese kostbaren Schriften der Apostel haben, die mit ihrem Märtyrertum Jesu Sieg und Herrlichkeit bezeugten."

„Oh, mein lieber Onesimus, vielleicht bist du der nächste, den es trifft", sagte Helen mit Tränen in den Augen. Unser jetziger Statthalter Junius ist nicht mehr unser Freund und Beschützer, wie es damals unter Kaiser Domitian Marius war."

„Das stimmt", nickte Onesimus. „Mir ist dies ebenfalls bewußt. Doch durch die Gnade Gottes bin ich bereit, Gefangenschaft und Tod zu begegnen, wenn es denn sein soll."

30. KAPITEL

Am nächsten Sonntag war die Versammlungshalle des Tyrannus übervoll. In der Gemeinde hatte sich die Verhaftung von Bischof Ignatius herumgesprochen, und alle waren anwesend, um Näheres darüber zu hören. Es war nicht mehr die alte Versammlungshalle, in der der Apostel Paulus einmal begonnen hatte das Evangelium zu predigen. Diese war längst zu klein geworden. Durch die Opfer der Gemeinde war es möglich geworden, eine wesentlich größere Halle auf dem Grundstück von Tyrannus zu bauen. Doch auch die war bei besonderen Gelegenheiten, wenn alle Gemeindeglieder anwesend waren, schon wieder zu klein.

Aufmerksam lauschte die Gemeinde dem Bericht von Onesimus. Und in der Gebetszeit nach dem Abendmahl wurde besonders an Bischof Ignatius gedacht. Doch die Gemeinde betete auch für ihren eigenen Bischof und seine Begleiter, die sich noch am gleichen Tag auf den Weg nach Smyrna machen wollten, um dort Ignatius und die anderen Bischöfe zu treffen.

Kurz nach dem Gottesdienst machten sich Onesimus und seine vier Gefährten auf Pferden auf den Weg. Sie hatten zwei Esel dabei, die trugen, was sie unterwegs benötigen würden. Trotz seines Alters war Onesimus immer noch zu längeren Ritten fähig.

Als sie die bekannte Straße dahinzogen und den Bergpaß erreichten, erzählte Onesimus seinen Begleitern die erstaunliche Geschichte, als er und Glaucon hier vor vielen Jahrzehnten den Räubern begegnet waren.

„Eines der erstaunlichsten Wunder des Heiligen Geistes ist“, berichtete Onesimus, „daß der Führer der Räuber und etliche seiner Männer nach Smyrna kamen, sich zu Jesus Christus bekehrten und sich taufen ließen. Bischof Tavius’ Vater, der ja damals römischer Statthalter war, begnadigte sie, und sie konnten ein neues Leben in innerer und äußerer Freiheit beginnen.“

Die Reisenden übernachteten in der Nacht in jener Höhle, die damals das Versteck der Räuber gewesen war. Während sie noch am Feuer besammen saßen, erzählte Onesimus davon, wie er nach dem Erdbeben in Kolossea selbst das Vertrauen verlor und zu den Räubern ging, und wie der Apostel Johannes ihn von dort zurückgeholt hatte.

„Einer Sache bin ich sicher“, erklärte Onesimus seinen Zuhörern, „alle Versuchungen und Leiden, die wir ertragen müssen und die wir in der wunderbaren Liebe Gottes, die in Jesus Christus offenbar geworden ist, überwinden, hilft uns, daß wir mehr geheiligt werden, wie Gold im Feuer geläutert wird. Das habe ich in meinem eigenen Leben erfahren, und das wird jeder erleben, der in Christi Liebe und der Kraft Seines Geistes zu überwinden lernt.“

Es war ein klarer, warmer Augustabend, erfüllt mit den Gerüchen der Balsamstauden und Pinien. Die Reisenden blickten von ihren Lagern hinauf in den Sternenhimmel und wußten sich geborgen in den Armen ihres Herrn und Meisters.

Als sie sich zur Ruhe legten, hatte Onesimus gebetet: „Lieber Herr, stärke uns, gemeinsam mit unserem Bruder Ignatius, mit Deiner Kraft. Gib uns genug Mut, Geduld, Freude und Kraft, um allem entgegenzutreten, was uns begegnen mag, und es in Deiner Liebe zu überwinden. Wir danken Gott dafür, daß Er uns zubereitet für unser Teil in Seinem herrlichen Königreich des Lichts. Denn in Dir, Herr, ist der Sieg und die Kraft, und Dir sei Herrlichkeit und Ehre in alle Ewigkeit! Amen!“

Als die fünf Reisenden gegen Mittag des nächsten Tages durch das Tor in das Taviusanwesen einritten, wurden sie warm von dem jungen Bischof Polykarp und einigen Ältesten und Diakonen der Gemeinde von Smyrna begrüßt. Der ältere Tavius war schon viele Jahre tot, und auch Bischof Tavius war schon vor etlichen Jahren in das ewige Leben abberufen worden. Der Statthalter Tavius war ein heimlicher Gläubiger an den Christus geworden, den sein Sohn verkündigte.

Statthalter Tavius hatte für die Kinder seines Sohnes, des Bischofs, in Smyrna andere Häuser gekauft, so daß es möglich geworden war, das alte Tavius-Anwesen der Gemeinde zu vermachen. Die Christen hatten an die vorhandenen Gebäude noch eine neue große Versammlungshalle angebaut, so daß ihr neuer Bischof hier wohnen und sie sich weiterhin hier versammeln konnten.

Der *kleine Peter,* als den Onesimus Bischof Tavius' Sohn gekannt hatte, war zu einem allseits geachteten Arzt geworden, nachdem er in Pergamon Medizin studiert hatte. Er war einer der Ältesten der Gemeinde und lebte mit seiner Frau und den drei Kindern in einem eigenen großen Haus.

Die müden Reisenden wurden begrüßt und von Bischof Polykarp und seiner hübschen jungen Frau eingeladen zum Mittagessen. Als gerade die Speisen aufgetragen werden sollten, wurde ihnen die Ankunft des jungen Bischofs Damas von Magnesia und von Bischof Polybus von Tralles mitgeteilt. Also wurde das Mittagessen noch ein wenig verschoben, und alle eilten in den Hof, um die Neuankömmlinge zu begrüßen.

Als die neuen Gäste an dem schnell vergrößerten Mittagstisch ebenfalls Platz genommen hatten, sagte Polykarp: „Ehe wir dem Herrn für das Essen danken und uns dann stärken, möchte ich noch etwas Erfreuliches mitteilen: Wir erhielten die Nachricht, daß unser Bruder, Bischof Ignatius, im Laufe dieses Nachmittags hier eintreffen wird. Bisher ist er in allen Gemeinden, die er unterwegs besuchen durfte, zu einem inspirierenden Zeugen der Gnade und des Sieges Jesu Christi geworden. Diese Besuche haben also das Gegenteil von dem bewirkt, was sich der römische Statthalter von Antiochien damit erhofft hat. Ignatius' Besuche sollten die christlichen Gemeinden und ihre Leiter einschüchtern und ihnen zeigen, welche Konsequenzen es hat, wenn sie weiterhin öffentlich ihren Glauben bekannten, statt dessen werden die Christen durch das furchtlose Auftreten von Bischof Ignatius überall noch zu ihrem Zeugnis ermutigt."

„Sicher wird es hier genauso sein!" riefen die Anwesenden, die aufmerksam zugehört hatten, voller Freude.

Polykarp wandte sich nun an Onesimus. „Du bist der Senior unter uns, Onesimus, deshalb möchte ich dich bitten, das Dankgebet zu sprechen und gleichzeitig für Ignatius zu beten und für alle, die Christus angehören, damit sie in dieser Zeit der Verfolgung Kraft haben und treu bleiben."

Onesimus kam der Bitte nach, und alle Anwesenden stimmten in sein herzbewegendes Gebet ein.

Während sich dann alle hungrig dem schmackhaften Mahl zuwandten und dabei lebhafte Gespräche führten, dachte Onesimus über die Fähigkeiten jedes einzelnen der hier Sitzenden nach. Seine Gedanken verweilten besonders bei seinem jungen Ältesten Crocus, der einen so guten Dienst als sein Stellvertreter in der Gemeinde in Ephesus tat. *Crocus' weise und inspirierende Predigten und sein feiner Seelsorgedienst prädestinieren ihn dafür, einmal mein Nachfolger zu werden, wenn meine Zeit kommt,* überlegte Onesimus dankbar. *Und ich denke, das wird bald der Fall sein.*

Auch Polykarp, den jungen, warmherzigen und brillanten Bischof von Smyrna, musterte er voller Anerkennung. *Er wird ein großartiger Führer der Christen werden und ist ein würdiger Nachfolger von Bischof Tavius,* dachte er.

Nach dem Essen begaben sich alle in Polykarps großes Arbeitszimmer, an dessen Wänden Regale standen, die voller Buchrollen waren. „Ich bin dankbar, daß Bischof Tavius mir seine große Bibliothek hinterlassen hat", wies Polykarp auf die Regale voller Rollen hin. „Bischof Severus von Pergamon, der leider schon zu schwach ist, um die Reise nach hier noch wagen zu können, hat ebenfalls manches dazu beigetragen. Doch die wichtigsten unter allen Büchern sind mir die vier Evangelien von Matthäus, Markus, Lukas und Johannes sowie die Schreiben der Apostel Paulus, Petrus und Johannes. Wir alle wissen, daß wir vieles davon auch der Arbeit und Weisheit unseres Seniors Onesimus verdanken", fügte er mit einer leichten Verbeugung vor dem alten Bischof von Ephesus hinzu."

Onesimus nickte und fügte hinzu: „Wir sind alle dankbar, daß wir diese Schriften besitzen, denn sie helfen uns in dieser kritischen Zeit, in der die Gemeinde Christi von Irrlehren bedroht wird, klaren Kurs zu halten und allzeit den rechten Weg zu finden."

Die Unterhaltung wurde durch Jakobus, Polykarps zehn Jahre alten Sohn, unterbrochen, der in den Raum gestürzt kam und rief: „Vater, sie sind da! Sie sind gerade von der Hauptstraße abgebogen und kommen die Straße herauf!"

Polykarp, Onesimus und die anderen folgten dem aufgeregten Jungen in den Hof, wo sie auf das Einreiten der Angekündigten warteten, von denen schon das Hufgeklapper der Pferde zu hören war.

„Welch farbenprächtige Prozession", entfuhr es Polykarp, als die Soldaten, geführt von dem Centurio, mit ihrem Gefangenen und mit in der Nachmittagssonne blitzenden Helmen und Waffen nun in den Hof einbogen. Sie ritten zu zweit nebeneinander. Zwei von ihnen hatten Ignatius in ihrer Mitte. Den Schluß machten zwei Legionäre, die Packtiere am Zügel führten. Der Bischof war mit einer schlichten weißen Tunika bekleidet, die vom Straßenstaub grau geworden war. Sein Gesicht glühte von den Stunden in der heißen Sonne. Doch er ritt aufrecht, und seine Augen blitzten, als die Reiter jetzt vor der wartenden Männergruppe anhielten.

Der Centurio musterte für einige Augenblicke schweigend die Gesichter der Wartenden. Er ließ seinen Blick einmal durch den ganzen Hof schweifen und rief dann mit lauter

Stimme: „Seine höchste Majestät, Kaiser Trajan von Rom, grüßt alle Bürger seiner schönen Stadt Smyrna. Er hat von der Treue dieser Stadt zu Rom gehört und davon, wie eifrig man ihm hier göttliche Verehrung entgegenbringt. Außerdem gratuliert er der Stadt, weil sie im ganzen Römischen Reich mit eine der ersten war, die zu Ehren Roms einen Tempel errichtete. Außerdem sendet der anbetungswürdige Kaiser Grüße und eine Botschaft an euren verehrten Statthalter Decius, in der er neue Anweisungen gibt, wie mit den Leuten, die Christen genannt werden, zu verfahren ist, die in ihrer Treue an diesem Christus als ihrem Herrn mehr festhalten wollen, als an dem Kaiser und allen anderen Göttern Roms."

Er drehte sich zu Ignatius um, zeigt auf ihn und rief zornig: „Seht diesen erbärmlichen Gefangenen auf seinem Weg nach Rom, um dort den wilden Tieren zum Fraß vorgeworfen zu werden. Es ist Ignatius von Antiochien, ein Atheist und Verräter an Rom und dem Kaiser. Unter den anderen Atheisten dieser Stadt, die sich selbst *Christen* nennen, trägt er den Titel *Bischof,* was Leiter oder Aufseher bedeutet. Als Leiter dieser rebellischen Christen ist er zum Tode verurteilt worden. In allen Städten soll man an seinem Beispiel nun sehen, wie es den Christen, und vor allem ihren Führern, nun gehen wird, wenn sie nicht ihrem rebellischen Geist und ihrem Atheismus absagen, ihre Treue zu unserem göttlichen Imperator bekennen und diesen Christus verfluchen!"

Mittlerweile hatten sich, angelockt durch die Soldaten und die laute Stimme, auch am Hofeingang eine ganze Anzahl Menschen eingefunden, die das Schauspiel betrachteten. An diese vor allem wandte sich der Centurio nunmehr und rief: „Euer ehrwürdiger Statthalter Decius hat berichtet, daß es unter den Christen in Smyrna etliche anständige und gesetzestreue Bürger gibt. Unser großer göttlicher Kaiser hat nicht den Wunsch, diesen irgendwie Schaden zuzufügen."

Nun wandte er sich wieder an die Männergruppe, die vor ihm stand, blickte sie drohend an und fuhr fort: „Doch obwohl der Kaiser klar befohlen hat, daß die Behörden nicht von sich aus Christen verhaften und bestrafen sollen, hat er doch bestimmt, daß alle, die von Denunzianten als bekennende Christen angezeigt werden, verhaftet und vor Gericht gestellt werden müssen. Wenn sie diesem Christus dann nicht absagen, sondern an ihrem Glauben an Ihn festhalten, müssen sie zum Tode verurteilt werden!"

Bei diesen letzten Worten des Centurios legte sich eine bedrückende Stille über alle Anwesenden. Schweigend ließ der römische Offizier noch für einige Augenblicke seine Worte in den Köpfen und Herzen seiner Zuhörer nachwirken. Dann gab er einen kurzen Befehl, auf den hin er und seine Soldaten sowie der Gefangene aus den Sätteln stiegen.

Bischof Polykarp trat vorwärts und stellte sich als Hausherr vor. Er überraschte den Centurio, indem er ihn warm willkommen hieß und ihm anschließend die anderen Bischöfe vorstellte.

Polykarp sagte: „Wir sind geehrt, Herr, weil du unserem Bruder in Christus erlaubst, für kurze Zeit mit uns Gemeinschaft zu pflegen, obwohl du ihn doch zu seiner Hinrichtung nach Rom führst, wo er in der Arena von wilden Tieren getötet werden soll. Obwohl diese, deine Aufgabe für uns widerlich ist, wissen wir doch, daß du sie im Dienst unseres Kaisers tust, den wir achten und dem wir in allen Gesetzesangelegenheiten und allen anderen irdischen Dingen gehorchen. Wir empfangen dich und deine Soldaten als Männer, die ihren Dienst tun müssen, und bieten euch in unserem Anwesen einen Platz an, auf dem ihr eure Zelte aufstellen könnt, da ihr ja eurem Gefangenen immer nahe bleiben müßt."

Der Centurio hatte erstaunt zugehört und antwortete: „Deine Furchtlosigkeit und das warme Willkommen überraschen mich, da du ja eines Tages des gleichen Verbrechens wegen wie dein Kollege angeschuldigt und verurteilt werden kannst. Ich nehme dein Angebot dankend an. Doch ich muß dir sagen, daß wir Befehl haben, unseren Gefangenen nie allein zu lassen. Deshalb wird stets einer unserer Männer mit ihm zusammengekettet bleiben. Und wir anderen werden immer in der Nähe sein. Doch wie die Dinge auch liegen, euer Richter bin ich nicht."

Nach diesen ungewöhnlichen Worten gab der Centurio seinen Legionären die nötigen Befehle. Die Soldaten begannen, auf dem ihnen gezeigten Platz die Zelte aufzurichten. Einer von ihnen, Dracus mit Namen, wurde mit Ignatius zusammengekettet und mußte ihm, ärgerlich brummend, mit den anderen Bischöfen ins Haus folgen.

31. KAPITEL

Als Polykarp und seine Gäste beim Abendessen an dem reichlich gedeckten Tisch saßen, lauschten alle aufmerksam dem Bericht ihres Bruders Ignatius, der auf dem Weg zu seinem Märtyrertum war. In bewegten und ausdrucksvollen Worten erzählte er:

„Ihr seht, meine Brüder, ich bin auf meinem Weg nach Rom, um dort den wilden Tieren vorgeworfen zu werden. Doch ich kann mit Paulus die Worte sagen, die er an die Römer schrieb, daß ich mich des Evangeliums von Jesus Christus und auch dieser Ketten, mit denen ich immer an einen Soldaten gebunden werde, nicht schäme. Dracus und die anderen zehn Leoparden, wie ich sie nenne, gehen ziemlich rauh mit mir um, und je freundlicher ich ihnen begegne, um so grober werden sie."

Er wandte sich Dracus zu, einem großen, muskulösen Mann, der sehr unbehaglich und mit finsterem Gesicht neben Ignatius saß, und sagte: „Dracus, du bist freundlicher zu mir gewesen als die anderen. Doch ihr alle beschuldigt mich, ich sei ein Narr, weil ich mich weigere, meine Achtung vor den Göttern Roms zu bezeugen und weil ich mich weigere, dem Kaiser ein göttliches Opfer darzubringen, der doch früher auch nur ein Soldat war wie ihr."

„Ganz sicher bist du ein Narr", knurrte Dracus. „Und außerdem machst du uns unsere Aufgabe noch schwerer, weil du fortwährend von dem Mann redest, der vor siebzig Jahren von unseren Soldaten gekreuzigt wurde."

Man konnte klar erkennen, daß Dracus die freimütige

und feurige Art seines Gefangenen auf die Nerven ging. Er kritisierte weiter: „Du bist ein törichter Schwätzer von lauter Unsinn, wenn du sagst, dieser Jesus sei der Herr des Universums. Und dann kommt noch deine verbohrte Entschlossenheit dazu, nach Rom zu kommen. Wo du doch dort mit den wilden Tieren kämpfen mußt. Welch ein Unsinn! Aber ich muß zusehen, daß du dort auch wohlbehalten ankommst."

Der große Legionär seufzte resigniert, als er noch hinzufügte: „Ich werde mich nicht in eure Unterhaltung einmischen, denn ich sehe, deine Gastgeber scheinen bereit zu sein, deine Torheiten anzuhören. Also tut, was ihr wollt!" Damit war sein Ausbruch beendet. Dracus schien gewillt, den Abend zu ertragen so gut es ging.

Ignatius hatte verlegen den zornigen Worten seines Wächters zugehört. Er brauchte noch einige Augenblicke, ehe er sich wieder gefaßt hatte und fortfuhr: „Meine lieben Brüder in Christus, ihr könnt einiges von dem erkennen, was ich unterwegs ertragen muß. Doch dies alles, und auch das, was noch kommen wird, ist nichts im Vergleich zu den Leiden, die unser Herr für uns ertrug. Ich möchte gern noch an jede eurer Gemeinden einen Brief schreiben, ihnen von dem berichten, was ich erdulde, und sie ermutigen."

Seine Stimme nahm einen freudigen Ton an, als er fortfuhr: „Auch der Gemeinde in Rom will ich schreiben, und zwar folgendes: „ . . . Nun ist der Augenblick, da ich ein wahrer Jünger Jesu Christi werde. Mag nichts Sichtbares oder Unsichtbares mich auf meinem Weg zu Jesus abhalten. Komme Feuer, Kreuz, Kampf mit wilden Tieren, das Zerbrechen meiner Knochen und Ausreißen meiner Glieder, die Zerstörung meines ganzen Leibes und alle anderen grausamen Foltern des Teufels — nur laßt mich zu Jesus Christus gehen . . . Ich möchte lieber sterben und bei Jesus sein, als über die ganze Welt regieren. Nach Ihm halte ich Ausschau, nach dem Einen, der für uns starb."

Die Anwesenden verharrten in ehrfürchtigem Schweigen, während sie diesem bemerkenswerten Zeugnis zuhörten. Sie hatten noch nicht zu essen begonnen, als das Drama eines Mannes, der sich auf sein Märtyrertum vorbereitete, sich vor ihnen entfaltete. Doch nun ergriff Polykarp das Wort und sagte: „Ignatius, deine Vorbereitungen auf die kommenden Leiden und Prüfungen haben uns tief bewegt und inspiriert. Sie sind ein großartiges Zeugnis des Glaubens, und wir sind dir dafür sehr dankbar. Wir wissen ja, daß jeder von uns früher oder später in die gleiche Lage kommen kann. Doch andererseits hast du auch eine lange und ermüdende Reise hinter dir, deshalb sollten wir uns nun auch dankbar dem zuwenden, was wir an äußerer Nahrung für unseren Leib auf dem Tisch stehen haben. Onesimus, bitte, übernimm es für uns alle, dem Herrn auch dafür zu danken."

Nachdem Onesimus dem Herrn gedankt hatte für das Essen und Ihn gepriesen hatte, schloß er mit einer kurzen Fürbitte für ihren Bruder Ignatius, Gott möge ihm weiterhin die Kraft und den Mut schenken, die er benötigte.

Alle wandten sich nun den Speisen zu, und für einige Minuten herrschte Stille. Onesimus beobachtete dabei verwundert, wie gut es Ignatius und der Soldat Dracus, die ja mit dem rechten und linken Arm aneinandergekettet waren, trotzdem verstanden, gemeinsam zu essen. Da ihm Ignatius direkt gegenübersaß, konnte er auch unauffällig das ausdrucksvolle Gesicht seines Kollegen studieren. Der schwarze Bart und das volle Haar waren zerzaust, staubig und ungeordnet. In das Gesicht waren tiefe Linien der Anstrengung eingekerbt, und die schwarzen Ränder unter den Augen zeugten von Übermüdung und Erschöpfung.

Welch einen Preis zahlt er doch für seine Treue zu Christus, dachte Onesimus. Seine Gedanken gingen zurück zu dem jungen Bischof Antipas in Pergamon, als dieser in dem erhitzten broncenen Bullen des Zeus stand und die Flammen ihn langsam verzehrten. Er dachte an Paulus, dessen Leib im Marmertinischen Kerker so schwach geworden war, daß er nicht mehr gehen konnte und daß man ihn auf einem Karren vor Nero und zu seiner Hinrichtung fahren mußte. Der Apostel Petrus fiel ihm ein, als er sich im Gefängnis von ihm verabschiedete, in dem Petrus zurückblieb, den sicheren Märtyrertod erwartend, und aus dem Onesimus freigelassen wurde. Welch freudige Zeugen Jesu Christi und des siegreichen Glaubens an die Erlösung und Auferstehung waren sie alle gewesen. Er fragte sich, ob er diese Prüfung in gleicher Weise bestehen würde. In dem Erdbeben damals in Kolossea hatte er versagt. Im stillen betete er darum, daß sein Glaube genauso stark wie der von Ignatius sein möge, wenn einmal seine Zeit kommen würde. Und da war ihm plötzlich, als würde eine innere Stimme zu ihm sagen: *Es wird nicht mehr lange dauern.* Onesimus hätte fast laut zugestimmt, als er an die Warnung dachte, die ihm durch den Statthalter Junius zugegangen war.

Bald begann die Unterhaltung wieder unter den Anwesenden, und man saß noch etwa eine Stunde während des Essens beisammen. Anschließend schlug Polykarp vor, sich doch nun zur Ruhe zu begeben, da die meisten von ihnen an diesem Tag schon eine anstrengende Reise hinter sich hatten. Vor allem Ignatius schien Ruhe dringend nötig zu haben. Er bat den jüngsten unter ihnen, Bischof Damas von Magnesia, ihnen am nächsten Morgen eine kurze Andacht zu halten, ehe sie ihre gemeinsame Arbeit beginnen wollten.

Am nächsten Morgen versammelten sich nach dem Frühstück alle in Polykarps Bibliothek. Bischof Damas las die Worte des Apostels Paulus an die Korinther, die Onesimus schon so oft in schwierigen Zeiten ermutigt hatten:

Der Herr antwortete mir: „Meine Gnade genügt dir, denn sie erweist ihre Kraft in der Schwachheit." Viel lieber also will ich mich meiner Schwachheit rühmen, damit die Kraft Christi auf mich herabkommt. Deswegen bejahe ich meine Schwachheit, alle Mißhandlungen und Nöte, Verfolgungen und Ängste, die ich für Christus ertrage; denn wenn ich schwach bin, dann bin ich stark.

In den folgenden kurzen Worten, die Damas anschloß,

wies er darauf hin, daß es nicht auf unsere Fähigkeiten und Kräfte ankommt, sondern auf die Kraft des Heiligen Geistes und der Liebe Gottes, die uns durch Jesus Christus in unser Leben gegeben werden, um in allen Prüfungen, Versuchungen und Verfolgungen überwinden und bestehen zu können.

Onesimus beobachtete, wie die Augen von Ignatius immer mehr zu strahlen schienen, während er zuhörte. Als Damas geendet hatte, rief Ignatius: „Preis dem Herrn, daß Er unseren jungen Gläubigen, die unsere Plätze in der Gemeinde einnehmen sollen, einen so starken Glauben gegeben hat, wie wir es an dir sehen, Damas. Ich kannte deinen Vater und sein tiefes Vertrauen in unseren Gott und Vater im Himmel. Nun sehe ich, daß du in seine Fußtapfen getreten bist. Das macht mir Mut, denn ich sehe, daß die Sache des Königreichs unseres Herrn in guten Händen ist."

„Vielen Dank, Bischof Ignatius", antwortete Damas bescheiden. „Ich bin dankbar, hier sein zu können und von dir und den anderen unter uns, die schon ein Leben in der Nachfolge des Herrn verbrachten, lernen zu können, wie man die Gemeinde Christi durch Prüfungszeiten führt."

Onesimus ergriff in seiner ruhigen Art das Wort und sagte: „Ignatius, du hast uns allen angesichts der bevorstehenden Verfolgungszeit Mut und Hoffnung gemacht. Doch wir brauchen deine Weisheit auch bei unserer Auseinandersetzung mit den *Gnostikern* und anderen, die versuchen, das, was die Evangelien und die Apostel uns lehrten, zu verdrehen."

„Vielen Dank für eure freundlichen Worte für mein armes Leben und meinen geringen Dienst", antwortete Ignatius. „Doch genau das bewegt mich auch. Deshalb habe ich heute morgen auch schon je einen Brief an die Gemeinden in Tralles und Magnesia geschrieben. Ich hoffe, daß diese Briefe und unsere Beratungen hier euch in die Lage versetzen, euch weise und klar mit diesen falschen Lehrern auseinanderzusetzen, die in der Gemeinde wie schlechter Sauerteig sind, der verdorben ist."

Lächelnd meinte Onesimus: „Verdorbener Sauerteig — das ist genau die richtige Beschreibung für das, was Cerinthus und die anderen *gnostischen* Irrlehrer in unseren Gemeinden sind. Doch wir wollen diesen Irrlehrern in demselben Geist entgegentreten, wie es Jesus selbst getan hat, der als der gute Hirte Sein Leben für die Seinen gab."

Er blickte sich unter seinen Gefährten um und fuhr ernst und eindringlich fort: „Das ist auch der Grund, weshalb wir all unsere Kraft einsetzen müssen, damit jeder einzelne Gläubige in jeder unserer Gemeinden in der Lage ist, die Evangelien von Matthäus, Markus und Lukas und vor allem auch das von Johannes selbst zu lesen oder wenigstens in richtigem Wortlaut zu hören. Denn diese vier Evangelien sind das einzige wahre Zeugnis von dem Leben, das unser Herr gelebt hat."

„Sehr richtig", meldete sich nun Bischof Polybius. Er war bis jetzt still gewesen, doch nun sprach er mit großem Nachdruck. Obwohl er noch nicht so alt war wie Onesimus, waren Haar und Bart schon weiß und seine Schultern leicht gebeugt.

„Aus dem gleichen Grund müssen wir auch alles tun, um die Briefe von Paulus und Petrus so weit wie möglich zu verbreiten, die wir durch die Arbeit von Onesimus zur Verfügung haben", fügte Polybius hinzu. „Niemand ist in einer besseren Lage, zu wissen, welche Briefe des Apostels Paulus echt sind und welche nicht, als Onesimus, der so lange sein Sekretär war. Viele Leute haben heute Briefe geschrieben und dabei fälschlicherweise den Namen des Apostels Paulus oder den von Petrus oder Johannes oder von einem der anderen Apostel benutzt; doch das, was sie geschrieben haben, ist nicht echt. Die Briefe des Apostels Paulus sind kostbare Interpretationen der Bedeutung von Jesus Christus als dem Herrn unseres täglichen Lebens im rechten Geist Christi. Paulus sagt, der echte Beweis, daß wir wahre Christen sind und Christi Sinn und Wesen in uns tragen, ist unser tägliches Christenleben in der Liebe, im Glauben und in der Kraft des

Heiligen Geistes. Immer wieder weist Paulus darauf hin, daß der wahre Kern der christlichen Lehre nicht in irgendeiner Art mysteriöser Erkenntnisse besteht, sondern im täglichen Sterben des alten Menschen und im Leben Jesu Christi in uns und durch uns. Und das ist es, was unsere Gläubigen ganz dringend hören müssen."

„Du hast die Bedeutung dessen, was Paulus in seinen Briefen schreibt und lehrt, gut zusammengefaßt", bestätigte Onesimus dankbar. „Wir sind an einem Krisenpunkt im Leben unserer Gemeinden angekommen. So viele Christen sind durch die Lehren von Cerinthus und anderer *Gnostiker* versucht zu glauben, eine oberflächliche und leichte Erkenntnis, eine *Gnosis* Christi genüge, da brauche es nicht das tägliche Sterben unseres eigenen alten Menschen und schon gar nicht die Bereitschaft, um unseres Glaubens willen für Christus zu leiden, wenn dies nötig sein sollte."

Nach kurzem nachdenklichen Schweigen der Runde ergriff Ignatius wieder das Wort: „Wir beschäftigen uns hier mit der Frage, wie echt unser Glaube wirklich ist und wie er in der Bewährung standhalten wird. Auch wir in Antiochien haben mit diesem Problem zu tun, daß einige Leute sagen, wir brauchten nur die rechte Art Glaube und könnten dann damit alle Nöte und Schwierigkeiten von uns fernhalten. Polybius, darüber habe ich heute morgen auch in meinem Brief an deine Gemeinde in Tralles geschrieben."

Nun meldete sich Polykarp wieder. „Ich bin dankbar für diesen Gedankenaustausch, meine Brüder, denn er ist für uns selbst sehr fruchtbar und wird uns sicherlich auch für den Dienst in unseren Gemeinden helfen. Doch wir haben uns so eifrig und konzentriert unterhalten, daß wir gar nicht gemerkt haben, wie die Zeit verflogen ist. Es geht langsam auf Mittag zu."

Er blickte Ignatius an und fuhr fort: „Wir sollten unserem Bruder die Zeit einräumen, die Briefe an die Gemeinden noch zu schreiben, von denen er gesprochen hat. Wir alle haben ja in unserer Unterhaltung gerade bestätigt, wie wichtig diese Briefe für unsere Gemeinden sind. Der römische Centurio ist aber nicht bereit, noch einen weiteren Tag hier zu bleiben, sondern will morgen früh mit seinem Gefangenen weiterziehen. Deshalb schlage ich vor, wir sollten jetzt unterbrechen, damit Ignatius vor dem Mittagessen noch etwas Zeit zum Schreiben hat. Wenn wir uns dann erst am späten Nachmittag wieder versammeln, kann er auch nach dem Essen noch einige Briefe schreiben."

Alle befanden diesen Vorschlag für gut und stimmten zu.

Während die anderen die Bibliothek verließen, um sich in anderen Räumen oder im Atrium weiter zu unterhalten, wandte sich Ignatius an Onesimus und bat ihn, zurückzubleiben und ihm beim Schreiben zu helfen, die rechten Formulierungen zu finden und die Gedanken zusammenzufassen. „Du bist darin der Erfahrenste von uns, Onesimus", sagte Ignatius.

Gern erfüllte Onesimus den Wunsch seines Bruders, der sich an den Schreibtisch von Polykarp setzte und begann, seinen Brief an die römische Gemeinde zu schreiben.

Während des Mittagessens, das in angeregter Unterhaltung verlief, erfreuten sich die Bischöfe und Ältesten wieder der Gemeinschaft miteinander. Anschließend ging Ignatius mit Dracus wieder in die Bibliothek, begleitet von Onesimus. Hier beendete er seinen Brief an die Gemeinde in Rom und schrieb anschließend noch einen an die Epheser und einen an die Gemeinde in Philadelphia. Onesimus half ihm dabei, so gut er konnte.

Als Ignatius den Brief an die Epheser beendet hatte, reichte er ihn Onesimus und bat ihn, den Brief nochmals sorgfältig durchzulesen, während er schon mit dem Brief an Philadelphia begann.

Onesimus war tief bewegt von dem, was er las, und vor allem auch davon, was Ignatius über ihn, Onesimus, geschrieben hatte. Ignatius hatte den Ephesern für ihre Gebete gedankt und dafür, daß sie selbst zu ihm gekommen waren

„in der Person von Onesimus, ihres Bischofs in dieser Welt, der ein Mann von unbeschreiblicher Liebe ist. Mein Gebet ist, daß ihr ihn liebt im Geist Jesu Christi und alle werdet wie er. Gepriesen ist Er, der euch einen solchen Bischof geschenkt hat!"

Onesimus dachte einige Augenblicke nach und erinnerte sich an die Zeit, in der er fast seinen Glauben verloren hatte, wenn nicht Menschen wie Johannes und andere ihm geholfen hätten. *Ja,* überlegte er, *ich habe darum gebetet, ein Mann der Liebe zu sein, der Liebe, durch die Jesus Christus sichtbar wird.*

Als Onesimus den Brief zu Ende gelesen hatte, dankte er Gott für die kostbare Zeit mit Ignatius und auch für den Brief, der so gut seine eigenen menschlichen Kämpfe beschrieb und auch die von Ignatius im Blick auf seine bevorstehenden Leiden und seinen Tod. *Auch ich möchte ein wahrer Jünger sein, der seinem Herrn, wenn nötig, bis in den Tod folgt. Hilf mir dazu, o Gott!* betete er im stillen.

Als Ignatius den Brief an die Gemeinde in Philadelphia beendet hatte, versammelten sich auch langsam die Bischöfe und Ältesten in der Bibliothek, um ihre Beratung wieder aufzunehmen. Polykarp ließ kühlen Traubensaft zur Erfrischung servieren, und nach einem kurzen Gebet setzten sie ihre gemeinsame Unterhaltung fort.

Sie saßen noch nicht lange wieder beieinander, da wurde Stephanus, ein junger Christ aus Ephesus, in den Raum geführt. Er war so schnell geritten, wie es seinem Pferd möglich war, und machte einen völlig erschöpften Eindruck.

„Stephanus!" rief Onesimus überrascht. „Ich freue mich, dich zu sehen! Aber du siehst aus, als wärst du mit deinen Kräften völlig am Ende. Warum hast du dich und dein Pferd so überanstrengt?"

„Geliebter Bischof", begann Stephanus, noch immer schwer um Atem ringend, „ich bringe schlechte Nachricht. Gestern nachmittag hat der Statthalter Junius öffentlich verkündigt, du würdest als Atheist und Verräter an Rom vor

Gericht gestellt, sobald du Ephesus wieder betreten wirst. In seiner Proklamation erwähnte er auch, daß Bischof Ignatius von Antiochien für dieselben Verbrechen verhaftet und zum Tode verurteilt wurde. Er scheint auch zu wissen, daß du und die anderen Bischöfe sich hier mit Ignatius treffen. Denn er sagte auch, diese enge Verbindung mit einem, der schon des Verrats überführt und verurteilt sei, käme noch zu der allen wohlbekannten Tatsache hinzu, daß du der Leiter der Christen in Ephesus bist, und ließe ihm keine andere Wahl mehr."

Der junge Stephanus begann zu weinen. „Bischof Onesimus", schluchzte er, „von meiner frühen Kindheit an, solange ich mich zurückerinnere, warst du der, den ich liebte und am meisten vertraute. Es tut mir weh, wenn ich daran denke, daß du durch so viel Verachtung und Leiden gehen mußt und vielleicht gar in den Tod."

Onesimus ging zu ihm, legte die Arme um seinen jungen Freund und zog ihn an sich. „Mein Sohn Stephanus", begann der Bischof, „ich bin dankbar für deine Zuneigung, die nicht nur mir, sondern vor allem unserem Herrn gilt. Denke daran, daß Jesus noch ein junger Mann war, als Er verachtet, geschlagen, verflucht und am Ende durch die Hände sündiger Menschen gekreuzigt wurde. Er versuchte nicht, zu entfliehen, obwohl Er das hätte tun können, so wie auch ich die Möglichkeit dazu habe, wenn ich es will. Jesus starb, damit wir leben können. Wenn es des Vaters Wille ist, dann will ich mich hinter Ignatius einreihen in die lange Reihe der Zeugen, in der schon Paulus und Petrus stehen und viele tausend andere, die um unseres Herrn Jesu Christi willen ihr Leben ließen. Denn Gott ist die Liebe; und wenn wir Ihn lieben wie Er uns liebt, müssen wir bereit sein, für Ihn zu leben und, wenn es nötig ist, auch für Ihn zu sterben, damit diese Liebe durch unser Zeugnis und unseren Tod allen Menschen kundgemacht wird. Bete für mich, damit ich in dieser Liebe fest stehe und nicht versage, denn vollkommene Liebe treibt alle Furcht aus."

„Ja, Bischof Onesimus, seit ich denken kann, hast du uns gelehrt, daß Gott uns so sehr liebt, daß Er Seinen geliebten Sohn sandte, für uns zu sterben, damit wir ewiges Leben haben können. Aber warum solltest du, unser Bischof, der niemandem etwas Böses getan hat, einen so schrecklichen Tod sterben?"

„Stephanus, auch ich weiß nicht alle Gründe. Doch eines weiß ich ganz gewiß, wie Paulus es einmal schrieb: Wenn wir mit Christus sterben, dann werden wir auch mit Ihm leben! Durch Jesu Kreuz ist die Liebe Gottes allen Menschen sichtbar geworden. Ich muß Ihm folgen, wenn es sein muß, auch in den Tod, wenn ich dadurch denen, die Ihn verachten und ablehnen, Seine Liebe sichtbar machen kann. Vergiß nie, mein Sohn, daß vergebende Liebe, wie Christus sie hatte, die größte Sache auf dieser Erde ist. Bete darum, daß die Liebe und Freude des Herrn mich erfüllt, wenn ich dem begegnen muß, was auch immer kommen mag."

Ignatius trat zu Onesimus, legte ihm die Hand auf den Arm und sagte: „Ich gratuliere dir, Onesimus, für deine Worte, deinen Mut, deinen Glauben und deine Liebe. Durch unsere Geduld und Liebe in allen Dingen wollen wir zeigen, daß Jesu Sinn und Sein Geist in uns wohnt."

„Vielen Dank, Bischof Ignatius", antwortete Stephanus, der neuen Mut gefaßt hatte, mit fester Stimme. „Ich werde diese Stunde mit euch nie vergessen und wünschte, daß alle Christen aus Ephesus jetzt hier sein könnten, um in ihrer Dunkelheit aufs neue das Licht der Hoffnung und der Liebe scheinen zu sehen. Mein größter Wunsch ist, wie du zu sein, Bischof Ignatius, und wie du, Bischof Onesimus."

„Mein lieber Sohn Stephanus", sagte Onesimus, „Bischof Ignatius hat erst vor kurzer Zeit diesen großartigen Brief an unsere Gemeinde in Ephesus geschrieben. Ich übergebe ihn nun dir. Nimm ihn und bringe ihn nach Ephesus und lies ihn dort in der Gemeinde vor. Meine Zeit wird bald kommen, und ich bin vielleicht nicht mehr unter euch, um ihn noch vorzulesen."

Onesimus ging zu Crocus und legte ihm den Arm auf die Schulter. „Hier ist euer neuer Bischof, so hat es mir der Herr gezeigt. Mit Bischof Crocus, Euplus, Fronto und dir werde ich nach Ephesus zurückkehren. Burrhus wird Bischof Ignatius noch bis Troas begleiten."

Onesimus schwieg einige Augenblicke, weil er zu sehr bewegt war. Nachdem er sich wieder gefaßt hatte, fuhr er fort: „Ihr, meine lieben Brüder, ich bin dem Herrn dankbar für euch alle. Und so wie Bischof Ignatius brauche auch ich jetzt eure Liebe und eure Gebete mehr als je zuvor."

Das Abendessen mit allen Brüdern wurde eine wahrhaft gesegnete Zeit der Gemeinschaft, eine wahre *Koinonia.* Zum Schluß feierten sie auf Ignatius' Bitte hin noch das Abendmahl zusammen. Es konnte durchaus möglich sein, daß es für Ignatius und für Onesimus das letzte Abendmahl auf dieser Erde war.

Onesimus war sich bewußt, daß seine Gerichtsverhandlung vor dem Statthalter Junius so gut wie sicher mit dem Todesurteil enden würde. Als er jetzt das Brot und den Kelch aus der Hand von Polykarp empfing, verstand er noch mehr und tiefer als je zuvor, daß er zu Christus gehörte wie Christus zu Gott und daß er Ihn bald erkennen würde von Angesicht zu Angesicht.

TEIL IX

ES IST GENUG

32. KAPITEL

Zeitig am nächsten Morgen, nach einem tränenreichen Abschied, setzte der Centurio mit seinen zehn Soldaten und seinem Gefangenen seine Reise nach Rom nordwärts auf der Straße nach Troas fort. Bischof Ignatius wurde von dem freundlichen Burrhus und einem Ältesten aus der Gemeinde von Smyrna noch bis Troas begleitet.

Einige Minuten später machte sich Onesimus mit seinen Ältesten und dem jungen Stephanus ebenfalls auf den Weg über die Berge nach Süden, nach Ephesus. Damas und Polybius und ihre Begleiter begannen ihre Heimreise nach Tralles und Magnesia.

Polykarp und eine große Anzahl von Christen aus Smyrna hatten sich an diesem frühen Morgen ebenfalls schon eingefunden, um die Reisenden, und vor allem Ignatius und Onesimus, zu verabschieden. Anschließend begaben sie sich alle in den Versammlungssaal, um noch für die zu beten, deren Glaube in Kürze besonders auf die Probe gestellt würde.

Während Onesimus mit seinen Gefährten heimwärts ritt, ließ er sie aus seinem übervollen Herzen wissen, wie dankbar er für die vielen Jahre war, die er mit Helen gemeinsam und auch mit Johannes und den vielen Freunden in Ephesus in der Gemeinde des Herrn hatte arbeiten dürfen. „Es macht mich froh und dankbar, wenn ich zurückblicken kann auf die vielen Erfahrungen und Wege meines Lebens und erkennen darf, daß unser großer Gott und Vater am Ende immer alles hat zum Guten ausgehen lassen", sagte er. „Ich muß mein Vertrauen festhalten, so daß ich meinen Herrn klar und nachdrücklich bezeugen kann."

Da sie sehr zeitig aufgebrochen waren, erreichten sie Ephesus noch spät in der Nacht. Die letzte Stunde ihrer Reise hatten sie schweigend hinter sich gebracht. Ein voller Mond leuchtete hell vom Himmel, und das einzige Geräusch war das Klappern der Pferdehufe.

Als sie Onesimus' Haus erreichten, wurden sie von Helen und einer ganzen Anzahl Christen empfangen, die trotz der späten Stunde noch gewartet hatten, obwohl niemand genau wußte, wann sie zurückkehren würden.

Helen und Onesimus umarmten sich. „Mein Lieber", flüsterte sie, „welch ein Segen, dich wieder daheim zu haben und in deinen Armen zu sein."

„Ich bin dankbar, daß wir wohlbehalten zurück sind", antwortete Onesimus. „Stephanus hat mir gestern die schlechte Nachricht überbracht. Weißt du, wann wir mit meiner Verhaftung und der Gerichtsverhandlung zu rechnen haben?"

„Sobald der Statthalter von deiner Rückkehr hört, wird er dich holen und öffentlich vor Gericht stellen lassen", antwortete Helen ruhig. „Du weißt sicher schon, weshalb du angeklagt wirst. Man wird dir Atheismus, Ablehnung der Götter Roms und Untreue gegenüber dem Kaiser vorwerfen. Junius nennt dich einen Verräter. Er sagt, du wirst wegen Verrats bestraft werden, es sei denn, du sagst dich von Christus los und verfluchst Ihn. Und Junius weiß, daß du dies niemals tun wirst."

Er spürte, wie Helen in seinen Armen zitterte. „O Onesimus, wie ich und die ganze Gemeinde hier stets gebetet haben, daß dies niemals geschehen sollte. Doch nun, da es doch gekommen ist, bete ich, der Herr möge dir Mut und Frieden und Kraft geben, um ein unerschütterlicher Zeuge der Liebe unseres Herrn zu sein. Sonst habe ich keinen Wunsch weiter, außer dem, bald mit dir zu sein."

„Ich weiß, wie du fühlst, und ich verstehe dich", sagte er. „Doch du wirst hier noch gebraucht, und zwar so lange wie möglich. Deine Liebe und Festigkeit wird eine große Hilfe sein, unsere Gemeinde zusammenzuhalten. Wir haben ja so oft gesagt, daß wir Märtyrertum nicht absichtlich suchen, aber auch nicht davor fliehen. Wenn es jetzt mich trifft, dann wird deine Gegenwart und dein Mut mir helfen, die schwere Zeit bis zum Ende durchzustehen. Doch für dich hat der Herr noch eine sehr wichtige Aufgabe."

„Du hast recht — ich weiß es", bestätigte Helen. „Ich habe in den letzten Stunden viel gebetet und meine größte Versuchung überwunden. Wenn du gehen mußt, ob morgen oder einen anderen Tag, werde ich dasein, um dir zu helfen, und nicht, um dir Schwierigkeiten zu machen und deine Not noch zu vergrößern."

Onesimus wandte sich jetzt den anderen zu. Er dankte den Brüdern für die Begleitung auf der Reise und auch denen, die so lange getreulich mit Helen auf ihn gewartet hatten. Dann ging er mit Helen in das Haus. Hier knieten sie gemeinsam Arm in Arm nieder, um zu beten. Sie dankten Gott für die 48 Jahre der Liebe, der Freude und des Sieges, die sie als Ehepartner gemeinsam im Dienst für ihren Herrn erleben durften, und gingen dann Arm in Arm zu Bett.

Am nächsten Morgen, als Onesimus und Helen noch beim Frühstück saßen, waren von draußen schwere Schritte und Kommandos zu vernehmen. Gleich darauf kündigte hartes Pochen an der Tür das Eintreffen der Legionäre des Statthalters an, die kamen, um Onesimus festzunehmen. Onesimus umarmte Helen nochmals und versicherte ihr, wie sehr er sie liebe. „Offensichtlich hat Statthalter Junius eine gute Quelle, denn er hat von meiner Rückkehr erfahren", sagte er ruhig. „Nun schickt er seine Soldaten so früh, damit ich schon sein Gefangener bin, ehe unsere Leute sich versammeln können. Doch diese Sorge hätte er nicht zu haben brauchen. Von uns war kein gewaltsamer Widerstand zu erwarten. Denke immer daran, Helen, daß Petrus gesagt hat, wir sollen all unsere Sorgen auf Ihn werfen."

Gerade wandte sich Onesimus der Tür zu, da wurde ein

zweites Mal, und diesmal heftiger und ungeduldiger, geklopft. Onesimus öffnete und sagte freundlich: „Komm herein, mein Freund. Ich kenne deinen Auftrag und bin bereit!"

Der Centurio war überrascht. Er kannte Onesimus schon eine ganze Zeit und bewunderte ihn im stillen, wie es auch noch eine ganze Reihe anderer Legionäre taten.

„Du bist gekommen, um mich zum Statthalter zu bringen, der mich als Atheist und Verräter vor Gericht stellen will. Ich bin weder das eine noch das andere. Doch ich bin in deiner Hand. Also tue, was deine Pflicht ist, ich werde mich nicht widersetzen."

„Dann brauche ich dir den Grund für deine Verhaftung nicht vorzulesen." Es waren die ersten Worte, die der Centurio sprach. „Ich bin Markus und habe dir schon zugehört, wenn du in der *Agora* sprachst. Auch habe ich dich mehrere Male gesehen, wenn du unseren früheren Statthalter Marius besuchtest."

Er wandte sich Helen zu und sagte mitfühlend: „Es tut mir leid, daß ich dir deinen Gatten nehmen muß. Doch ich tue nur den Dienst eines Soldaten des Kaisers."

„Ich danke dir für dein Verständnis", antwortete Helen tapfer. „Wir haben erwartet, daß es so kommen würde. Durch die Gnade Gottes sind wir beide bereit."

Sie umarmte Onesimus, und die beiden Gatten küßten sich ein letztes Mal. Sie flüsterte: „Die Liebe von Gott, unserem Vater, und die Gnade unseres Herrn Jesu Christi und die Gemeinschaft des Heiligen Geistes sei mit dir, mein lieber Onesimus."

Der Centurio verneigte sich leicht vor Helen, nahm Onesimus am Arm und führte ihn die Treppe hinunter und zu dem Wagen, in dem die Gefangenen des Statthalters transportiert wurden. Helen folgte ihnen bis zum Eingang und blickte dem von berittenen Soldaten umringten Wagen nach, bis er um die Ecke bog und nicht mehr zu sehen war. Dann ging sie ins Haus zurück, fiel auf ihre Knie und begann weinend und inbrünstig zu beten.

Während der Wagen durch die Straßen zum Palast des Statthalters fuhr, wurde Onesimus davon überrascht, daß der Centurio, der neben ihm saß, ihn mit leiser Stimme ansprach, so daß der Wagenlenker es nicht hörte.

Markus flüsterte: „Onesimus, obwohl ich kein bekennender Christ bin, denke ich doch, daß der Glaube, für den du bereit bist zu sterben, der richtige ist und daß Jesus Christus unser Erlöser ist, wenn wir Ihn als die Wahrheit, den Weg und das Leben annehmen, wie ich dich einmal predigen hörte. Ich bin noch nicht bereit, mich öffentlich zu meinem Glauben zu bekennen, weil ich in einigen Fragen noch Zweifel habe. Doch ich möchte dich wissen lassen, daß ich nach dem verkündeten Gerichtsurteil alles tun werde, was ich kann, um dir zu helfen, obwohl das sicherlich nur sehr wenig sein wird."

„Ich erkenne immer wieder, wie gut Gott zu mir ist, weil gerade du es bist, der mich gefangennehmen mußte", antwortete Onesimus. „Eines Tages werden auch deine letzten Zweifel verschwinden und du wirst zu der unerschütterlichen Gewißheit kommen, daß Jesus Christus der Sohn Gottes und unser Erlöser ist und daß Er für uns starb, weil Er uns so liebt. Es ist die Gewißheit, in dieser Liebe Gottes zu ruhen, die uns die Furcht nimmt vor einem solchen Weg, den ich jetzt gehen muß. So, mein Bruder, bete für mich, daß ich im Glauben bis zum Ende festhalte."

Die geheime Unterhaltung endete im Hof des Statthalterpalastes. Markus führte Onesimus die marmornen Stufen hinauf in den Gerichtssaal. Trotz der frühen Stunde waren schon viele Freunde des Statthalters und Angehörige der Verordnetenversammlung anwesend, die der Statthalter eiligst zusammengerufen hatte. Onesimus kannte die Halle. Er und Johannes waren oft hier gewesen, wenn sie Marius besuchten. Die Halle war nicht sehr groß, hatte aber ausreichend Platz, wenn der Statthalter Delegationen empfangen oder Gerichtsverhandlungen abhalten wollte, wo größere Menschenmengen weder nötig noch erwünscht waren.

Dieser neue Statthalter ist sich nicht sicher, ob er die Zustimmung der Bevölkerung hat in dem, was er tut, dachte Onesimus. *Er wagt es nicht, mich im Amphitheater vor Gericht zu stellen, wie es damals mit Antipas in Pergamon geschah. Er weiß, daß die vielen Christen in Epehesus und auch viele andere Bürger, die den Christen freundlich gesinnt sind, sehr leicht einen kleinen Aufruhr anzetteln könnten.*

Statthalter Junius saß in einem großen Sessel in der Mitte der Plattform. Er trug die Kleidung und das kleine Szepter, was ihn als Vertreter des römischen Kaisers auswies und ihm Macht über Leben und Tod gab. Er war nicht sehr groß und hatte auf der Stirn eine breite Narbe.

Markus führte Onesimus vor die Plattform, grüßte den Statthalter militärisch und übergab ihm den Gefangenen. Auf einer der Stufen, die zur Plattform hinaufführten, stand Flaccus, sein Ankläger. Onesimus erinnerte sich daran, daß Flaccus vor einer Reihe von Jahren der Sprecher der Kaufleute war, die sich bei dem damaligen Statthalter über die Christen beschwerten, weil diese durch ihren Glauben ihr Geschäft mit den Götterfiguren verdarben. Marius hatte damals in einem kurzen Prozeß die Klage zurückgewiesen und Flaccus und die Kaufleute ermahnt, keine Unruhe in der Stadt zu machen. Seitdem war Flaccus ein Feind der Christen und ihres Bischofs.

Flaccus stieg noch eine Stufe höher und begann mit lauter Stimme seine Anklage: „Verehrter Statthalter, der Mann, der hier vor dir steht, ist Onesimus. Die Leute in unserer Stadt, die sich Christen nennen und die Rom und den Bürgern von Ephesus so viele Schwierigkeiten bereiten, haben ihn zu ihrem Bischof und Führer erwählt. Angehörige der Stadtversammlung von Ephesus und andere Bürger dieser Stadt, die mit mir hier anwesend sind, beschuldigen mit mir gemeinsam diesen Mann, ein Atheist und ein untreuer Verräter gegenüber unserem göttlichen Kaiser Trajan zu sein. Nach dem Edikt unseres erhabenen Kaisers wird gefordert, daß jeder, der als bekennender Christ beschuldigt wird, sich öffentlich von diesem Christus lossagen und Ihn verfluchen muß. Außerdem muß er auf dem kaiserlichen Altar Weihrauch zur Verehrung des göttlichen Kaisers opfern. Tut er das nicht, soll er zum Tode verurteilt werden und auf eine Weise sterben, die der jeweilige Richter bestimmt."

Flaccus wandte sich nun den in der Halle Versammelten zu und fragte mit lauter Stimme: „Wie viele der hier Anwesenden stimmen meiner Anklage zu?"

Fast alle erhoben die Hand und schrien: „Wir stimmen zu!"

„Glaubt ihr", fuhr Flaccus fort, „daß dieser Mann, der sich Bischof der Christen in Ephesus nennt, gefährlich ist für den Staat und die Traditionen unserer Bürger? Beschuldigt ihr ihn, ein Atheist zu sein, der sich weigert, an die Götter Roms und unsere eigenen Götter zu glauben?"

„Wir beschuldigen ihn!"

„Er ist gefährlich!"

„Er ist ein Verräter!"

Als die Rufe der Ankläger verstummten, wandte sich Flaccus wieder an Junius. „Verehrter Statthalter, ich bringe nunmehr die Anklagen der hier Versammelten gegen diesen Mann, der Onesimus heißt, vor dich und bitte dich, nach den kaiserlichen Gesetzen über ihn zu urteilen."

Nachdem Flaccus seine Anklage beendet hatte, setzte er sich, und Onesimus stand allein vor dem Statthalter. Doch er war mittlerweile nicht mehr allein in der Halle. Eine ganze Anzahl Christen, die durch Legionäre von Onesimus' Verhaftung gehört hatten, waren nach und nach hereingekommen und hatten sich in die leeren hinteren Reihen gesetzt. Unter ihnen waren auch Crocus, Euplus und Fronto.

Der Statthalter wandte sich nun mit nicht zu überhörendem Spott in der Stimme an den Angeklagten: „Onesimus, du hast die Beschuldigungen deiner Mitbürger ebenfalls gehört. Du lebst schon so viele Jahre in dieser Stadt und standest die meiste Zeit unter dem Schutz meines Vorgängers Marius. Öffentlich hast du verkündigt, daß dieser Jesus der

Christus und Herr und König des Universums sei. Ehe das Urteil gesprochen wird, gesteht dir das römische Gesetz das Recht zu, dich zu den Beschuldigungen zu äußern, sie zuzugeben oder zurückzuweisen. Ich fordere dich deshalb hiermit auf, öffentlich vor dieser Versammlung deine Reue wegen dieser verräterischen Lehren gegen den göttlichen Kaiser zu zeigen, dich von diesem Christus loszusagen, ihn zu verfluchen und auf dem Altar des Kaisers Weihrauch zu opfern. Wenn du das tust, kannst du als freier Mensch wieder gehen. Wie lautet deine Antwort?"

Onesimus, der bisher unbeweglich gestanden und im stillen gebetet hatte, holte nochmals tief Atem und begann dann mit lauter und klarer Stimme, so daß er bis in den letzten Winkel der Halle zu hören war: „Ja, ich bin ein Christ! Ich bin ein Nachfolger des Mannes der Liebe und des Friedens, von Jesus Christus, unserem Herrn! Er wurde gekreuzigt, starb und wurde begraben. Doch der allmächtige Gott, den wir unseren himmlischen Vater nennen, hat Ihn von den Toten auferweckt und hat Ihn für immer zum König aller Könige und zum Herrn aller Herren gemacht. Seine Liebe endet nie, und während meines ganzen Lebens hat mich mein Herr Jesus Christus niemals enttäuscht. Und durch die Gnade Gottes werde auch ich Ihn jetzt nicht enttäuschen. Ich kann den nicht verfluchen, der mein Herr und Erlöser geworden ist und von dem ich glaube, daß Er die Hoffnung der ganzen Welt ist. Er gab Sein Leben für mich, und ich bin bereit, daß meine für Ihn zu geben. Etwas anderes kann ich nicht sagen."

Schweigen breitete sich nach dieser leidenschaftlichen Rede des Bischofs in der Halle aus. Es wurde endlich durch den Statthalter unterbrochen, dem man seinen Zorn ansehen konnte. Wütend schrie er: „Du Verräter! Deine eigenen Worte verurteilen dich! Du nennst es Treue zu diesem Jesus Christus und erklärst damit deine Untreue gegenüber unserem Kaiser. Indem du dich weigerst, auf dem Altar des göttlichen Kaisers und auf den Altären der anderen Götter Roms zu opfern, brichst du den großen römischen Frieden, an dem die Menschheit sich erfreuen kann. Du und deine Christen, ihr seid Verräter am Römischen Reich!"

Junius erhob sich und verkündete das Urteil: „Onesimus, da du dich weigerst zu widerrufen und diesen falschen Gott, den du Christus nennst, zu verfluchen, verurteile ich dich hiermit zum Tode!"

Auf jedes seiner Worte hatte der Statthalter großen Nachdruck gelegt. Nun fuhr er fort: „Der Centurio, der dich als Gefangenen nach hier gebracht hat, wird dich an einen Wagen binden und dich so lange mit größtmöglicher Geschwindigkeit durch die Straßen von Ephesus schleifen, bis du tot bist. Dann wird das, was von dir übrig ist, von den Felsklippen hinab in den Fluß Cayster geworfen. Das ist mein Wille und der Wille unseres göttlichen Kaisers. So soll es geschehen, und zwar sofort!"

Als Junius den Urteilsspruch geendet hatte und sich wieder setzte, schrien die Versammelten:

„Tod dem Atheisten!"

„Tötet den Verräter!"

„Zeigt ihm, wer hier Herr und Gott ist!"

„Bringt ihn weg!" befahl Junius verächtlich.

„Centurio, ich verlasse mich darauf, daß du meinen Urteilsspruch mit aller Genauigkeit und schnellstens ausführst!"

Markus nahm Onesimus am Arm und führte ihn zu einem Seitenausgang der Halle hinaus.

Es ist vorüber, dachte Onesimus. *Nun bin ich auf meinem Weg, dem Herrn zu begegnen und all denen, die mir vorangegangen sind.*

Die Gesichter von Paulus, Petrus, Antipas, Philemon, Archippus und seiner eigenen Mutter tauchten wie Blitzlichter vor ihm auf, und ein leichtes Lächeln umspielte nun seine Lippen.

Markus und Onesimus gingen zu einer Nebenstraße, wo Soldaten mit einem Wagen warteten, vor den vier Pferde gespannt waren. Einer der Soldaten reichte Markus ein starkes Seil, mit dem er Onesimus am Wagenende festband.

„Es wird in wenigen Minuten vorüber sein", flüsterte Markus. „Es tut mir sehr leid, daß ich dich zu Tode schleifen muß, und ich leide mit dir. Doch wir haben Vorsorge getroffen, daß deine Brüder anschließend deinen Leichnam bergen können."

Onesimus flüsterte diesem unerwarteten Freund seinen Segen zu, während dieser ihn festband.

Da mittlerweile immer mehr Christen angekommen waren, verbreitete sich die Nachricht von der Verurteilung des Bischofs wie ein Lauffeuer in der Stadt, und die Menschenansammlung auf der Straße wurde immer größer. Bald wurde auch klar, daß sich die Menge in zwei große Gruppen aufteilte. Da waren auf der einen Seite jene, die die Christen haßten, und auf der anderen Seite die Christen und ihre Sympathisanten, die voller Bewunderung auf die furchtlose Haltung des Bischofs schauten.

Der Statthalter, der von der Halle aus ebenfalls zuschaute, wurde besorgt, es könnte ein Aufruhr entstehen. Eiligst sandte er einen Boten zur nahen Kaserne und ließ weitere Soldaten aufmarschieren, die sich zwischen die beiden Gruppen schoben.

Endlich waren die Vorbereitungen beendet. Markus bestieg den Wagen und ließ sich von dem Soldaten, der sie bis jetzt gehalten hatte, die Zügel geben. „Vorwärts!" schrie er dann und trieb die Pferde an. Im vollen Galopp jagte der Wagen davon, umringt von einer Schar berittener Soldaten.

Als der Wagen so plötzlich anzog, wurde Onesimus von den Füßen gerissen. Er spürte, wie das Seil sich fester um seine Beine und seinen Körper schnürte, während er über die holprigen Steine geschleift wurde, die an seinem Kopf und seinem ganzen Leib immer mehr Wunden verursachten. Er fühlte, wie die Schmerzen seinen ganzen Körper immer mehr erfaßten. Doch trotzdem war er in der Lage, Gott für Seine große Liebe zu danken und dafür, daß Er ihm Kraft gegeben hatte, ein mutiger Zeuge zu sein.

Als der Wagen an einer großen Gruppe von Christen vorbeijagte, an deren Spitze Crocus stand, hörte Onesimus noch, daß seine Brüder und Schwestern sangen, um ihn damit zu ermutigen und Gott zu preisen.

Markus lenkte den Wagen bewußt so, daß Onesimus Kopf besonders hart von den holprigen Steinen getroffen wurde, so daß er kurz darauf das Bewußtsein verlor, und den Gesang der Christen nicht mehr hören konnte. Doch Helen hörte ihn. Sie hatte darauf bestanden, mit den Frauen von Euplus, Fronto, Burrhus und Crocus ebenfalls dabeizusein. Voller Entsetzen beobachtete sie, wie der dahinrasende Wagen den Körper ihres geliebten Gatten durch die Straße schleifte. Als der Wagen an ihr vorüberjagte, sah sie, daß das Gesicht ihres Onesimus schon völlig entstellt, zerschlagen und blutüberströmt war.

Helen meinte, die Not, die sie empfand, nicht mehr ertragen zu können. Doch gerade als sie fühlte, daß sie kurz davor stand, das Bewußtsein zu verlieren, war ihr, als würde in ihrem Inneren eine Stimme ganz deutlich zu ihr sagen: *Friede ist mein großes Geschenk an euch. Mein eigener tiefer Friede, wie ihn die Welt nicht geben kann. Ich habe euch dies alles gesagt, damit ihr in Mir Frieden habt, denn Ich weiß, daß ihr in dieser Welt viel Not und viele Ängste haben werdet. Doch seid getrost, Ich habe die Welt überwunden!*

Helen war, als würde ihr neue Kraft zufließen. Sie richtete sich auf und war noch in der Lage, dem Wagen nachzuwinken. Erstaunt blickten die anderen Frauen sie an, weil sie ja gesehen hatten, wie Helen vorher fast vom Schmerz überwältigt worden wäre.

Als Markus sicher war, daß Onesimus nicht mehr lebte, fuhr er zu der Felswand, die fast senkrecht in den Fluß abfiel. Hier sollte er nach dem Befehl des Statthalters den Leichnam des Bischofs in den Cayster werfen. Doch Markus hatte dafür gesorgt, daß Thucydus, ein anderer christlicher Legionär, bei der Eskorte war, die den Wagen begleitete.

Der Körper des Bischofs wurde losgebunden, und Markus und Thucydus trugen ihn vorsichtig zur Felswand. Hier kniete Thucydus nieder, um zu sehen, ob nicht doch noch Leben in Onesimus war. Als er feststellte, daß er wirklich einen Toten vor sich hatte, rollte er ihn langsam über die Felswand. Dabei hatten Markus und er eine Stelle ausgesucht, wo wenige Meter unterhalb ein Felsvorsprung in der Wand war. An diesem blieb der Körper von Onesimus auch hängen, wie es beabsichtigt war.

Markus beugte sich vor und blickte in die tiefe Schlucht hinunter. Als er den Leichnam am Felsen hängen sah, nickte er befriedigt. Die anderen Soldaten der Eskorte, die noch auf ihren Pferden saßen und beim Wagen zurückgeblieben waren, mußten glauben, ihr Centurio sei deshalb so zufrieden, weil von dem Toten nichts mehr zu sehen war.

Thucydus übernahm es, seine christlichen Brüder davon zu unterrichten, wo sie die Leiche von Onesimus finden konnten.

Der römische Centurio Markus ging, nachdem sein Dienst beendet war, in sein Zimmer, kniete nieder und betete das erste Mal aus vollem Herzen zu Jesus Christus. Er hatte in dem mutigen Sterben des alten Bischofs die Liebe Gottes erkannt, und sein Wunsch war, daß diese Liebe auch sein Herz erfüllen möge.

33. KAPITEL

Einige jüngere christliche Männer hatten sich schon am Nachmittag zu der Stelle aufgemacht, wo ihr toter Bischof in der Felswand hing. Sie wollten verhindern, daß zufällig jemand anders dort hinunterschaute und den Toten sah oder daß Tiere sich an ihm zu schaffen machten.

Als es zu dämmern begann, holten sie den Toten mit Seilen wieder herauf. Ein Wagen kam gefahren, und der tote Bischof wurde in Decken gehüllt und in sein Haus zurückgebracht. Hier legte man ihn auf das Bett, wusch ihn und zog ihm eine saubere Tunika über.

Mit Helen versammelten sich die Ältesten und Diakone und eine Anzahl der Gemeindeglieder um das Bett zu einem Gedenkgottesdienst, den Crocus, ihr neuer Bischof, mit dem Austeilen des Abendmahls abschloß.

Nachdem alle das Brot und den Kelch empfangen hatten, forderte der neue Bischof den Ältesten Euplus auf, noch das Schlußgebet zu sprechen. Euplus war immer einer der engsten Freunde von Onesimus gewesen.

Alle bildeten nun einen großen Kreis, und Euplus begann: „Wir erheben unsere Herzen zu Dir, unserem Vater im Himmel, und preisen Dich, denn Dein Name ist Liebe und Dein Wesen Barmherzigkeit. In Deinem Willen liegt unsere vollkommene Freiheit, sogar noch angesichts von Leid und Tod. Du hältst das Leben unseres geliebten Onesimus in Deiner Hand. Nichts kann ihn und uns von Deiner Liebe trennen — nicht der Haß unserer Feinde, die Verräterei der Irrlehrer, und auch nicht der so verwundete und gequälte tote Leib, der hier vor uns liegt.

In diesem Augenblick, da wir als Deine Kinder um den toten Leib Deines Dieners versammelt sind, preisen wir Dich für sein Leben, seinen Dienst und den großen Sieg seines Glaubens in den letzten Stunden seines Lebens und seinem Märtyrertum. Weil Du uns so liebst, daß Du Deinen Sohn für uns gabst, wissen wir auch, daß Du ihn in Deinen liebenden Händen hältst und ihm den Platz in dem Vaterhaus mit den vielen Wohnungen gegeben hast, der für ihn vorbereitet war.

Wir preisen Dich und danken Dir und bitten Dich gleichzeitig um Deiner Gemeinde willen, gib uns die Kraft, den Mantel von Onesimus aufzunehmen und das Werk weiter auszuführen, das er nun nicht mehr tun kann. Und gib diese Kraft und Weisheit vor allem auch unserem neuen Bischof. Die Gnade unseres Herrn Jesu Christi sei mit uns allen!"

Als Euplus das Gebet beendet hatte, brach ein Gefühl himmlischer Freude und Siegesgewißheit durch die Tränen und den Kummer hindurch und erfüllte alle Herzen. Einer nach dem anderen trat zu Helen, umarmte sie und sprach ermutigende Worte.

Dann kniete Helen neben dem Bett nieder, auf dem der stille Leib ihres Gatten lag, und küßte leicht seine Stirn. Voller Dankbarkeit rief sie: „Auch jetzt noch, da du in der wunderbaren Gegenwart unseres Herrn bist, hörst und verstehst du uns und gibst uns deinen Segen!"

Dann hob sie ihr Gesicht zum Himmel empor und verharrte einige Augenblicke in schweigender Anbetung. Als sie sich erhob und ihren Freunden zuwandte, erklärte sie: „Wäre Onesimus hier, würde er jetzt zu uns sagen: *Nichts ist größer, nichts ist besser und nichts ist bleibender als die Liebe Christi, mit der Er uns liebt und mit der wir uns untereinander lieben sollen, denn Gott ist die Liebe!*"

Nochmals beugte sie sich über den toten Onesimus, streichelte sein zerschlagenes Gesicht und sagte: „Er ist mit Christus — und Christus ist mit uns." Und flüsternd fügte sie hinzu: „Das ist genug . . . "

ANHANG

Personenbeschreibung

(Historische Personen
sind mit halbfetten Buchstaben gedruckt.)

ANGELL: Sklave in Kolossea und einer der *barmherzigen Banditen.*

ANTIPAS: Einer der ersten christlichen Märtyrer in Kleinasien (Offenbarung 2,13). Hier dargestellt als erster Bischof von Pergamon.

ANTIPAS: Der Arzt, Vater des Bischofs Antipas.

APPHIA: Angehörige der Gemeinde in Kolossea. Hier dargestellt als Frau von Philemon.

ARCHIPPUS: Leiter der Gemeinde in Kolossea (Philemon 2). Dargestellt als Sohn von Philemon.

BURRHUS: Diakon der Gemeinde in Ephesus. Erwähnt im Brief von Ignatius an die Epheser.

CARIUS: Führer der Banditen an der Straße nach Smyrna.

CERINTHUS: Junger gnostischer Führer, dessen Lehren von Johannes von Ephesus und von Irenäus als gefährliche Irrlehren bezeichnet werden.

CLAUDIUS: Junger Freund von Cerinthus von Alexandria.

CROCUS: Leiter der Gemeinde in Ephesus. Erwähnt in Ignatius' Brief an die Gemeinde in Ephesus.

DAMAS: Bischof von Magnesia. Erwähnt in Ignatius' Brief an die Gemeinde in Magnesia.

DIOCLETUS: Führer der *barmherzigen Banditen.*

DRACUS: Römischer Soldat, der Ignatius auf der Reise nach Rom bewachte.

EUPLUS: Leiter in der Gemeinde in Ephesus. Erwähnt im Brief von Ignatius an die Epheser.

FRONTO: Leiter in der Gemeinde in Ephesus. Erwähnt im Brief von Ignatius an die Epheser.

GLAUCON: Freigelassener Sklave Philemons und Reisebegleiter von Onesimus.

HELEN: Tochter von Philemon und Frau von Onesimus.

HERACLES: Junger Freund von Cerinthus von Alexandria.

IGNATIUS, Bischof von Antiochien. Christlicher Märtyrer und Schreiber von Briefen an die Gemeinden in Ephesus, Magnesia, Tralles, Rom, Philadelphia, Smyrna und an Bischof Polykarp.

JOANNA: Frau von Tyrannus.

APOSTEL JOHANNES: Einer der Jünger Jesu, später Bischof von Ephesus und Schreiber des Johannesevangeliums.

RABBI BEN JOSEPH: Christlicher jüdischer Rabbi in Ephesus.

JUNIUS: Statthalter von Ephesus.

MARIA: Die Mutter Jesu, von der allerseits angenommen wird, daß sie mit Johannes in Ephesus lebte.

MICHAEL: Junger Freund von Cerinthus von Alexandria.

ONESIMUS: Sklave von Philemon, von Paulus mit seinem Brief an Philemon zurückgesandt, den wir im Neuen Testament finden. Beschrieben in Ignatius' Brief an die Epheser.

PAPIUS: Bischof von Hierapolis und Pastor von Helen und Onesimus. Vater des historischen Bischofs Papius, den Eusebius und Irenäus erwähnen.

PHILEMON: Leiter unter den Christen in Kolossea und Empfänger von Paulus' Brief, der Onesimus betraf.

POLYBIUS: Bischof von Tralles, erwähnt in Ignatius' Brief an die Gemeinde in Tralles.

POLYKARP: Bischof von Smyrna. Sein Brief an die Gemeinde in Philippi ist noch vorhanden.

SEVERUS: Zweiter Bischof von Pergamon.

ANTONIUS TAVIUS: Erster Bischof von Smyrna.

TAVIUS: Antonius' Vater und Statthalter von Smyrna.

TYRANNUS: Christlicher Leiter in Ephesus. Die Halle von Tyrannus war der erste Versammlungsplatz der Gemeinde in Ephesus (Apostelgeschichte 19,9).

L. ANTESTIUS VESTUS: Römischer Statthalter in Pergamon, unter dessen Herrschaft Antipas den Märtyrertod erlitt.

ZEITTAFEL
VON ONESIMUS' LEBEN

Ereignisse	ungefähre Daten	römische Kaiser	Onesimus' Alter
Onesimus' Geburt	33 n. Chr.		
Als Sklave an Philemon verkauft	50 n. Chr.	Claudius	17
Erste Reise nach Ephesus	56 n. Chr.	Nero	23
Flucht nach Rom	60 n. Chr.	Nero	27
Bei Paulus in Rom	60 n. Chr.	Nero	27
Rückkehr nach Kolossea mit dem Brief an Philemon	61 n. Chr.	Nero	28
Freigelassen, Rückkehr nach Rom	61 n. Chr.	Nero	28
Märtyrertod von Paulus	62 n. Chr.	Nero	29
Brand Roms und Märtyrertod von Petrus	62 n. Chr.	Nero	29

Ereignisse	ungefähre Daten	römische Kaiser	Onesimus' Alter
Rückkehr nach Kolossea und Heirat mit Helen	62 n. Chr.	Nero	29
Der Versöhner — Besuch in Smyrna, Pergamon und Ephesus	63 n. Chr.	Nero	30
Die Auseinander-setzung mit Cerinthus von Alexandria	63 n. Chr.	Nero	30
Freude und Leid — mit Helen daheim in Kolossea	63 n. Chr.	Nero	30
Ein Erdbeben zerstört Kolossea	64 n. Chr.	Nero	31
Rückkehr nach Ephesus und Mit-arbeiter von Johannes	66 n. Chr.	Nero	33
Mitarbeit beim Schreiben des Johannesevangeliums	90 n. Chr.	Domitian	57
Tod von Johannes	92 n. Chr.	Domitian	59
Bischof von Ephesus	92-110 n. Chr.	Nerva	59
Treffen mit Ignatius und anderen Bischöfen in Smyrna	110 n. Chr.	Trajan	77
Märtyrertod	110 n. Chr.	Trajan	77

Einige dieser Jahreszahlen sind angenommene, mit Ausnahme der genau bekannten.